1889

Desmaze, Ch.

La Magistrature française

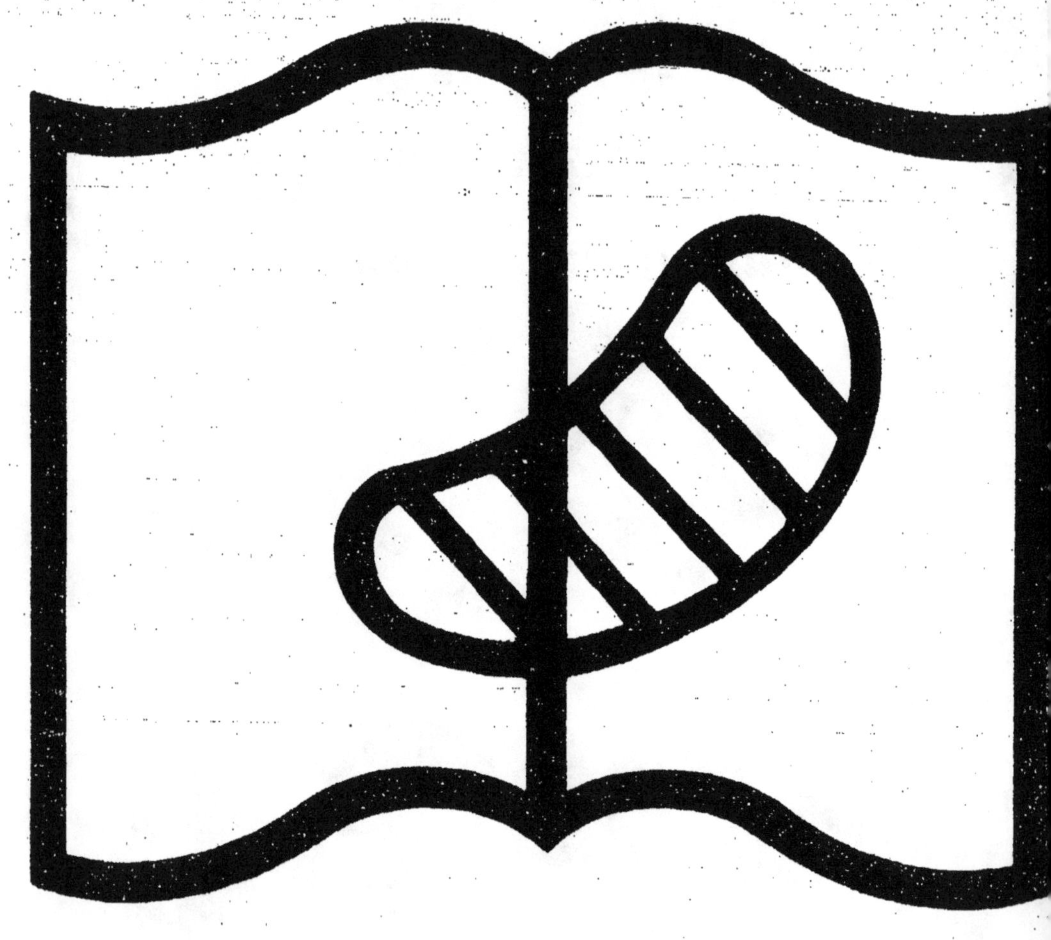

Symbole applicable
pour tout, ou partie
des documents microfilmés

Original illisible

NF Z 43-120-10

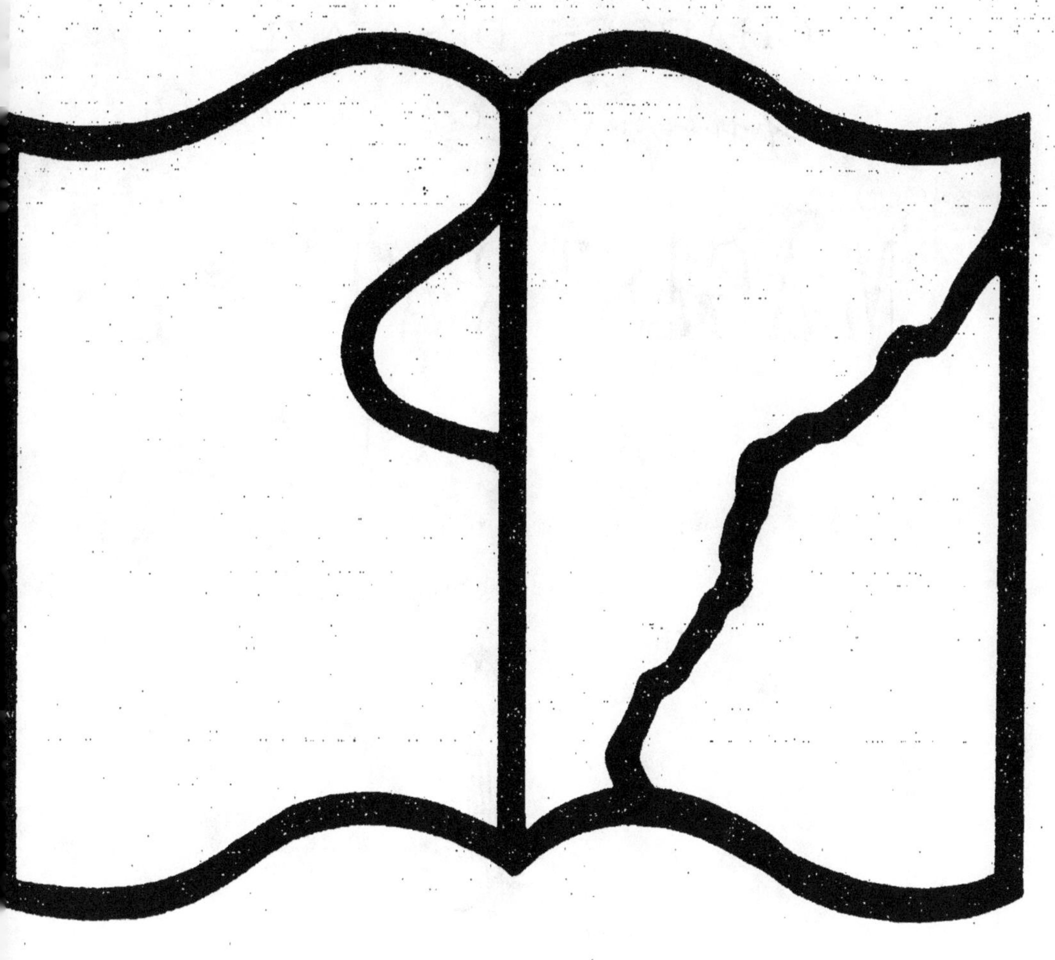

Symbole applicable
pour tout, ou partie
des documents microfilmés

Texte détérioré — reliure défectueuse

NF Z 43-120-11

~~DEUXIÈME ÉDITION~~

CHARLES DESMAZE

MAGISTRATURE

FRANÇAISE

LES PREMIERS PRÉSIDENTS DE LA COUR DE PARIS

(1802-1886)

PARIS

E. DENTU, ÉDITEUR

LIBRAIRE DE LA SOCIÉTÉ DES GENS DE LETTRES

3, PLACE DE VALOIS, PALAIS-ROYAL

1886

LA MAGISTRATURE FRANÇAISE

CHARLES DESMAZE

LA MAGISTRATURE FRANÇAISE

LES PREMIERS PRÉSIDENTS DE LA COUR DE PARIS

(1802-1889)

PARIS
E. DENTU, ÉDITEUR
LIBRAIRE DE LA SOCIÉTÉ DES GENS DE LETTRE
3, Place de Valois, Palais-Royal,

1889

OUVRAGES DE M. CHARLES DESMAZE

Ancien conseiller en la Cour de Paris, officier de la Légion d'honneur, officier d'Académie, membre de plusieurs sociétés savantes de France et correspondant de l'Académie Royale de Bruxelles :

Pénalités anciennes (Supplices et Prisons).
Le Parlement de Paris.
Le Châtelet de Paris.
Des Contraventions à Londres.
Le Formulaire des Magistrats.
La Sainte Chapelle du Palais.
Les Métiers de Paris.
L'Université de Paris.
Le Baillage du Palais.
Communes et Royautés (Lettres des Rois et Reines de France.
Histoire de la Médecine légale (d'après les Arrêts criminels.)
Curiosité des anciennes Justices.
Le Crime et la Débauche à Paris (Divorce).
Bauchant (Bibliophile Picard, XIVe siècle.)
Ramus (Philosophe Picard).
Recherches sur le Suicide.
Les Aliénés (Proposition Gambetta et Magnin.)
Le Musée de Latour à Saint-Quentin.
Saint-Quentin en Vermendois.
Les Criminels et leurs grâces.
Le Régiment de Picardie (1er et 2e de ligne) dédié au Maréchal Canrobert.

Sous Presse :

Les Malfaiteurs et la Rélégation.

PLON, MARCHAL, G. CHARPENTIER, CALMAN-LÉVY, LEROUX, WILHEM, DELAHAY, DENTU, Éditeurs à Paris.

Saint-Amand (Cher). — Imprimerie DESTENAY

DÉDICACE

A mes anciens Chefs :

MM. Boullet, *Premier Président de la Cour d'Amiens, Pair de France.*

— D'Oms, *Procureur Général près la Cour d'Amiens.*

— Ledicte Duflos, *Président du Tribunal Civil de Clermont (Oise).*

— Seillier, *Procureur du Roi, près le tribunal de Clermont.*

— Huet, *Président du Tribunal Civil de Laon.*

— Aug. Marie, *Procureur du Roi, près le Tribunal Civil de Laon.*

— Gustambide, *Procureur general près la Cour d'Amiens.*

— Tixier Lachazsagne, *Premier Président de la Cour de Limoges.*

— De Sibert, *Procureur général près la Cour de Limoges.*

— La Roche, *Président du Tribunal Civil de Gueret.*

— Arbey, *Président du Tribunal Civil de Laon.*

— H. Grellet, *Président du Tribunal Civil de Laon.*

— Benoit-Champy, *Président du Tribunal Civil de la Seine.*

— Cordoen, *Procureur impérial près le Tribunal de la Seine.*

— Chaix-d'Est,-Ange, *Procureur général près la Cour de Paris.*

— Devienne, *Premier Président de la Cour de Paris.*

— De Marnas, *Procureur général près la Cour de Paris.*

— Grandperret, *Procureur général près la Cour de Paris.*

— I. de Leffemberg, *Procureur général.*

— Gilardin, *Premier président de la Cour de Paris.*

— Larombière, *Premier Président de la Cour de Paris.*

— Al. Dauphin, *Procureur général près la Cour de Paris, Sénateur.*

A tous mes anciens collègues,

Hommage de reconnaissance et d'affectueux dévouement.

Charles Desmaze.

(Paris 1889.)

PRÉFACE

Quoniam memoria hominum est labilis.

(Préambule des anciennes ordonnances des rois de France)

Quid leges sine moribus
Van proficiunt ?

(Horat. Od. 24. *In avaros divites.*)

En France, les Parlements disparurent, avec la Royauté, emportés dans la tourmente Révolutionnaire et le premier Président Bochard de Saron, le dernier chef de son illustre et glorieuse compagnie, suivit, sur l'échafaud (20 avril 1794) l'infortuné Louis XVI. Malgré la vénalité des charges, la France avait possédé, dans ses parlements si puissants, une magistrature, qui avait brillé par la science, par le patriotisme et aussi par l'indépendance[1].

Il n'y avait pas, en Europe, un seul pays, où les tribunaux ordinaires dépendissent moins

[1] *Le Parlement de Paris* (*Marchal éditeur.*)

du gouvernement, le Roi n'y pouvant presque rien sur le sort des juges qu'il n'avait la faculté ni de révoquer, ni de changer de lieu,[1] ni d'élever en grade, qu'il ne tenait, en un mot, ni par l'ambition, ni par la peur. Par leurs résistances courageuses les Parlements avaient tempéré l'action désastreuse du despotisme[2].

Comme l'avait reconnu Boissy-d'Anglas, au nom de la Commission, qui préparait la Constitution de l'an III, il fallait non pas chercher le renversement « des Parlements, mais songer « plutôt à instituer des juges, assez forts et « assez habiles, pour prononcer équitablement « sur tous les différends des citoyens. »

— Après des épreuves stériles et des agitations, sans résultat, la France se donna comme Consul, comme Empereur, comme Maître, puissant et obéi, Napoléon Bonaparte, ce sublime ouvrier, qui *savait comme on fonde, eût à coups de canon, a dit Victor Hugo, à peu près fait*

[1] *De Tocqueville, l'ancien Régime et la Révolution.*

[2] *Rapport de Bergasse à la Constituante (17 août 1789).*

Picot. *De la Réforme judiciaire en France*, voir aussi sur le même sujet : *les discours prononcés le 3 novembre 1880 et le 3 novembre 1881 par M. Dauphin Sénateur, Procureur Général, M. Camille Bouchez, avocat général, qui ont, avec l'autorité de leur talent et de leur position, développé, devant la Cour de Paris, les projets à l'étude sur cette grave question.*

le monde, suivant le moule, qu'il rêvait[1] (*Lois du 27 ventôse an VIII, du 25 ventôse, an XI. Loi du 20 avril 1810*) *Décret du 30 mars 1808. Décret du 24 messidor, an XII*[2]. *Décret du 30 janvier 1811.* (*Loi du 16 juin 1824. Décret du premier mars 1852.*) — Ces ordonnances et lois règlent les importantes attributions conférées aux Premiers Présidents, qui doivent, de concert avec les Procureurs-Généraux, en assurer la vigilante et ferme exécution, dans toute l'étendue de leurs ressorts, pour les matières civiles, les congés, les vacations. Les Premiers Présidents peuvent être Sénateurs, Conseillers d'État en service ordinaire hors section ou en service extraordinaire, faire partie des Conseils Généraux ou d'arrondisement. Ils

[1] Thiers. *Histoire du Consulat et de l'Empire (T. III, page 299.)*

[2] Voir : *le travail très complet, présenté à la Conférence des attachés de Paris, (1866) par M. Gavinet, avocat, aujourd'hui Procureur de la République, si estimé près le tribunal d'Étampes, sous le titre de : premier président des Cours Impériales et de la Cour de Cassation, A. besoin de dire que M. Gavinet, à cause de son mérite, a été révoqué, avec tant d'autres victimes, désignées par le Triumvirat, chargé dss exécutions ! Dans sa retraite si honorable, il pourra dire lui aussi :*

— Heureux ceux qui ont vu le siècle d'or de la Magistrature, plus heureux encore ceux qui n'ont pas survécu à sa gloire et qui l'ont vue, — sans tache — autant qu'ils ont vécu ! — On les a définis, — quand on a défini la Justice.

siègent aussi d'ordinaire dans les conseils académiques, dont deux membres doivent être pris dans la Magistrature (Loi des 14-20 juin 1854, article 3.) En matière criminelle, les Premiers Présidents sont investis de fonctions importantes, aux termes des articles 480 et 484 du code d'Instruction criminelle, lorsqu'il s'agit de crimes, commis par des magistrats dans l'exercice ou hors de l'exercice de leurs fonctions. En matière disciplinaire, les Premiers Présidents des Cours comme les Présidents des tribunaux, doivent, d'office ou sur la réquisition du Ministère Public, avertir tout juge qui compromet la dignité de son caractère. (*Loi du 20 avril 1810. Articles 49 et 50*. Le Premier Président avertit, réprimande et dénonce, s'il y a lieu, au garde des sceaux les greffiers (Décret du 6 juillet 1810-58. L'austère Bossuet, en prenant le langage du Roi David, dit aux magistrats de son temps : — *Vous êtes des Dieux — Dii estis*. Et Pascal a écrit ces lignes moroses : — Qu'est-ce autre chose d'être Chancelier, Surintendant, Premier Président que d'avoir un grand nombre de gens, qui viennent, de tous côtés, pour ne pas leur laisser, dans la journée, une heure, où ils puissent penser à eux-mêmes? Quand ils sont dans la disgrâce et qu'on les envoie, dans leur maison de campagne, où ils ne manquent, ni de biens, ni de domestiques, ils ne laissent pas d'être misérables, parce que personne ne les empêche plus de penser à eux.

— Placés par la Loi et autorisés par leurs mérites, à la tête des Cours, les Premiers Présidents, connaissant les droits et les besoins des services, apprécient en dehors des exigences politiques, trop impérieuses, trop éhontées à notre époque, les titres des magistrats, sont appelés à faire, d'accord avec le Procureur Général, des listes de présentation, comprenant trois candidats, (Circulaires des *18 janvier 1807. 7 mai, 20 septembre 1808. 2 mars 1809. 15 juillet 1820. 19 mars 1824. 12 juin 1828. 29 octobre 1830. 7 juillet 1841.*) Telle a été l'œuvre des magistrats, dont nous avons, avec vénération, reproduit les figures respectés de tous.

De nos jours, les sages et protectrices garanties sont méconnues à chaque instant; il est plus commode de ne plus consulter, sur les mouvements judiciaires, les chefs des compagnies, trop souvent informés par la lecture de l'*Officiel*, de choix, que leur avis ou leur protestation aurait pu éclairer peut-être ou arrêter. *Sic volo, sic jubeo, sit pro ratione voluntas*, ainsi parlent les successeurs obscurs et fantaisistes des grands Ministres d'autrefois, recrutés non pas alors, parmi des répétiteurs en chambre, mais parmi les magistrats illustres ou les avocats éminents. — Tout est remis en question, aussi bien les sièges, les ressorts, la compétence des juridictions incertaines que leur personnel, partout inquiété, humilié. Le Gouvernement, sans force, cède à toutes les injonctions ; il a abaissé l'armée, dans ses chefs les plus glorieux, chassé le Clergé, dans ses membres et ses congrégations les plus savantes (1880) ; aujourd'hui il détruit la magistrature et un ancien magistrat, un seul a protesté contre *la suspension de l'inamovibilité*, hypocritement présentée[1]. Il serait plus franc de dire : tous les *magistrats sont destitués dans le délai d'un mois, ils seront remplacés d'après une liste de candidats*, signée par les Députés,

[1] *H. Fourchy, ancien avocat-général, près la Cour de Paris, avocat. Observations sur la suspension de l'inamovibilité. (Noblet imprimeur, rue Cujas.) Protestation courageuse et isolée, au nom de la magistrature consternée et muette, parce que, — et c'est là son honneur, — elle a besoin de sa fonction modeste pour vivre.*

leurs parents ou alliés, justifiant d'un casier judiciaire!

— Il m'a paru bon de retracer ici l'histoire des magistrats [1], qui ont été nos modèles, nos Chefs à tous au moment où les institutions judiciaires, consacrées par le temps, vont succomber et disparaître avec toutes nos glorieuses institutions, sans avoir été défendues à la dernière heure. Sous peu, les démolisseurs auront achevé leur œuvre de destruction, ils règneront, sur des ruines entassées. *Etiam periere ruinæ!* Nous voudrions être un mauvais prophète, mais nous engageons tout homme de bonne foi, en dehors des partis, des passions, des opinions politiques, à lire, s'il est possible, de sang-froid, les projets incohérents, présentés par M. Jules Cazot, Ministre

[1] Voir *l'Histoire de l'Université de Paris, cette autre gloire aussi effacée brutalement (Charpentier éditeur.) Les austères bénédictins de Solesmes ont été expulsés, après tant de services rendus à la science, pour faire place à l'Instruction gratuite et obligatoire, qui n'arrive même pas, malgré ses ruineuses institutions, à faire des bacheliers ; il est vrai que les lycées de filles n'ont pas encore eu le temps de fonctionner et de produire.*

M. le maréchal Bugeaud disait à la tribune ces paroles profondes : « La cause de nos divisions en France, est la difficulté « de placer toutes les incapacités inoccupées. Ne pouvant pas tou- « jours prendre place au budget qu'elles se disputent, elles deviennent « turbulentes. » La République cherche à s'affermir, en jetant des gâteaux dans la gueule de ces braillards affamés.

de la Justice M. Martin Feuillée, et M. Humbert, ses successeurs et à voir les protestations unanimes qu'ils soulèvent de la part des Conseillers généraux, obéissant à la voix impérieuse des justiciables, réclamant partout le maintien des institutions judiciaires, établies et consacrées dans chaque région et non l'éphémère passage de tribunaux rendant, en chemin de fer, à chaque station, cinq minutes d'arrêt.

LA MAGISTRATURE

FRANÇAISE

I

ORGANISATION JUDICIAIRE DE LA FRANCE ET DE SES COLONIES

Outre les Cours d'Alger, — de la Martinique, de la Guadeloupe, du Sénégal, la France possède, *sur le continent*, 26 Cours d'appel dont voici le ressort.

Cour d'Agen : (*Tribunaux*) : Auch — Condom — Figeac — Lombez — Mirande — (*Gers*) : (*Lot*) : Cahors — Figeac — Gourdon : (*Lot-et-Garonne*) : Agen — Mirande — Nérac — Villeneuve-sur-Lot.

Cour d'Aix : (*Basses-Alpes*) : Digne — Barcelonnette — Castellane — Forcalquier — Sisteron — (*Alpes-Maritimes*) : Nice — Grasse — Bouches du-Rhône : Marseille — Aix — Tarascon (*Var*) : — Draguignan — Brignoles — Toulon.

Cour d'Amiens (*Aisne*) : Laon — Château-Thierry — Saint-Quentin — Soissons — Vervins (*Oise*) : Beauvais — Clermont — Compiègne — Senlis. (*Somme*) : Amiens — Abbeville — Doullens — Montdidier — Péronne.

Cour d'Angers — (*Maine-et-Loire*) : Angers — Baugé — Cholet — Saumur — Segré — (*Mayenne*) : Laval — Château-Gontier — Mayenne — (*Sarthe*) : Le Mans — La Flèche — Mamers — Saint-Calais.

Cour de Bastia (*Corse*) : Ajaccio — Bastia — Calvi — Corte — Sartème.

Cour de Besançon (*Doubs*) : Besançon — Baume-les-Dames — Montbéliard — Pontarlier — (*Jura*) : Lons-le-Saulnier : — Dôle — Arbois — Saint-Claude — (*Haute-Saône*) : Vesoul — Gray — Lure.

Cour de Bordeaux (*Gironde*) : Belfort — Bordeaux — Bazas — Blaye — Lespare — Libourne — La Réole — (*Charente*) : Angoulême — Barbezieux — Cognac — Confolens — Ruffec — (*Dordogne*) : Périgueux — Bergerac — Nontron — Ribérac — Sarlat.

Cour de Bourges (*Cher*) : Bourges — Saint-Amand — Sancerre — (*Indre*) : Chateauroux — Le Blanc — La Châtre — Issoudun — (*Nièvre*) : Nevers — Château-Chinon — Clamecy — Cosne.

Cour de Caen (*Calvados*) : Caen — Bayeux — Falaise — Lisieux — Pont-l'Evêque — Vire — (*Manche*) : — Saint-Lô — Avranches — Cherbourg — Coutances — Mortain — Valognes (*Orne*) : Alençon — Argenton — Domfront — Mortagne.

Cour de Chambéry (*Savoie*) : Chambéry — Albertville — Moutiers — Saint-Jean-de-Maurienne (*Haute-Savoie*) : Annecy — Bonneville — Saint-Julien — Thonon.

Cour de Dijon (*Côte-d'Or*) : Dijon — Beaune — Châtillon-sur-Seine — Semur — (*Haute-Marne*) : Chaumont — Langres — Vassy — (*Saône-et-Loire*) : Mâcon — Autun — Châlon-sur-Saône — Charolles — Louhans.

Cour de Douai (*Nord*) : Lille — Avesnes — Cambrai — Douai — Dunkerque — Hazebrouck — Valenciennes — (*Pas-de-Calais*) : Arras — Béthune — Boulogne — Montreuil — Saint-Ouen — Saint-Pol.

Cour de Grenoble (*Hautes-Alpes*) : Gap — Briançon — Embrun — (*Drôme*) : Valence — Die — Montélimart — Nyont — (*Isère*) : Grenoble — La-Tour-du-Pin — Saint-Marcelin — Vienne.

Cour de Limoges (*Corrèze*) : Tulle — Brive — Ussel (*Creuse*) : Guéret — Aubusson — Bourganeuf — Chambon — (*Haute-Vienne*) : Limoges — Bellac — Rochechouart — Saint-Yrieux.

Cour de Lyon (*Ain*) : Bourg — Bellay — Gex — Nantua — Trévoux — (*Loire*) : Saint-Etienne — Montbrison — Roanne — (*Rhône*) : Villefranche-sur-Saône.

Cour de Montpellier (*Aude*) : Carcassonne — Castelnaudary — Limoux — Narbonne — (*Aveyron*) : Rodez — Espalion — Millau — Saint-Afrique — Villefranche-de-Rouergue — (*Hérault*) : Montpellier — Bézier — Lodève — Saint-Pons — (*Pyrénées-Orientales*) : Perpignan — Céret — Prades.

Cour de Nancy (*Ardennes*) : Charleville — Rethel — Rocroi — Sedan — Vougiers — (*Meurthe-et-Moselle*): Nancy — Briey — Luneville — Toul — (*Meuse*) : Bar-le-Duc — Saint-Mihiel — Montmédy — Verdun — (*Vosges*) : Epinal — Mirecourt — Neufchâteau — Remiremont — Saint-Dié.

Cour de Nîmes (*Ardèche*) : Privas — Largentière — Tournon — (*Gard*) : Nimes — Alais — Uzès — Le Vigan — (*Lozère*) : Mende — Florac — Marvejols — (*Vaucluse*) : Avignon — Apt — Carpentras — Orange.

Cours d'Orléans (*Indre-et-Loire*) : Tours — Chinon — Loches — (*Loiret*) : Orléans — Gien — Montargis — Pithiviers — (*Loir-et-Cher*) : Blois — Romorantin — Vendôme[1].

Cour de Paris (*Aube*) : Troyes — Arcis-sur-Aube — Bar-sur-Aube — Bar-sur-Seine — Nogent-sur-Seine — (*Eure-et-Loir*) : Chartres — Châteaudun — Dreux — Nogent-le-Rotrou — (*Marne*) : Châlons-sur-Marne — Epernay — Reims — Sainte-Menehould — Vitry-Le-François — (*Seine*) : Paris — (*Seine-et-Marne*) : Melun — Coulommiers — Fon-

[1] *La Cour de Paris dont nous avons fait revivre ici, (pieuse tentative !) les premiers présidents, pour une population de 4.625.304 habitants, a huit Chambres (insuffisantes encore, pour l'étendue de son ressort et l'importance toujours croissante des procès, — portés au siège de toutes les administrations et compagnies) soixante-treize présidents ou conseillers. Malgré leurs laborieux et constants efforts, — malgré le dévouement des avocats éprouvés — mais n'ayant pas encore le don d'ubiquité et que les chemins de fer font souvent voyager dans les plus lointaines contrées, un arriéré, toujours croissant s'accumule. Il faut compter, deux ans, au moins, pour obtenir arrêt. — Reste ensuite la Cour suprême.*

tainebleau — Meaux — Provins — (*Seine-et-Oise*): Versailles — Corbeil — Etampes — Mantes — Pontoise — Rambouillet — (*Yonne*): Auxerre — Avallon — Joigny — Sens — Tonnerre.

Cour de Pau (*Landes*): Mont-de-Marsan — Dax — Saint-Sever — (*Basses-Pyrénées*): Pau — Bayonne — Saint-Palais — Oloron — Sainte-Marie — Orthez — (*Hautes-Pyrénées*): Tarbes — Lourdes — Bagnères-de-Bigorre.

Cour de Poitiers (*Charente-Inférieure*): La-Rochelle Jonzac — Marennes — Rochefort — Saintes — Saint-Jean-d'Angely — (*Deux-Sèvres*): Niort — Bressuire — Melle — Parthenay — (*Vendée*): Laroche-sur-Yon — Fontenay-le-Comte — Sables-d'Olonne — (*Vienne*): Poitiers — Châtellerault — Civray — Loudun — Montmorillon.

Cour de Rennes (*Côtes-du-Nord*): Saint-Brieuc — Dinan — Guingamp — Lannion — Loudéac — (*Finistère*): Quimper — Brest — Châteaulin — Morlaix — Quimperlé — (*Ille-et-Vilaine*): Rennes — Fougères — Montfort — Redon — Saint-Malo — Vitré — (*Loire-Inferieure*): Nantes — Ancenis — Châteaubriand — Paimbœuf — Saint-Nazaire — (*Morbihan*): Vannes — Lorient — Ploërmel — Pontivy.

Cour de Riom (*Allier*): Moulins — Gannat — Cusset — Montluçon (*Cantal*): Aurillac — Mauriac — Marat — Saint-Flour — (*Haute-Loire*): Puy-en-Velay — Brioude — Yssingeaux — (*Puy-de-Dôme*): Clermont-Ferrand — Ambert — Issoire — Riom — Thiers.

Cour de Rouen (*Eure*) : Evreux — Andelys — Bernay — Louvier — Pont-Audemer — (*Seine-Inférieure*) : Rouen — Dieppe — Hâvre — Neufchâtel — Yvetot.

Cour de Toulouse (*Ariège*) : Foix — Pamiers — Saint-Girons — (*Haute-Garonne*) : Toulouse — Muret — Saint-Gaudens — Villefranche-en-Lauraguais (*Tarn*) : Albi — Castres — Gaillac — Lavaur — (*Tarn-et-Garonne*) : Montauban — Castel-Sarrazin — Moissac.

COLONIES

Cour d'Alger. — Alger — Blidah — Tizi — Ozou — Constantine — Bone — Bougis — Philippeville — Sétif — Oran — Tlemcen.

Cour de la Martinique. — Fort-de-France — Saint-Pierre.

Cour de la Guadeloupe. — Basse-Terre — Pointe-à-Pitre — Marie-Galante.

Cour de la Guyane Française. — Cayenne.

Cour du Sénégal. — Saint-Louis.

Cour de la Réunion. — Saint-Denis — Saint-Pierre.

Cour des Indes. — Pondichéry — Karikal — Chandernagor — Yanaou — Mahé.

Cour de la Cochinchine. — Saïgon.

Tribunal Ile de Taiti. — Papaïte.

Tribunal de la Nouvelle-Calédonie. — Nouméa.

LA COUR DE CASSATION

Au-dessus de toutes les compagnies judiciaires (*Cours et tribunaux*) plane la Cour de Cassation, composée de trois Chambres (*Chambre des Requêtes, Chambre Civile, Chambre Criminelle*) [1].

Aujourd'hui, comme en 1814, La Cour de Casssation proclame, et hautement déclare, (*pour échapper, sans doute à toute modification, à toute critique, à tout perfectionnement ; qu'elle élève un monument de jurisprudence, qui excite l'admiration du monde judiciaire et qu'elle a conquis le respect public.*) Déjà le 19 décembre 1814, le député Flaugergues, rapporteur, s'exprimait dans les mêmes termes : « C'est une chose remar« quable, depuis la démocratie la plus dissolue, jus« qu'au despotisme le plus concentré, la France a « épuisé toutes les combinaisons politiques, mais, « dans tous nos bouleversements, on a respecté la « Cour de Cassation ; *on n'a jamais porté de plaintes « contre elle.* Immobile sur sa base [2], cette création

[1] *Discours de M. Mercier, premier président. (Audience solennelle du 1er mai 1882.)*

[2] *Règlement du Consul de 1738. — Article 504 du Code de procédure civile. Décret du 14 brumaire, an V, 22 frimaire et 27 ventôse, an VIII. Tarbé (Recueil des lois et règlements, concernant la Cour de Cassation.) Sous le régime du Suffrage Universel qui mène aujourd'hui la République française, la Chambre civile de la Cour de Cassation est, en matière électorale, saisie directement en vertu de la loi du 3 novembre 1875. — Sur 829 pourvois, déférés) en moyenne par an, à la Cour suprême, 213 concernent des questions électorales, 1877, au lieu de 43 seulement en 1876. Sur ce*

« nouvelle, autour de qui tout a changé, a vu passer « dix gouvernements, qui se sont renversés, les uns « sur les autres. Quelle cause a pu la préserver de la « chaîne destructive de tant de factions, dont cha- « cune abattait, au lendemain de la victoire, l'édifice « élevé par la faction vaincue. C'est le respect des « peuples, et ce respect ne peut venir que de l'utilité « sentie dans ses résultats. C'est encore un fond d'or- « ganisation, qui lui permit de s'adapter à toute es- « pèce de gouvernement, dont les pouvoirs sont sépa- « rés. La Cour de Cassation a été jugée à l'époque des « bouleversements, dont se compose notre grande « Révolution, sans être ni défendue ni même entendue, « elle n'a triomphé que par ses œuvres. » *Et nunc intelligite et audimini*...

nombre, la Corse, (encore moitié Africaine et moitié Italienne, a fourni environ les deux tiers. Les passions politiques prennent un temps qui pourrait être plus utilement consacré à l'expédition des affaires sérieuses. (Comptes de Justice civile.)

II

L'HOTEL DES PREMIERS PRÉSIDENTS DU PARLEMENT DE PARIS LE PALAIS DE JUSTICE LE PARLOIR AUX BOURGEOIS

— A notre époque, le traitement, si humble, de tous les fonctionnaires les astreint à une existence et à une résidence modestes. Autrefois, les magistrats, logés presque tous dans les environs du Palais ou de la Place Royale au Marais, où l'on admire encore leurs somptueuses demeures, avaient un état de maison, une tenue austère, qui obligeait, comme la noblesse. — Maintenant, les juges sont mêlés, confondus, dans le tourbillon de la grande ville, logés haut, en tous les quartiers, vêtus [1] comme tout le monde, portant toute la barbe comme L'Hôpital, ou seulement des

[1] *La Fontaine a dit : D'un magistrat ignorant, c'est la robe qu'on salue et Beaumarchais dans le Mariage de Figaro, cette violente attaque contre les abus, a écrit dans le même sens : tel rit d'un juge en costume bourgeois, qui tremble devant un Procureur en bonnet carré. Lafô-ô-orme, s'écrie Bridoison !*

moustaches, sous prétexte qu'ils sortent de la *Réserve* ou de la *Territoriale !* Plus de règles, la fantaisie.

Les premiers présidents de nos cours judiciaires n'habitent pas les Palais attribués à la Cour d'Appel, à la Cour des comptes, au Conseil d'Etat.— Les présidents du Sénat et du Corps Législatif, institutions éphémères, résident au Luxembourg et au Palais-Bourbon.

L'Hôtel de la Présidence fut construit, près de l'Église de la Sainte-Chapelle, en 1485 suivant Corrozet, d'après l'inscription qui suit :

Les lettres d'or dient l'annee,
que l'œuvre fut commencée
aV le M p DV ROI Charles HVICT
cest VI Hostel si fvt constrvict

Il fit place à l'hôtel de la Présidence, vers la fin du règne de Henri IV ; il communiquait au quai de l'Horloge, par deux cours, dans lesquelles étaient les bâtiments de service.[1] Le jardin du Bailliage fut détruit, en 1671, et sur son emplacement[2] furent construits les bâtiments qui conduisent à la rue du Harlay et renferment dans leur enceinte, la cour Neuve, dite

[1] *La Sainte-Chapelle de Paris*, (*Dentu éditeur*.)

[2] *Le Bailliage du Palais*, (*Willem éditeur*). En 1789, sous le nom de Prévôté de l'hôtel du roi, existait une juridiction chargée spécialement de juger les délits commis à la Cour. Les officiers de la Prévôté qui étaient de quartier suivaient le roi partout où il allait. De cette juridiction relevait le procureur du roi des Requêtes de l'hôtel.

(*Almanach Royal*, *1699-1789*.)

Dalsème — A travers le Palais 1883.

aussi cour du Harlay, qui communique avec le Palais, par une longue galerie qui portait le nom de galerie des Merciers.

Là se trouvait la salle Saint-Martin, dans laquelle le premier président donnait à dîner à tous les membres du Parlement, *le jour de la St-Martin, veille de l'ouverture de la session.* Cette salle est devenue la salle commune du Dépôt de la Préfecture de Police, les hôtes en ont singulièrement changé, on le voit. L'Hôtel fut habité, jusqu'en 1790, par les premiers présidents du Parlement de Paris.

Plus tard (1792) par les Maires de Paris, Petion, Chambert, Pache, Fleuriot, — jusqu'au 9 Thermidor. Dans la grande cour on voyait sept médaillons, peints à fresque, trois d'entre eux portaient, sur des tablettes, en marbre noir, les noms de : Bertrand du Guesclin, Duc de Bourbon, Maréchal de Moutluc, les autres, d'après les savantes conjectures de M. Labat[1] seraient: Henri de Condé, le Cardinal Duprat, L'Hôpital, Haraut de Cheverny.

Dans le principe, les Cours Neuve et de Lamoignon étaient des jardins, entourés de haies et de vignes, où l'on cultivait des légumes, pour la table du Roi. En 1512, Louis XII y fit planter 135 cerisiers, avec des guigniers, pruniers, pêchers, poiriers et pommiers.

Charles V avait fait planter, dans ses jardins, des rosiers, violiers, courges, choux, romaines, marjolaines,

[1] *Archiviste de la préfecture de police remplacé par son fils, déjà héritier de son nom et de ses délicates fonctions, à la tête d'une importante collection de documents.*

sauge, girofliers, fraisiers, lavande, laitues et pourpiers.

On vendait alors, sur le Pont-au-Change, des bottes de rosiers 20 sols parisis, un genêt de marais 123, un cent d'oignons de lys 6, un cent d'iris 9, les pommiers de paradis 4 sol pièce, les lauriers 2 sols pièce [1] (*Sauval*).

— L'aliénation des terrains fut consentie à M. de Lamoignon, sous condition qu'il y ferait élever des constructions, lesquelles édifiées en face la porte d'entrée, furent construites, avec le reste de l'édifice.

— L'Hôtel des premiers présidents devint ensuite la demeure du Préfet de Police, il a été récemment détruit, pour faire place à de nouvelles constructions destinées à l'agrandissement du Palais de Justice et de ses différents services, aujourd'hui placés dans des locaux insuffisants.

— On a laissé seulement subsister les colonnes et les sculptures formant la porte d'entrée, en attendant qu'elles soient démolies, avec les monuments et les institutions, encore debout.

LE PALAIS DE JUSTICE ET SES PROPRIÉTAIRES

Des travaux d'une importance considérable ont complètement transformé le Palais de 1787. Par une délibération en date du 14 novembre 1846, le conseil général de la Seine approuva le projet définitif des

[1] *Comparer avec les prix actuels, cotés, le dimanche, au marché aux fleurs.*

travaux à exécuter, et fixa à la somme de 11,139,925 fr. la dépense totale à la charge du département. A la fin de 1872, les dépenses déjà faites s'élevaient à 21,295,179 fr., et on peut affirmer que maintenant elles dépassent 26 millions. La répartition des dépenses excédant les 11 millions votés en 1846 a été réglée ainsi qu'il suit, par une décision ministérielle du 18 octobre 1870 :

Ministère des travaux publics, 13 o/o ; ministère de l'intérieur, 20 o/o ; département de la Seine, 64 o/o ; Ville de Paris, 3 o/o.

L'Etat, représenté par le ministre des travaux publics, est propriétaire des bâtiments occupés par la Cour de Cassation, au premier étage, sur le quai de l'Horloge, à l'angle de la rue du Harlay ; c'est à lui seul qu'incombent les dépenses de construction et d'appropriation relatives à cette partie du palais ; c'est encore à l'Etat, représenté cette fois par le ministère de l'intérieur, qu'appartiennent tous les locaux affectés à ce service.

Le tribunal civil, le parquet, les cabinets des juges d'instruction, les chambres correctionnelles et la cour d'assise sont la propriété du département de la Seine. Enfin, la ville de Paris est propriétaire des localités à l'usage du tribunal de simple police.

Ajoutons qu'en dehors de ces propriétés distinctes, il y a des propriétés indivises, tels que les accès, les cours, les galeries, la salle des Pas-Perdus, le grand perron sur la tour du Harlay, et l'on comprendra que le compte de dépenses réclamé par le conseil général ne doit pas être absolument facile à établir pour chaque intéressé.

LE PARLOIR AUX BOURGEOIS

L'administration municipale vient de faire graver sur la façade de la maison n° 20 de la rue Soufflot, l'inscription suivante :

> Ici était anciennement situé
> le Parloir aux bourgeois
> M. le préfet de la Seine déférant aux vœux
> des conseillers de la ville de Paris
> a fait placer, en
> MDCCCLXXVII,
> Cette inscription sur l'emplacement de l'édifice
> où siégeaient leurs prédécesseurs
> jusqu'au milieu du quatorzième siècle.

La surprise des passants qui lisent cette inscription a sa raison d'être. On doit, en effet, être étonné d'apprendre que le Parloir aux Bourgeois, que ce que nous désignons sous le nom d'Hôtel de Ville, ait existé en cet endroit.

Il n'y avait sur ce point aucune habitation aux treizième et quatorzième siècles. C'étaient des terrains vagues où plus tard on a élevé des constructions de peu d'importance que la rue Soufflot a fait disparaître il y a trente ans environ. Comment, dès lors, admettre que les conseillers ou marchands de la ville de Paris aient eu en cet endroit leur maison, leur parloir ?

La corporation des marchands de Paris avait choisi vers le douzième siècle, un local, une salle pour se réunir et traiter des intérêts de la ville de Paris. Cette salle commune, où étaient admis les bourgeois en présence desquels on discutait les affaires publiques, portait alors la dénomination de : *Maison de la marchandise.* Plus tard elle prit le nom de : *Parloir aux bourgeois.*

Cet édifice communal était alors situé entre l'église Saint-Leufroy et le Grand-Châtelet, c'est-à-dire à l'endroit où s'étend aujourd'hui la place du Châtelet. L'église Saint-Leufroy, dont il est question, n'est pas du nombre de celles qui ont été démolies à la fin du siècle dernier. Elle n'existe plus depuis 1672.

Le roi Louis XIV ayant manifesté l'intention de faire construire un nouveau Châtelet, plus commode que l'ancien, on acheta trois maisons que l'on démolit, ainsi que l'église dont nous parlons.

Au treizième siècle, le Parloir aux bourgeois, installé aux abords du Grand-Châtelet, déménagea et fut transféré, sur le haut des cotaux de la rive gauche de la Seine ? Sait-on où ? Dans les fortifications de la ville ! On affecta à ce service une des tours de l'enceinte de Philippe-Auguste avoisinant la rue Saint-Jacques.

On se rappelle que, lorqu'on procéda en 1847 aux opérations du percement de la rue Soufflot, une section de la muraille de Philippe-Auguste fut abattue pour donner passage à la nouvelle rue.

C'est donc sur l'emplacement occupé au treizième siècle par cette tour, affectée au Parloir aux bourgeois

2

et où a été bâtie récemment la maison portant le n° 20 de la rue Soufflot, que l'administration a fait graver avec raison sur une plaque l'inscription citée plus haut.

Le Parloir aux bourgeois étant devenu insuffisant, la ville de Paris acheta, vers le milieu du quatorzième siècle, place de Grève, une maison dite Maisons aux » Pilliers, qu'elle paya : deux milles huit cent quatre- » vingts livres parisis, forte monnoie, qui furent sol- » dés en florins d'or au mouton, par Etienne Mar- » cel, prevost des marchands ! »

Cette maison fut le berceau de l'Hôtel de Ville de Paris, incendié en 1871 et aujourd'hui reconstruite.

Il nous a paru intéressant de rechercher le costume du prévôt des marchands, des échevins et des conseillers.

Le prévôt des marchands avait le titre de premier magistrat de la ville de Paris.

Les Parisiens aimaient à voir leurs magistrats, superbement vêtus. Voici quel était le costume en 1741 :

Une soutane de satin rouge, avec boutons, ceinture et cordons d'or, par dessus une robe de palais ouverte, mi-partie de velours rouge et tanné. Une toque mi-partie de même couleur, ornée d'un gland et d'un large galon d'or, lui servait de coiffure.

Dans un compte de dépenses de cette époque, à l'article : Garde-robe des magistrats, costume de cérémonie, on lit :

Robe de palais, soutenue avec broderies d'or, 2,000 livres.

Manteau avec garnitures, 1,200 livres.

Collerette en point d'Angleterre, 500 livres.

Toque de velours, 100 livres.

Le diamant qui scintillait sur la toque du premier magistrat de Paris, avait été payé la somme de 540,000 livres tournois à un juif vénitien.

Ce luxe de costume éblouissait la population de Paris, disant, avec orgueil : *Si le vêtement des magistrats est de pourpre, leur cœur est d'or.*

III

TREILHARD, PREMIER PRÉSIDENT DE LA COUR D'APPEL DE PARIS (1742-1810). [1]

Jean-Baptiste Treilhard naquit, le 3 janvier 1742 à Brives, où son père était avocat et avait épousé Jeanne Lachèze, fille d'un sculpteur distingué. Le jeune Treilhard fut destiné au barreau et montra, pour cette carrière de si grandes aptitudes que Turgot, alors intendant du Limousin, lui présagea les plus brillants succès. L'opinion publique donna raison à cette prédiction. Il y avait quelques années à peine que Treilhard

[1] MM.

Treilhard	1802
Séguier	1802 — 1815
Gilbert des Voisins.	pendant les Cent jours.
Séguier	1815 — 1848
Troplong	1848 — 1852
Delangle	1852 — 1858
Devienne	1858 — 1869
Gilardin.	1869 — 1875
Larombière.	1875
Périvier.	

était inscrit au barreau de Paris qu'une clientèle nombreuse et choisie venait à lui. On cite encore ses plaidoiries dans les affaires Montesquiou contre Montesquiou de la Boullerie ; l'archevêque de Paris contre les officiers de l'Hôtel de Ville ; le domaine de l'État ; mais c'est surtout dans le procès qui s'engagea entre sa ville natale et les héritiers des vicomtes de Turenne que Treilhard fut éloquent.

A ses talents naturels, il joignit tout ce que le patriotisme local et la haine des privilèges peuvent inspirer. « C'est à l'ombre de ces murs, s'écria-t-il, que nous avons défendu notre état et notre liberté, contre les seigneurs de Turenne et de Maleport, que vous représentez, *vassaux qui n'êtes connus que par des meurtres et par des incendies!* — Eh quoi ! vos auteurs auront d'abord arrosé nos murs de notre sang, ils auront vu nos ancêtres sacrifier leur fortune pour pourvoir à leur entretien, et vous voulez nous les enlever ! » — Ne sent-on pas dans ces paroles le souffle de 93 ?

Arrive la disgrâce des Parlements, ce triste dénouement d'un funeste conflit. Treilhard, renonçant à la fortune et aux douces émotions de la parole, refuse de plaider devant le Parlement Maupeou. — Et pourtant, n'était-il pas presque certain que Maupeou l'emporterait ! Mais Louis XV mourut, l'ancienne magistrature fut rétablie encore frémissante, et Treilhard reprit la parole. C'était déjà cet homme rude d'aspect, gauche de formes, dont les Incroyables devaient se moquer plus tard. Il avait de plus une fougue, une imprudence généreuse que les calculs politiques ne modéraient pas encore. Un trait en sera la preuve : C'était le 21 août 1780, un jeudi, il y avait grand concours au Palais pour l'affaire des Créqui, dont est appelé à la grand'chambre. Le marquis, furieux de la sentence des requêtes du Palais, presse son adversaire à outrance et voudrait ne lui laisser aucun relâche.

Me de Bonnières, l'avocat du comte, a demandé la remise de la cause : 1° parce qu'ayant déjà parlé 18 heures dans cette affaire naguère aux requêtes, il en était excédé, et avait besoin de repos : 2° parce que, l'affaire étant portée devant un Tribunal qui devait juger en dernier ressort, il ne pouvait y apporter la même précipitation que la première fois ; 3° parce que son adversaire pouvait produire quelque nouvel acte ou titre important, qui exigerait un examen long, une discussion approfondie ; 4° enfin il a pris les juges par un motif d'humanité attendrissant, il a articulé que madame la comtesse de Créqui étant grosse à son neuvième mois, était dans un état qui exigeait un ménagement que ne lui refuserait pas la Cour ; que, quelque fût l'événement de la cause, il ne pouvait que lui faire une révolution funeste, et elle souhaitait qu'on la lui évitât.

Me Treilhard, l'avocat du marquis, s'est levé alors et a prétendu que toutes les objections de son confrère étaient des faux fuyants misérables ; qu'à l'égard de la comtesse, son mari pouvait user envers elle du même procédé, dont il ne s'était que trop servi, lui dissimuler le jugement rendu comme il lui avait caché son nom : comme il s'était fait à ses yeux un mestre de camp, lorsqu'il n'était que capitaine de cavalerie ; comme il lui avait fait son père colonel, lorsqu'il n'avait jamais servi.

L'avocat général Séguier n'a pu tenir à cette diatribe et a dit à l'avocat : « Me Treilhard, voilà des « propos bien indécents, bien malhonnêtes... » L'avocat a pris feu, lui a reproché à son tour de se mêler d'une cause où il le récusait, puisqu'il était parent. Une rixe s'est élevée entre eux, et M. Seguier a demandé à la Chambre de le venger. Messieurs délibéraient pendant ce temps, et ont arrêté que l'affaire serait renvoyée à la Saint-Martin.

A l'égard de la plainte immédiate de M. l'avocat général, M. Pasquier, protecteur de Treilhard, voyant qu'il allait s'engager une affaire sérieuse, a dit : « *Messieurs, c'est une chaleur à la Seguier, à laquelle il ne faut pas faire attention,* » et les juges ont levé le siège.

M. Séguier, outré, s'en est allé en déclarant à Me Treilhard qu'il ne voulait plus avoir rien de commun avec lui, et qu'il ne porterait jamais la parole dans les causes où il plaiderait : « *Tant mieux*, a répondu l'avocat, *mes parties ne pourront qu'y gagner.* »

On s'est séparé là-dessus, et le public de rire.

Cependant les magistrats amis de Me Treilhard ont voulu empêcher cette querelle d'avoir des suites, ils ont déterminé cet avocat à venir avec eux, sur-le-champ chez M. Séguier et à lui faire des excuses, et tout est fini. (Mémoires secrets pour servir à l'*Histoire de la République des Lettres* (*Treilhard*, T. XV. p. 202.)

La renommée de Treilhard était devenue tellement universelle que Paris lui fit l'honneur de le nommer représentant du Tiers-Etat aux Etats généraux. Un esprit aussi rompu aux affaires les plus délicates, possédant aussi bien tous les rouages de l'administration de l'ancien régime, en connaissant tous les vices et ayant de plus cette précieuse qualité de rendre, d'une façon saisissante, sa pensée, et de mettre mieux que personne ses connaissances en lumière, était précieux dans une assemblée d'hommes nouveaux. Aussi fut-il l'âme du comité ecclésiastique, il prit une part décisive à la rédaction de la constitution civile du clergé, et des décrets prononçant le retour à la nation des biens de main-morte, la suppression des vœux monastiques, et du célibat des prêtres. Il vote la constitution de 1791, arrive aux honneurs de la présidence, appuie la motion demandant à ce que les cendres de Voltaire soient transportées au Panthéon. « Je vous rappellerai, dit-il, que Voltaire, en 1764 dans une lettre particulière, annonçait cette résolution dont nous sommes témoins... C'est donc à lui que nous la devons, et c'est peut-être un des premiers pour lesquels nous devons les honneurs que vous destinez aux grands hommes qui ont bien mérité de la patrie. « (*Séance du 8 mai 1791*). On sait que, dans un mouvement de modestie, l'Assemblée Constituante avait décidé que ses membres ne pourraient être réélus à la Législative. Treilhard présida pendant la session de l'assemblée nouvelle le tribunal criminel de la Seine ; le département de Seine-et-Oise l'envoya à la Convention. La conduite de Treilhard pendant la période orageuse qui suivit le renversement de la royauté a été sévèrement appréciée. Il est certain qu'elle manqua de fermeté, et plus encore d'unité. Il vota comme Sieyès, mais joua un rôle plus actif que lui. Ainsi, il est nommé président pendant une partie du noir procès de Louis XVI (28 décembre 1792-10 janvier 1793); il vote pour la peine de mort, mais avec sursis, attendu « que la mesure la plus large et la plus politique était, en déclarant que Louis avait mérité la mort, de décréter un sursis qui laissât à la nation la faculté d'ordonner de sa personne suivant les circonstances et les intérêts du peuple français. » On est parti de là pour soutenir que Treilhard n'était pas régicide ; c'est aller trop loin, on en peut seulement conclure qu'en équité le roi lui semblait mériter la mort, mais que la mesure pouvait être impolitique. Treilhard s'associe aux mesures prises contre les Girondins ; il est envoyé à Bordeaux, où les fédéralistes l'emprisonnent. Cependant on l'accuse de *modérantisme* et Treilhard rentre dans l'ombre. Après la journée du 9 Thermidor, il reprit, quoique avec beaucoup de réserve, ses fonctions de membre du comité de salut public. La Convention, en se séparant, décida que le tiers au moins de ses membres devait être réélu, et c'est ainsi que Treilhard passa au conseil des Cinq-Cents. Son républicanisme ne s'y démentit pas ; élu par ses collègues président du Conseil (1799), il rappela l'anniversaire du 21 janvier en ces termes : « Ce fut en ce jour, au moment où je parle, que le tyran subit la peine due à ses forfaits. C'était beaucoup pour la justice d'avoir frappé le coupable, c'était peu pour la nation si, du même coup, la royauté n'était pas anéantie. Ce n'est que dans le cours de la Révolution que nous avons pu bien nous pénétrer de tous les maux que peut faire la royauté. Haine, haine éternelle à ce fléau destructeur. Ce n'est que par ce sentiment qu'un Français peut encore exister. Peuple, tu désires la paix ! Eh bien, haine à la royauté, c'est elle qui te donne la guerre ! Tu éprouves des privations ? Eh bien, haine à la royauté, c'est elle qui voulut t'asservir par la famine ! Tu appelles l'union et la concorde ? Haine à la royauté, qui organisa la guerre civile et le massacre des républicains ! Représentants du peuple, recevez l'expression de mes sentiments. Que ne puis-je reculer les bornes de cette étroite enceinte ; que ne suis-je au milieu de tous mes concitoyens ! C'est en présence de tous les peuples, c'est au sein de l'humanité entière que je voudrais déposer mon serment. « *Je jure haine à la royauté !* » Quelle éclatante confirmation du vote du 21 janvier 1793. Et comme il accepte fièrement le nom de *régicide !* Le Directoire avait tant de confiance dans le caractère et l'habileté de Treilhard qu'il lui confia les missions diplomatiques les plus périlleuses. Envoyé d'abord à Naples, il est rappelé et repart pour le congrès de Rastad ; survient sa nomination comme membre du Directoire. Bref aucune de ses missions diplomatiques ne fut accomplie. Quel fut le rôle de Treilhard dans le Directoire ? Laissons la parole à M. Thiers, qui répond à la question avec sa netteté et sa pénétration habituelles.

Après les élections de l'an VI (1798) il fallut choisir un nouveau directeur. Le sort désigna comme membre sortant François de Neuchâteau. Il fut remplacé par Treilhard, qui était un de nos plénipotentiaires à Rastadt. Treilhard avait absolument les opinions de Larevellière, Rebwell et Merlin. Il n'apportait aucun changement à l'esprit du Directoire. C'était un honnête homme, assez habitué aux affaires. Il y avait donc dans le gouvernement quatre républicains sincères, votant d'une manière absolument conforme, et réunissant les lumières à la probité.

Treilhard fut remplacé à Rastadt par Jean Debry, ancien membre de la Législative et de la Convention nationale. Treilhard sortit du Directoire le 28 prairial an VII (1799). Les trois directeurs Larevellière, Merlin et Treilhard étaient devenus suspects aux deux conseils des Cinq-Cents et des Anciens, et en général, à tout le parti patriote. Les adversaires du Directoire voulaient amener la démission de ces trois directeurs. On imagina un premier moyen pour obtenir ce résultat. La Constitution voulait que le directeur entrant en fonctions eût quitté la législature depuis, un an révolu. On s'aperçut que Treilhard, qui depuis treize mois siégeait au Directoire, était sorti de la législature le 30 floréal an V, et qu'il avait été nommé au Directoire le 26 floréal an VI. Il manquait donc quatre jours au délai prescrit. Ce n'était là qu'une chicane, car cette irrégularité était couverte, par le silence gardé pendant deux sessions, et d'ailleurs Sieyès lui-même était dans le même cas. Une Commission de onze membres, qui avait été chargée de présenter les mesures exigées par les difficultés du moment, proposa d'annuler la nomination de Treilhard. Cette annulation eut lieu le jour même et fut signifiée au Directoire.

Treilhard était rude et brusque, mais n'avait pas une fermeté égale à la dureté de ses manières. Il était disposé à céder, Larevellière était dans une tout autre disposition d'esprit. Cet homme honnête et désintéressé, auquel ses fonctions étaient à charge, qui ne les avait acceptées que par devoir, et qui faisait des vœux, tous les ans, pour que le sort le rendît à la retraite, ne voulait plus abandonner ses fonctions depuis que les factions coalisées paraissaient l'exiger. Il se figurait que l'on ne voulait expnlser les anciens directeurs que pour abolir la constitution de l'an III ; que Sieyès, Barras et la famille Bonaparte, concouraient au même but, dans des vues différentes, mais toutes également funestes à la République. Dans cette persuasion, il ne voulait pas que les anciens directeurs abandonnassent leur poste. En conséquence, il courut chez Treilhard, et l'engagea à résister. « Avec Merlin et moi, lui dit-il, vous formerez la majorité, et nous nous refuserons à l'exécution de cette détermination du Corps législatif, comme illégale, séditieuse et arrachée par une faction. Treilhard n'osa pas suivre cet avis, et envoya sur le champ sa démission aux Cinq-Cents.

Treilhard, aigri par les accusations de malversation qu'on dirigeait contre lui, dégoûté peut-être du régime représentatif par les mesquineries et la vénalité des conseils, déplorait la faiblesse du pouvoir exécutif et les empiètements perpétuels des représentants sur l'autorité du Directoire. Peut-être séduit par le génie d'un nouveau César, il accueillit, sans protestation, le

18 Brumaire et ne tarda pas à se rallier au premier consul. C'était une bonne fortune pour Bonaparte d'être soutenu par un républicain aussi intègre, aussi éprouvé, aussi célèbre que Treilhard, aussi le combla-t-il des marques de sa gratitude. D'abord vice-président (4 avril 1800), puis président du Tribunal d'appel de la Seine (1er janvier), il entra bientôt au Conseil d'Etat et fut l'un des auteurs les plus zélés de nos Codes. Inutile de dire que l'ancien avocat au Parlement, l'ancien orateur de nos Assemblées législatives, se montra toujours, non pas à la hauteur, mais au-dessus des missions qu'on lui confia. Il suffit de parcourir Locré (Travaux préparatoires du Code civil) pour se convaincre de la part considérable qni lui revient dans l'unification de nos lois. Pour ce qui regarde les fonctions de Treilhard comme président du tribunal d'appel de la Seine, la façon, dont il s'y comporta, est attestée, par sa nomination (qui suivit de si près) au Conseil d'Etat et par les témoignages unanimes de regret que son départ causa.

Voici le *Moniteur universel* du 17 frimaire an XI :

Le citoyen Bonnet, jurisconsulte, a prononcé le discours suivant, à l'une des audiences du tribunal d'appel, à l'occasion de la perte faite par ledit tribunal du citoyen Treilhard, son président, nommé au Conseil d'Etat :

Qu'il me soit permis, avant de commencer la défense « qui m'est confiée, d'exprimer dans le sanctuaire de la justice, l'accent du regret et le témoignage de la reconnaissance.

Le chef de ce tribunal a été enlevé à des fonctions qu'il

remplissait si dignement; instruit des principes par l'étude, éclairé par l'expérience et par un tact exquis sur leur application; doué par la nature d'une promptitude de jugement qui égalait sa justesse; impassible et ferme, il coopéra efficacement à cette renommée d'impartialité et de lumières qu'en moins de trois années ce tribunal s'est acquise; il fut son digne organe pendant qu'il le présida ; il lui conserva sa dignité et lui ménagea l'emploi de ses moments; les plaideurs furent entendus dans tous leurs moyens, et avertis de retrancher les discussions superflues.

Il furent jugés avec justice, et, ce qui est presque un aussi grand bienfait, avec célérité. Quelques-uns (chose admirable et rare) reconnurent leurs torts sur les motifs du jugement.

Appelé par le Gouvernement à un rang honorable, on n'a pas pensé qu'il pût conserver des fonctions dans l'exercice desquelles il pouvait faire beaucoup de bien encore.

Moins heureux que le tribunal suprême de la France, à qui il a été donné de conserver, comme son patrimoine, les talents, les lumières et la sagesse de son chef, appelé au même rang, le tribunal fait une grande perte, en recevant un grand honneur, en la personne de son président; qu'il emporte nos regrets et notre estime.

Le barreau a acheté chèrement, par son absence, le droit et la douceur d'exprimer sur lui ses sentiments et sa pensée.

Au reste ces temps désastreux ne sont plus où, quand un seul homme était arraché à une compagnie administrative ou judiciaire, le tribunal ou le corps administratif paraissait désorganisé ; nous sommes trop riches pour craindre quelques pertes ; en jetant les yeux sur les magistrats qui composent le tribunal d'appel de Paris, la confiance se perpétue et augmente chaque jour ; ses membres, connus de nous par leurs vertus et leur honorable magistrature, le sont presque tous par l'exercice au barreau, de leurs talents ; compagnons d'infortune pendant ces temps funestes, qui déjà s'éloignent de nous, nous avons traversé avec eux ces temps d'orage qui ont si rudement éprouvé le courage et la vertu des hommes ; et lié envers eux par le respect et par l'estime, nous le sommes encore par presque tous les sentiments qui peuvent attacher les hommes. »

Nous dirons peu de choses des titres honorifiques dont Treilhard a été comblé. Ce ne sont là que des alternatives de ses talents et de ses services, et les faits parlent plus haut que tous les titres du monde. Quoi qu'il en soit, Treilhard était depuis 1804 grand officier de la Légion d'honneur, en 1809 il est créé ministre d'Etat ; il meurt en (1810) avec le titre de comte.

Quel jugement la postérité portera-t-elle sur Treilhard ? S'occupera-t-elle seulement de lui ? La postérité est déjà venue, pour Treilhard, et elle a répondu à ces deux questions. Oui, la postérité s'occupera de Treilhard, tant que le Code civil subsistera comme loi positive. Car le nom, la parole, le souffle du grand jurisconsulte, du conventionnel, y vivent à chaque page. Elle dira que Treilhard, sans être de ceux qu'on peut appeller de *grands hommes*, a cependant été un esprit plein d'élévation et de force : il restera comme orateur éloquent, jurisconsulte profond, ami sincère et pendant longtemps amant passionné de la liberté. On pourra lui reprocher quelques faiblesses. On pourra trouver étrange que le conventionnel farouche ait accepté les faveurs de l'Empire. Mais l'Empire n'avait-il pas une origine démocratique ? Et si Treilhard a abandonné ses pures convictions le peuple tout entier n'a-t-il pas fait de même, ébloui par la gloire de son empereur ?

D'ailleurs l'époque extraordinaire où Treilhard a vécu l'excuse et le justifie. Il assista à des événements non moins terribles que merveilleux, qui devaient étonner, surprendre et séduire ceux que leur destinée en avait rendus spectateurs. Comme tant d'autres, il s'enthousiasma pour des principes nouveaux qu'une révolution imprévue[1] devait consacrer ; comme tant d'autres, il accueillit avec joie les idées nouvelles qui allaient rayonner sur le monde. Aujourd'hui, où nous

[1] *Bernis écrivait au comte de Choiseul, quelques jours après la défaite de Rosbach : Je vois une Révolution affreuse, dans le monde politique ; toutes les parties sont anéanties ou décomposées, cela ressemble à la fin du monde. On pille le roi partout. L'ignorance et la friponnerie sont dans tous les marchés. La marine et la guerre sont un gouffre ; tout ce qui est plume y vole par une longue habitude. Nous dépensons un argent énorme et l'on ne sait jamais à quoi il a été employé, ou du moins il n'en résulte rien d'utile. Un miracle seul peut nous tirer du bourbier, notre système se découd, par tous les bouts. On attend que tout périsse pour raccommoder quelque chose.* (*Correspondance de Bernis et de Choiseul 1757-1758*). Voir aussi le remarquable écrit de Charles Auburtin : *l'Esprit public au* XVIIIe *siècle.*

avons pris pleine possession des droits pour lesquels au temps de Treilhard une lutte ardente était engagée, nous nous expliquons difficilement certains excès, nous blâmons certains égarements. La figure de Louis XVI nous apparaît comme beaucoup plus digne d'estime, de pitié que de châtiment, et le mot de régicide semble une qualification destinée seulement à un homme cruel et sanguinaire. Treilhard ne fut pourtant ni l'un ni l'autre, et il a voté la mort du roi ! C'est qu'alors la personne royale était un moyen puissant, dont les partisans de l'ancien ordre des choses se servaient pour bouleverser le pays, entraver la marche du nouveau gouvernement et appeler l'invasion étrangère. Le souverain infortuné, faible et irrésolu, avait souvent laissé passer des paroles et des actions, dont ses accusateurs devaient tirer impitoyablement parti ; bien plus il était compromis réellement par sa correspondance, avec les monarques des royaumes alors en guerre avec nous. Les passions étaient extrêmes, elles entraînèrent une mesure excessive sans doute, mais que les dangers intérieurs et extérieurs dont alors la France était menacée expliquent, sans les justifier. En votant le sursis, Treilhard comptait sur des temps meilleurs où, le calme étant revenu, on eût évité une exécution, qui a laissé une tache sanglante et ineffaçable sur le berceau de la Révolution française.

Les excès inséparables d'ailleurs de tout bouleversement, émoussèrent peu à peu les premières convictions de Treilhard. La liberté obtenue, l'égalité proclamée, il eût souhaité moins de violences et moins de représailles. Homme de science avant tout, il aimait la tranquillité, et des agitations, désormais sans objet, l'éloignèrent d'un régime, dont il avait été l'un des fondateurs. Aussi lorsqu'un génie incomparable, voulant relier le passé à l'avenir, fonda un empire reposant sur le droit populaire, dont lui plébéien couronné était la vivante incarnation, Treilhard, subjugué par la grandeur du nouveau César, qui donnait l'ordre et la gloire à la France, lui était depuis longtemps gagné.

Jurisconsulte éminent, il a pris une part considérable à l'édification de nos codes : c'est là son plus beau titre de gloire, c'est là ce qui fera transmettre son nom d'âge en âge et lui décernera cette consécration si rare, que seule donne la postérité. On peut critiquer l'œuvre, la modifier, selon les besoins des générations nouvelles, en changer certaines dispositions surannées, mais le fond restera et le nom de Treilhard y demeurera éternellement attaché.

Tel fut cet homme, politique adroit, diplomate habile, jurisconsulte éminent [1] : il a consacré sa vie

[1] ÉTATS DE SERVICE DE TREILHARD

12 juin 1761	*Avocat près le parlement de Paris.*
1789	*Représentant du tiers état de la commune de Paris aux États généraux.*
(Législative) 1791-92	*Président du tribunal criminel de la Seine.*
1792	*Représentant du peuple pour le département de Seine-et-Oise à la Convention nationale.*
7 avril 1793	*Membre du comité de salut public.*
1795	*Membre du conseil des Cinq-Cents.*
19 mai 1797	*Démissionnaire.*

au service de la France, son nom doit rester sur la liste des citoyens qui ont bien mérité de la patrie.

12 septembre 1797	*Ministre plénipotentiaire de la République française.*
15 mai 1798	*Directeur.*
16 juin 1799	*Démissionnaire.*
4 avril 1800	*Vice-président du tribunal d'appel de la Seine.*
1er janvier 1802	*Premier président.*
14 septembre 1802	*Conseiller d'État.*
1808	*Président de la section de législation.*
30 mars 1809	*Ministre d'État.*

IV

SÉGUIER, PREMIER PRÉSIDENT DE LA COUR DE PARIS (1768-1848)

Le premier président Séguier appartient à une famille parlementaire du Languedoc, fort ancienne[1]. Au XIVe siècle déjà, des Séguier se distinguaient dans le barreau ou dans la magistrature du parlement de Toulouse. Sous François Ier, cette famille prit une importance considérable et conserva dans son sein, comme une sorte de tradition, le talent, le dévouement à la Couronne et aux libertés gallicanes, l'intégrité la plus absolue.

Pierre Séguier (1504-1580) était l'un des plus grands jurisconsultes du XVIe siècle. Nommé successivement avocat général à la Cour des aides (1535), puis au Parlement, c'est lui qui protesta comme président de la Compagnie contre l'établissement de l'Inquisition en

[1] Biographie universelle, de Michaud, t. 38, Séguier.

3*

France (1554). *Antoine Séguier*, son fils (1552-1626), remplit les fonctions d'avocat général, puis de président à mortier au Parlement, et se voit chargé d'une ambassade à Venise. C'est sur un réquisitoire d'Antoine Séguier, alors avocat général, que le Parlement condamne une bulle de Grégoire XIV, *se disant pape*, à être lacérée et brûlée par la main du bourreau. *Pierre Séguier* (1588-1672), son neveu et son élève, fut un fidèle serviteur de Louis XIII et un constant admirateur de son ministre le cardinal de Richelieu. Sa conduite lui valut le titre de *duc de Villemer*, et les hautes fonctions de garde des sceaux, puis de chancelier du royaume. Anne d'Autriche, ou pour mieux dire Mazarin, peu reconnaissant de sa nature et contraint d'ailleurs par la rébellion triomphante à mille ménagements, cassa Séguier comme trop royaliste, et le rappela tour à tour suivant les vicissitudes de la guerre civile. Rétabli définitivement par Louis XIV, Séguier mourut en 1672, particulièrement regretté de l'Académie française, dont il avait été après la mort de Richelieu le plus zélé protecteur.

Le baron Séguier, dont nous nous proposons de retracer la vie, descend d'une branche collatérale de cette belle famille, branche qui compte d'ailleurs parmi ses membres des hommes comme *Antoine-Louis Séguier*, avocat général au Parlement de Paris, que les courtisans trouvèrent ridicule parce que, pressentant l'avenir, il indiqua et prédit la catastrophe où les idées philosophiques devaient amener l'ancien monde (1726-1792).

Antoine-Jean-Matthieu Seguier est né à Paris le 21

septembre 1768[1]. Son père venait de le faire entrer dans la magistrature et de lui obtenir une place de substitut, lorsque l'Assemblée Constituante, par la loi organique des 16-24 août 1790 supprima les Parlements, brisant ainsi la carrière du père et du fils.

Nous venons de voir quel était le zèle ultra-royaliste de Louis Séguier, quelle justesse s'était rencontrée dans ses craintes. Aussi s'exila-t-il volontairement après la suppression des Parlements et échappa-t-il par l'émigration à une mort, presque certaine. Le jeune Séguier vécut à Tournay dans les Flandres, pendant tout le temps que les lois contre les émigrés subsistèrent. Le Consulat lui rendit confiance et il se présenta à Bonaparte pour obtenir un brevet de lieutenant dans ses troupes (1800). Autant la démarche du jeune Séguier plaisait au premier consul, autant sa demande lui déplut. Qu'avait-il besoin dans l'armée d'un adversaire décidé des institutions nouvelles, alors qu'il n'y manquait ni généraux habiles, ni braves soldats? Alors qu'un sentiment de colère et de haine y fermentait encore contre les émigrés, que l'armée se créait à elle-même la plus belle épopée? Dans la magistrature au contraire, le retour aux an-

[1] Nouvelle biographie universelle de Firmin Didot, t. 43, Séguier. Me Rousse : *Préface des plaidoiries de Chaix-d'Est Ange — Notice sur Sapey, le regretté magistrat du Parquet de la Cour, — Souvenirs publiés par M. F. Worms, son secrétaire (1884.) La plume de l'académicien a été tentée par le masque mobile du premier président.*

L'empereur Napoléon Ier, appelé par la gloire des armes à fonder sa dynastie, mettait de la politique, en toutes ses désignations et il lui est arrivé de prendre des noms et des fortunes, pour en faire des magistrats.

ciens principes semblait nécessaire au premier consul, le rejeton d'une illustre famille parlementaire lui était précieux à ce point de vue. Il se ralliait du même coup toute une classe de royalistes. Séguier, nommé d'abord commissaire du gouvernement près le tribunal de la Seine, avança vite, grâce à l'influence de son bel oncle l'archi-chancelier Cambacérès. Treilhard venait d'être appelé par Bonaparte au Conseil d'Etat : Séguier, à peine âgé de trente-quatre ans (1810), prit sa place. « Vous êtes bien jeune, dit Bonaparte, pour être placé à la tête de la Cour. — Je suis né le même jour que le vainqueur de Marengo, répondit vivement Séguier » Séguier justifia la promesse que cette réponse hardie renfermait, il suppléa à ce qui lui manquait de science juridique par une intelligence extrêmement vive. Mais on peut assurer que ce n'est pas là tout ce qui plut à Bonaparte, dans le magistrat, que les protestations de dévouement et d'amour que Séguier lui prodiguait. Nul n'est insensible à la flatterie, et Séguier savait user de cette arme, comme personne ; il en jouait, sans ménagements, et jamais, que nous sachions, les souverains qu'il a servis ne s'en sont plaints.

Ne s'écriait-il pas, le 28 juillet 1807, après le traité de Tilsitt : « Napoléon est au-delà de l'histoire humaine, il appartient aux temps héroïques : il est au-dessus de l'admiration : il n'y a que l'amour qui puisse s'élever jusqu'à lui. »

Et le 26 décembre 1812, il accueillait la « *personne sacrée de l'empereur* », qui laissait derrière lui des milliers de cadavres, en ces termes : « Nous sommes prêts à tout sacrifier pour votre personne sacrée, pour la perpétuité de votre dynastie. » Cette fidélité à toute épreuve ne devait pas résister à la campagne de France[1].

La conduite du président Séguier, pendant la Restauration, doit se partager en deux périodes : dans l'une, le président se montre animé de l'ultramontanisme le plus passionné ; il consacre tous ses soins à faire oublier le neveu de Cambacérès, pour ne rappeler que l'émigré de 92 ; — dans l'autre, il se rapproche, par degré de l'opposition, en faisant preuve, en religion comme en politique, d'impartialité et d'un libéralisme éclairé. C'est un caractère ferme et droit.

A la première période se rattachent ces discours de félicitation au trône, aux princes du sang, où Séguier se prosterne aux pieds des représentants de la Divinité. En son discours (1816), en son rapport sur l'affaire du maréchal Ney, il fait honte au vieux serviteur de l'Empire d'une faiblesse d'un moment ; ces paroles au roi après l'assassinat du duc de Berry : *Sire, si Votre Majesté pensait que les magistrats pussent la servir encore efficacement, rendez-leur des moyens, dont l'utilité n'est pas oubliée.* »... Cependant les procès de presse se multipliaient, et la presse ne se taisait pas ! Béranger et Courier étaient envoyés en prison et l'on s'arrachait les chansons de l'un, les pamphlets de l'autre ; on se montrait inexorable pour

[1] *Avec la mobilité de notre France, avec les changements de gouvernements qu'elle a subis depuis un siècle, il faut être bien indulgent pour les variations de nos hommes politiques, qui ne savent plus où est le devoir, où est leur conscience ?*

le maréchal Ney, pour les sergents de la Rochelle, pour les invalides de l'Empire, pour les officiers à demi-solde, et le mécontentement grandissait et la désaffection faisait place à la colère. Séguier comprit qu'il s'était trop aventuré et s'éloigna du pouvoir, avec une habileté telle que l'opposition en fut dupe. *Le Constitutionnel*, *le Courier français* sont poursuivis, et Séguier écoute avec intérêt les plaidoiries, marque de la bienveillance aux accusés, s'étonne de la violence des réquisitoires. Il proteste de son dévouement à la monarchie... et à la Charte. Il est profondément religieux, mais il veut qu'on respecte les droits de l'Etat, et comme l'un de ses ancêtres avait combattu l'Inquisition, il résiste aux Jésuites. *Le journal des Débats* est poursuivi. Il a osé terminer un article par ces mots : « Malheureux roi ! Malheureuse France ! » qui constituent un outrage au gouvernement établi. M. de Peyronnet rencontre, dans une réception officielle, le président Séguier, lui parle de ce délit, lui dit que le roi n'a jamais douté du dévouement de la magistrature à sa personne et à ses ministres ; il daigne lui expliquer l'importance du procès, les conséquences qu'un acquittement peut avoir ; il termine en disant que le roi considère la conduite du président Séguier en cette occasion, comme un service personnel. *Un service*, dit Séguier, *la Cour rend les arrêts et non pas des services !* Cette réponse est digne du magistrat et de la grande compagnie dont il était le chef.

La Révolution de Juillet trouva Séguier en pleine disgrâce.

Jusque-là, les régimes qui s'étaient succédés, en France avaient traité Séguier, comme un bon serviteur : le gouvernement de Juillet fit plus ; il le considera comme un ami, comme un conseil. Et il est vrai de dire que le premier président mit au service de la monarchie constitutionnelle le même dévouement enthousiaste qu'il avait déposé aux pieds du pouvoir absolu et de la démocratie militaire.

Ainsi on ne saurait nier que le premier président, — qui avait conservé le souvenir amer des jours d'exil, et qui détestait les républicains, — n'ait poussé le gouvernement aux mesures les plus extrêmes contres les auteurs des mouvements, qui ébranlèrent Louis-Philippe, dans les premières années de son règne.

Il approuva hautement la mesure par laquelle on enlevait aux accusés qui comparaissaient, devant la Courdes Pairs, le choix de leurs défenseurs.

A la Chambre des pairs, Séguier ne joua pas un rôle moins important, aux yeux du public. Mais ceux qui savent que tout le travail des assemblées se fait dans les bureaux et les Commissions, se rendent mieux compte de l'influence politique que Séguier a pu avoir.

Sous l'Empire, il avait pris part aux travaux préparatoires du Code de procédure civile ; sous la Restauration, il fut membre de plusieurs Commissions, et notamment de celle qui, en 1828, se livra à une véritable enquête sur l'enseignement, donné dans les écoles ecclésiastiques. Le gouvernement de Juillet le fit entrer dans le conseil des hôpitaux et dans celui des prisons.

Séguier mourut le 3 août 1848. Ses obsèques se firent très simplement. Il avait défendu que des lettres de faire-part fussent envoyées. « Je l'ordonne, avait-il dit, s'il est permis d'ordonner pour lui-même, à celui qui ordonna tant pour les autres. » Séguier eut à son convoi l'affluence que le talent donne toujours, à Paris : le barreau, qu'il avait tant maltraité, la magistrature, les ministres, et parmi eux son adversaire d'autrefois, Marie, alors garde des sceaux, s'y étaient donné rendez-vous. Dans les affaires civiles, Séguier était d'une intégrité reconnue, jamais les parties n'avaient à souffrir de ses boutades contre leurs défenseurs, il disait à chacun son droit.

Dans la vie privée, c'était un homme d'apparence simple, rude et franc ; au moral c'était un esprit vif, caustique, plein de saillies qu'il laissait échapper aux dépens même de son avenir. On aurait pu renouveler à son égard le mot de Caton sur Cicéron : *Habemus facetum consulem*. On ne compte plus les bons mots du président Séguier. Qu'il nous soit permis d'en citer quelques-uns :

Séguier avait fait construire, et avait été obligé à ses dépens d'apprendre à lire le plan et le devis d'un architecte. Ses collègues, qui n'avaient pas tous fait la même folie, se trouvaient souvent embarrassés dans les nombreuses affaires, où les architectes-experts sont appelés à se prononcer. Séguier les raillait fort de leur ignorance du métier et disait partout : « Il est facile de reconnaître un soldat ou un prêtre, sous quelque déguisement qu'ils se cachent. Voulez-vous reconnaître un magistrat de la Cour ?

présentez-lui un plan ; s'il le prend à l'envers... c'est un conseiller. »

Il était souvent cruel : « Que vous devez être heureux ! disait-il à un conseiller. — Pourquoi ? — Eh ! Z. est nommé conseiller. — Eh bien ! — Eh bien, mon cher, il ne sera pas dit que vous serez le plus faible de la Cour. » Le trait est si fort que j'en garantis l'authenticité.

Mais c'est surtout contre les avocats, que le président Séguier a exercé sa verve. Ses rapports, avec eux, étaient toujours très tendus, et il s'ingéniait à se placer, vis-à-vis d'eux, dans les situations les plus fausses. Un avocat plaidait devant la cour un procès sur un mur mitoyen. Il parlait de tout, hors du mur. Séguier, qui n'était pas patient, s'efforçait de ramener l'avocat à la question : celui-ci, avec la plus détestable persévérance, s'en écartait de plus en plus. « Mais, Me X..., s'écria le président à bout de force, je vous le répète, il s'agit d'un mur mitoyen, et depuis une heure, malgré mes observations réitérées, vous vous obstinez à *vagabonder, par toute la propriété.* » Un autre s'était fait attendre. Il arrive tout essoufflé et Séguier l'apostrophe vertement. « Mais j'étais, monsieur le président, occupé à défendre un arrêt de la Cour.— Les arrêts de la Cour se défendent bien tout seuls. — Ils se défendent assez mal, monsieur le président, car on vient d'en casser sept, l'un après l'autre ! » Séguier n'aimait pas les longues plaidoiries. « Concluez, concluez ! crie-t-il à un avocat. — Eh bien, répond celui-ci, je conclus... à ce que la Cour veuille m'entendre. » Séguier se vengea de la leçon en disant de l'avocat : « Le diable d'homme, il ne donnerait pas un bon avis à un client pour cent mille francs !

Le premier président eut deux querelles sérieuses avec l'ordre des avocats. La première éclata à propos de M° Marie. On venait d'appeler une cause dans laquelle le célèbre avocat devait plaider. M° Marie ne se présentait pas ; l'avoué demande la remise de la cause, l'avocat étant retenu à la Cour d'assises par l'affaire Cabet, une cause politique et Marie était républicain. Séguier accorda la remise de très mauvaise grâce, et s'écria : « C'est pour la Cour d'assises que l'avocat nous a quitté ; votre client vaut bien Cabet et nous valons bien la Cour d'assises. Il est déplorable que les avocats s'occupent d'affaires politiques, ils feraient mieux de se consacrer aux causes civiles... C'est pour vous, M° X..., que nous remettons la cause, à huitaine, pour vous seul ; car nous savons tous votre manière franche et loyale de penser et votre attachement à l'ordre. »

Une protestation fut envoyé par le Conseil de l'ordre au président Séguier ; puis à la rentrée des tribunaux le bâtonnier M° Parquin, dans son discours d'ouverture de la Conférence des avocats, s'éleva très vivement contre la conduite du premier président. Grand émoi. Sur les réquisitions de M. Persil, procucureur général, la peine de l'avertissement est infligée au Conseil de l'ordre. Pourvoi en cassation, mémoire distribué par toute la France et signé de noms comme ceux de Colmer-d'Aage, Dupin, Delangle, Marie, Chaix-d'Est-Ange, Duvergier, Paillet. La Cour de cassation rejeta le pourvoi, malgré les conclusions contraires du procureur général Dupin, et l'affaire en resta là.

Ceci se passait en 1834.

Dix ans plus tard, autre conflit, plus long, plus grave.

A l'audience du 6 juin 1844, une cause Dalibon contre Belay est appelée. Personne ne se présente pour l'appelant, l'avoué de l'intimé expose brièvement l'affaire; celui de l'appelant demande la remise à quinzaine. « Plaidez, dit M. Séguier, le prenant pour un avocat, votre affaire est mauvaise... les avocats se chargent de toutes les causes; ils acceptent les plus mauvaises et savent bien ce qu'ils font, car ils ne manquent pas de talent!... Nous ne nommons plus d'avocats d'office. Ils plaident tout: ils manquent à leur conscience. Je les rappelle à leur serment. »

L'insulte était trop directe pour ne pas appeler une réponse. La lettre suivante fut adressée par le conseil de l'ordre au premier président Séguier:

« Monsieur le Premier Président,

« Un fait récent qui s'est passé à votre audience a vivement ému le barreau.

« Lundi 9 de ce mois, une affaire Dalibon-Belay venait devant vous; aucun avocat ne se présentait; le dossier de l'appelant avait été refusé; Mᵉ Crucy, avoué de l'appelant, demandait une remise, et comme il insistait pour l'obtenir: Non, avez-vous dit, le prenant pour un avocat, plaidez, votre affaire est mauvaise ; les avocats se chargent de toutes les causes ; ils acceptent les plus mauvaises, et savent bien ce qu'ils font, car ils ne manquent pas de talent ; nous ne nommons plus d'avocats d'office, ils plaident tout... ils manquent à leur conscience ; je les rappelle à leur serment.

« Ces paroles offensantes, qui contrastent si fort avec les sentiments du barreau et avec l'estime que plus d'une fois, vous lui avez vous-même témoignée, l'ont d'autant plus profondément contristé qu'elles tombaient de plus haut.

Les membres du Conseil soussignés se sont réunis, ils ont vérifié les faits, et ils ont reconnu que ces paroles injustes dans leur généralité, manquaient même de prétexte dans la circonstance particulière. En effet, ce n'était pas un avocat, mais un avoué qui parlait à la Cour au nom de l'appelant, celui de nos jeunes confrères auquel avait été présentée l'affaire, obéissant aux devoirs de la profession, avait consciencieusement refusé son ministère et renvoyé les pièces.

« Dans cette situation, monsieur le premier Président, les membres du Conseil, cédant à un sentiment unanime, ont pensé que les paroles qui ont si cruellement atteint l'ordre tout entier, devaient être publiquement effacées, et qu'il ne leur était plus possible, tant qu'elles subsisteraient, de concourir avec vous à l'action de la justice.

« Nous cesserons donc jusque-là de nous présenter à votre audience.

« Cette mesure, qui nous serait impérieusement dictée par le soin de notre honneur, nous est encore commandée par les devoirs de notre profession ; en effet, dépouillés désormais de toute autorité, nous compromettrions les intérêts des justiciables en ne présentant plus en leur nom qu'une défense sans dignité.

« Nous sommes avec respect, monsieur le premier président, vos très humbles et très obéissants serviteurs.

« Le 15 juin 1844.

« Signé : CHAIX-D'EST-ANGE (bâtonnier). — MARIE (ancien bâtonnier). — BOINVILLIERS. — DE VATIMESNIL. — FÉLIX LIOUVILLE. — DUVERGIER. — JULES FAVRE. — BAROCHE. — PINARD. — ADRIEN BENOIT. — PAILLET. — BOUDET. — BETHMONT. — MOLLOT. — PH. DUPIN. — FLANDIN. — J.-B. CAUBERT. — GAUDRY. — BERRYER. — ADRIEN FLEURY. — E. BOURGAIN. »

La peine de l'avertissement fut infligée aux signataires de la lettre citée plus haut.

Aussitôt les membres du Conseil donnent leur démission : de nouvelles élections ont lieu ; les députés, les professeurs à l'Ecole de droit, les avocats n'exerçant plus, se pressent dans les salles du Palais, et le Conseil est tout entier réélu à un nombre de voix double du nombre de voix ordinaire, M° Marie, remplaçant le bâtonnier Chaix-d'Est-Ange, absent à cette époque, remercia en ces termes les avocats :

13 juillet 1844.

Mes chers confrères,

Permettez-moi, au nom de M. le bâtonnier, absent pour les devoirs de sa profession, au nom de tous les membres du Conseil de discipline, de vous remercier de vos suffrages.

Dans les circonstances difficiles et profondément regrettables où le barreau s'est trouvé involontairement placé, nous avons cru, nous chefs élus de l'ordre, devoir prendre une résolution individuelle, grave il est vrai, mais qui, à nos yeux, était juste et nécessaire. (*Applaudissements*).

Nos actes ont été jugés, nos personnes frappées (*mouvement*), et après vingt ans de travaux honorés par vous, nous avons appris à connaître tout ce qu'il peut y avoir d'étonnement et de douleur au fond d'une peine disciplinaire, pour le moins inattendue.

Dans cette situation, mes chers confrères, vous le comprenez, nous éprouvions le besoin de consulter vos sentiments et vos pensées, d'interroger vos sympathies. Une voie naturelle et légale s'ouvrait devant nous ; nous y sommes entrés, et nous y avons attendu avec confiance le jugement honorable que vous venez de porter.

Vos résolutions ont été calmes comme les nôtres : c'est qu'en effet, comme les nôtres, elles ont pour base, et il faut que cela soit bien constaté, non un intérêt de parti, non l'intérêt personnel, souvent passionné dans ses actes, mais un intérêt général toujours ferme et toujours réservé dans ses manifestations.

Vous avez compris, comme nous, et ç'a été notre véritable, notre unique pensée, que, représentant devant la justice des intérêts qui font appel à vos efforts, ces intérêts, vous ne pouviez utilement les défendre qu'à la condition d'être acceptés de tous les magistrats qui vous écoutent, comme hommes d'honneur, fidèles à vos devoirs et à la sainteté de vos serments. Vous avez compris que votre concours devenait impuissant, et dès lors inutile, du moment où une atteinte quelconque pouvait être portée à son autorité morale.

Nous comptons sur la confraternité qui nous lie, sur les traditions qui nous instruisent, sur l'unité de notre ordre, pour mettre en lumière cette communauté de sentiments et d'idées, qui se manifeste en ce moment.

Agir ainsi, mes chers confrères, prendre ainsi au sérieux les questions d'honneur et de serment sur lesquelles tant d'hommes aujourd'hui se montrent indifférent ou railleurs, sacrifier à la grandeur de ces questions même nos intérêts matériels, c'est répondre noblement à toutes les attaques et justifier, s'il en était besoin, les droits de notre profession conquis par l'intelligence et le travail, au profit de la société tout entière. (*Applaudissements*).

Il fut décidé que le bâtonnier se rendrait chez M. le procureur général Hébert et chez M. Pécourt, président de la première chambre, pour déclarer que cette mesure, résultat d'un incident, tout personnel, ne pouvait altérer en rien les sentiments des membres du barreau pour la magistrature. La lettre du Conseil n'avait pas encore reçu sa rédaction définitive que déjà plusieurs membres de la Cour s'étaient émus des conséquences possibles d'une telle résolution.

Des négociations avaient laissé espérer que les justes susceptibilités du barreau seraient satisfaites, et le Conseil de l'ordre, réuni de nouveau, dans la soirée de samedi, décida que la lettre, délibérée le matin, ne serait pas remise à M. le premier président. Les négociations commencées samedi se sont continuées sous l'influence des récits plus ou moins exacts, publiés par la presse politique; et ce matin, à huit heures, le Conseil de l'ordre était de nouveau réuni. A neuf heures, peu d'instants avant l'ouverture de la première Chambre, on a appris qu'après de nouveaux pourpalers sans résultat, la lettre des membres du Conseil venait d'être remise à M. le premier président.

Une foule considérable se pressait aux abords de la première Chambre et n'a pu trouver place tout entière dans la salle, au moment où les portes se sont ouvertes.

Me Chaix-d'Est-Ange, bâtonnier, MMes Gaudry, Marie, Caubert et Liouville, membres du Conseil, étaient seuls en robe au barreau. Après l'appel général, M. le premier président a donné ordre d'appeler les causes retenues. Dans la première affaire, Me Chaix-d'Est-Ange était chargé de plaider; mais comme il ne se levait pas pour conclure, M. le premier président a ordonné la remise de l'affaire en délibéré, au rapport d'un des conseillers. Me Chaix-d'Est-Ange s'est alors retiré du barreau, ainsi que les membres du Conseil qui l'assistaient. Quatre autres affaires ont été ensuite appelées; aucun avocat ne s'étant présenté, elles ont été également mises en délibéré. L'audience a été levée, et pendant qne la Cour rentrait dans la Chambre du Conseil, M. le premier président, se méprenant sans doute sur une légère rumeur produite par la foule en se retirant, a dit : « Respect à la magistrature ! »

A midi et demi, la première et la deuxième Chambre se sont réunies en audience solennelle, sous la présidence de M. le premier président. Les avocats de l'affaire n'étaient pas présents. Me Perrin, avoué, a demandé la remise à huitaine. « Plaiderez-vous à huitaine Me Perrin ? » a demandé M. le président. « Je plaiderai si la Cour l'ordonne, » a répondu Me Perrin. L'affaire a été remise à huitaine, et l'audience levée immédiatement.

A une heure, toutes les Chambres de la Cour étaient réunies en Chambre du Conseil pour délibérer sur les incidents dont nous venons de rendre compte. A deux heures et demie elle se sont séparées, en ajournant à une prochaine séance la suite de leur délibération.

Tels sont les faits. Nous en comprenons la gravité : c'est pour cela que nous devons nous défendre de toute passion en les appréciant. Et d'abord, disons-le, il ne faudrait pas que, de part ni d'autre, on se méprît sur le véritable caractère du conflit qui s'est élevé. Ce n'est pas là une lutte entre la magistrature et le barreau, ce n'est pas là une de ces querelles de corps qui doivent mettre aux prises des droits également respectables, et qui ne peuvent finir que par une de ces concessions qui sont des défaites. Les rapports du barreau et de la magistrature restent ce qu'ils étaient, à côté de la question personnelle qui s'est malheureusement engagée. Mais cette question elle-même, si délicate qu'elle soit, ne doit pas être aggravée, et les conséquences qu'elle semble avoir aujourd'hui ne doivent pas en changer les proportions.

Le fait qui a motivé la résolution du barreau devait appeler une protestation unanime. Les paroles, signalées par le Conseil de l'ordre, avaient été publiques, elles partaient d'un siège trop élevé pour que le barreau les acceptât en silence et restât sous le coup d'une atteinte qui, lors même qu'elle n'eût pas été dans les intentions de M. le premier président, ne demandaient pas moins une explication qui les fît oublier. Une semblable explication n'avait rien qui pût compromettre la dignité d'une haute position judiciaire et nous sommes certain que le chef de la Cour l'avait ainsi compris lui-même, avant qu'une polémique fâcheuse eût, en dénaturant les faits, imprimé d'avance à la conciliation un caractère qu'il n'était dans la pensée de personne de lui donner.

Faudra-t-il pour cela que la lutte continue? et comment finira un état de choses qui menace d'entraver le cours de la justice? On disait au Palais que la convocation de toutes les Chambres de la Cour pouvait amener contre les membres du Conseil de l'ordre des poursuites disciplinaires : nous ne pouvons le croire. On sait dans quelles circonstances, dans quels intérêts, le Conseil de l'ordre s'est ému et a délibéré. La Cour ne compliquera pas encore une situation déjà si difficile, et ne mettra pas un obstacle de plus à la conclusion de cette déplorable affaire.

Le 18 juin 1844, la 1re Chambre de la Cour royale a tenu son audience, à dix heures, au milieu d'une foule assez considérable. Aucun avocat n'était présent.

Sur l'appel des causes, M. le premier Président Séguier a prononcé la remise de la plupart de celles portées sur le rôle, pour être plaidées à huitaine, ainsi que le demandaient les avoués.

« Les avoués de la Cour, a dit M. le premier président, nous ont toujours présenté leurs causes sommairement et clairement, et ils nous mettent avec précision sur la voie de la justice. Ils ont droit de plaider les affaires sommaires et les incidents de procédure : toutes les fois qu'il s'agira d'autres affaires plus importantes, nous leur donnerons, chaque fois, l'autorisation nécessaire. »

Et sur une demande de remise à quinzaine : « A huitaine, a dit M. le premier président ; les avoués pourront être prêts à plaider : à huitaine le cours de la justice sera rétabli. »

La Cour a procédé ensuite au tirage du jury et l'audience a été levée.

Toutes les Chambres de la Cour sont convoquées pour demain matin huit heures, en Chambre du conseil.

COUR ROYALE DE PARIS. — *Poursuites disciplinaires contre le Conseil de l'ordre des avocats.*

La Cour royale s'est réunie aujourd'hui, 19 juin, en Chambre du Conseil, sous la présidence de M. le premier président. Tous les membres de la Cour s'étaient rendus à cette convocation, même les magistrats attachés au service des deux sections de la Cour d'assises. M. le procureur général était présent.

La délibération, commencée à huit heures du matin, s'est prolongée jusqu'à deux heures.

La Cour a décidé que le bâtonnier de l'Ordre des avocats et les vingt membres du Conseil, signataires de la lettre adressée à M. le premier Président, seraient cités disciplinairement, devant toutes les Chambres réunies.

La citation sera donnée pour le lundi 1er juillet à midi.

Le 21 juin 1844, l'audience de la 1re chambre de la Cour royale a été ouverte, à l'heure ordinaire de midi, sous la présidence de M. le premier président Séguier, et une foule assez considérable, bien que de beaucoup moins compacte que lundi et mardi dernier, a pénétré dans l'auditoire.

Il a été procédé à l'appel des causes; aucun avocat n'était présent et le barreau était occupé par un grand nombre d'avoués en robe. Diverses remises de causes ont été prononcées sur la demande de ces officiers ministériels, soit à huitaine, soit à quinzaine. « Les avoués, a dit M. le premier président, qui font acte de bonne volonté, ne doivent pas être pris au dépourvu, et il est juste d'accorder la remise. »

La première cause sur le rôle était celle de M. Dumoulin contre M. Lireux, sur la requête civile soutenue vendredi dernier par Me Crémieux, pour M. Dumoulin, et combattue, à la même audience, par Me Baroche, qui n'avait pas terminé sa plaidoirie. Me Tartois, avoué de M. Lireux, s'est présenté pour ce dernier.

M. le premier président, après avoir consulté la Cour : Attendu qu'aucun avocat ne se présente pour Lireux, la Cour, en vertu de l'article 5 du décret du 1er juillet 1812, autorise Me Tartois à plaider.

Me Tartois, en commençant, déclare qu'il n'a la prétention ni de répondre à la plaidoirie de Me Crémieux, ni de remplacer Me Baroche, qu'il vient suppléer, dit-il, par suite de circonstances déplorables !

Après cette plaidoirie, M. le premier président demande si l'adversaire a des observations à ajouter.

Me Langlois, avoué de M. Dumoulin : Je m'en réfère à la plaidoirie de Me Crémieux. M. le premier président: A huitaine, avec M. l'avocat général.

Le 22 juin 1844, le public à cette audience était peu nombreux. Il a été procédé, en présence des avoués, seuls en robe au barreau, à l'appel des causes, dont plusieurs ont été retenues. En remettant à huitaine ou quinzaine quelques-unes de ces causes, en raison de l'empêchement de plusieurs avoués, retenus par maladie ou par le service de la garde nationale, M. le premier président a dit : « Il est juste de remettre ces affaires ; les avoués sont *homines bonæ voluntatis* ; mais il faudra plaider aux prochaines audiences, sans cela nous prendrions les pièces. »

Les causes retenues ont occupé le temps ordinaire de l'audience. Me Géerbrant, avoué, a repris et continué une cause importante, commencée samedi dernier par Me Frédérich, avocat; il s'agissait de graves difficultés sur l'exécution d'un bail de domaines, appartenant à M. Bayet. M. Bayet, qui est avocat, a plaidé lui-même sa cause, sous l'assistance de Me Gaubert, son avoué.

Dans les causes plaidées par les avoués, l'autorisation permise à cet effet par l'art. 5 du décret du 2 juillet 1812, a été accordée par la Cour.

Le 29 juin 1844, les membres du Conseil de l'Ordre des avocats avaient été cités disciplinairement devant toutes les Chambres assemblées de la Cour royale pour le lundi 1er juillet.

Les débats de l'affaire Donon-Cadot pouvant se prolonger jusqu'à lundi, la comparution des membres du Conseil devant la Cour a été remise au mercredi 3 juillet. Deux licenciés étaient aujourd'hui présents à la barre de la 1re Chambre de la Cour royale. M. l'avocat général Bresson a requis qu'ils fussent admis à prêter le serment d'avocat, attendu qu'ils avaient rempli les formalités et fourni les justifications nécessaires. Le serment d'usage a été en effet immédiatement prêté par eux. Aucun avocat n'était au banc du barreau.

AFFAIRE DU CONSEIL DE L'ORDRE

10 juillet 1844

La Cour royale, toutes Chambres assemblées, s'est réunie aujourd'hui en chambre du Conseil sous la présidence de M. le premier président Séguier, pour statuer sur les poursuites disciplinaires dirigées contre les membres du Conseil de l'Ordre des avocats.

A une heure, M. le bâtonnier et les vingt membres du Conseil ont été introduits.

M. le procureur général, après avoir exposé les faits qui ont motivé la poursuite, a demandé si les membres du Conseil de l'Ordre avaient quelques observations à présenter.

M. Chaix-d'Est-Ange, bâtonnier, a déposé sur la barre des conclusions ; il a donné lecture d'une déclaration qui avait été délibérée, par le Conseil de l'Ordre.

Après de nouvelles et courtes explications échangées entre M. le procureur général et M. le bâtonnier, M. le procureur général a prononcé un réquisitoire concluant à ce que la Cour, en ordonnant la suppression de la lettre adressée à M. le premier président, fît aux membres du Conseil de l'Ordre injonction d'avoir à reprendre leur service près la première Chambre de la Cour, et prononçât contre eux la peine disciplinaire de l'avertissement.

Après ce réquisitoire, les membres du Conseil de l'Ordre se sont retirés, ainsi que M. le procureur général et son parquet.

La délibération de la Cour, commencée à deux heures, s'est prolongée jusqu'à cinq heures et demie.

Les membres du Conseil de l'Ordre ayant été invités à se rendre devant la Cour, M. le premier président a donné lecture en présence des membres du parquet d'un arrêt par lequel la Cour supprime la lettre signée par les membres du Conseil de l'Ordre et prononce contre eux la peine de l'avertissement.

Le bâtonnier de l'Ordre des avocats et les vingt membres du conseil de discipline ont donné de suite, leur démission. (*10 juillet 1844*).

En conséquence les avocats sont convoqués pour samedi prochain 13 juillet pour procéder à une nouvelle élection. Le scrutin sera ouvert de neuf à onze heures pour l'élection du bâtonnier, et de midi à trois heures pour celle des membres du Conseil.

Les membres du Conseil de l'Ordre n'avaient pas besoin de demander à une réélection la ratification de ce qu'ils ont fait, en défendant les intérêts et les droits dont la garde leur est confiée; mais nous comprenons le sentiment qui les a inspirés dans la mesure qu'ils viennent de prendre, et le barreau lui-même ne peut que s'applaudir de l'occasion qui lui est donnée de s'associer tout entier aux actes de ses représentants.

Les avocats ont déclaré ce matin, au Palais, qu'ils persisteraient à ne pas se présenter, devant la Chambre de la Cour royale, présidée par M. le premier président.

Ainsi, comme nous le disions, en annonçant les poursuites disciplinaires ordonnées par la Cour, ces poursuites, loin de faire cesser un déplorable conflit, le compliquent encore par de nouveaux et plus sérieux obstacles. Tout le monde, même au sein de la Cour, reconnaissait qu'une grave atteinte, portée à la considération du barreau, devait être loyalement effacée, et que l'Ordre des avocats n'avait pas pu l'accepter en silence : la réparation qu'on lui donne, c'est l'application d'une peine disciplinaire ! A-t-on pu espérer qu'un semblable arrêt mettrait fin à un débat qui compromet si gravement les intérêts de la justice ?

Les avocats à la Cour royale de Paris se sont réunis aujourd'hui, pour procéder à l'élection du bâtonnier de l'Ordre et des membres du Conseil de discipline. A aucune des élections précédentes, le nombre des votants n'avait été aussi considérable. Tous les professeurs de la faculté de droit et tous les anciens magistrats, qui bien que n'exerçant pas activement leur profession, sont inscrits au tableau, étaient venus dans cette circonstance grave, et solennelle, s'associer par l'adhésion de leurs votes aux actes de ceux qui ont été frappés en défendant les droits et les intérêts de l'Ordre.

Le nombre des votants était de 498.

M. Chaix-d'Est-Ange a obtenu comme bâtonnier 493 voix.

Pour l'élection des membres du Conseil, le nombre des votants était de 501.

Les vingt membres démissionnaires ont été réélus, savoir :

MM.	Marie	496 voix	MM.	Dupin	493 voix
	Caubert	496		Paillet	493
	Duvergier	496		Flandin	493
	Gaudry	496		Boinvilliers	493
	Vatimesnil	495		Liouville	493
	Berryer	494		Henry	493
	Bethmont	494		Pinard	493
	Baroche	494		Desboudets	492
	Mollot	494		Favre	492
	Bourgain	494		J. Benoist	491

A son audience du 13 juillet, la première Chambre de la Cour royale a entendu la plaidoirie de MM[es] Périn et Gobert, avoués de M. le marquis d'Hertfort et des exécuteurs testamentaires du père de ce dernier, appelants du jugement, qui a maintenu la donation manuelle de 30,000 fr. de rente faite par M. le marquis d'Hertfort à Nicolas Suisse, son premier valet de chambre. Me Delacourtie, avoué de Suisse, a commencé sa plaidoirie, qui a été interrompue, en raison de l'heure avancée.

COUR ROYALE DE PARIS (18 juillet 1844). *Affaire du Conseil de l'ordre des avocats.*

L'arrêt de la Cour royale de Paris, qui prononce la peine disciplinaire de l'avertissement, contre les membres du Conseil de l'ordre des avocats, a été notifié à Me Marie, ancien bâtonnier, en l'absence de Me Chaix d'Est-Ange.

La Cour, convoquée d'ordre de M. le premier président en la manière ordinaire et accoutumée, s'est réunie en robes noires et à huis-clos, dans la salle d'audience de la 1re Chambre, et s'est placée sur les bas sièges. M. le procureur général ayant été mandé, est entré accompagné des membres du parquet. M. le premier président a expliqué à la Cour qu'elle était réunie pour statuer sur l'assignation donnée par M. le procureur général aux membres composant le Conseil de l'ordre des avocats près la Cour, en exécution de l'arrêt du 19 juin 1844. Il a donné ordre d'introduire les membres du Conseil de l'ordre des avocats ; ceux-ci, ayant en tête M. le bâtonnier, sont entrés dans l'ordre suivant: MM. Dupin, Paillet, Marie, Caubert, Berryer, Gaudry, Mollot, Duvergier, Bourgain, Baroche, Fleury, Ad. Benoît,

Flandin, Bethmont, Boinvilliers, Desboudets, Liouville, de Vatimesnil, Pinard, Favre, et ils ont pris place au barreau.

M. le premier président a donné la parole à M. le procureur général. M. le procureur général expose : Qu'en exécution de la délibération du 19 juin, il a « fait citer, devant la Cour, les membres du Conseil de l'ordre, signataires de la lettre du 15 juin, adressée à M. le premier président. Qu'il espère encore qu'une conciliation honorable arrêtera l'action disciplinaire, et rétablira les bonnes relations habituelles entre la magistrature et le barreau, si utiles à la bonne administration de la justice ; qu'il n'est aucun membre de la Cour qui fît refus d'expliquer, s'il y avait lieu, toute expression mal interprétée, et de désavouer toute pensée, en désacord avec les sentiments d'estime et de bienveillance qui sont dus au barreau, mais que de telles explications, possibles et honorables, quand elles sont libres, prendraient un tout autre caractère si elles pouvaient paraître imposées ; que cette considération, dont le Conseil de l'ordre n'a point assez tenu compte dans sa lettre et dans ses démarches, devait être aujourd'hui mieux comprise, et amener une modification dans les actes et dans le langage ; que sans doute les explications de M. le bâtonnier, au nom de ses confrères, donneront à la Cour le moyen de croire que les membres du Conseil de l'ordre signataires de la lettre du 15 juin, n'ont point eu l'intention d'exiger de M. le premier président une rétractation, en audience publique, des paroles qui lui étaient attribuées ; que la Cour admettrait alors volontiers, qu'en s'abstenant, à la suite de la lettre du 15 juin, de se présenter aux audiences de la première Chambre de la Cour, les avocats n'avaient fait qu'obéir à une susceptibilité vivement excitée, sans avoir eu la pensée de mettre en interdit l'une des Chambres de la Cour, tant qu'une satisfaction publique ne leur serait point accordée ;

Que de telles explications n'engageant ni la dignité ni l'amour-propre de personne, ne laisseraient plus en présence de l'action disciplinaire qu'un acte du Conseil de l'ordre disposant sur les rapports du barreau avec le premier président et avec l'une des Chambres de la Cour, et contenant, dès lors, un excès de pouvoir ; mais que la Cour n'aurait pas même à statuer sur cet acte, si les membres du Conseil déclaraient le retirer et le regarder comme non avenu. »

En conséquence, M. le procureur général annonce qu'il attendra les explications de MM. les avocats avant de prendre aucune réquisition.

M. le bâtonnier, ayant obtenu la parole de M. le premier président, a donné lecture des conclusions, signées de tous les membres du Conseil de l'ordre des avocats, et qui sont ainsi conçues :

A ce qu'il plaise à la Cour, sur la compétence :

Attendu que les articles 102 et 103 du décret du 30 mars 1808 ne concernent que les officiers ministériels, et que l'article 16 du 20 novembre 1822 n'est applicable qu'aux faits qui se passent à l'audience, se déclarer incompétente ;

Subsidiairement, au fond, sur l'imputation de manquement aux devoirs de la profession d'avocat :

Attendu que le premier des devoirs du Conseil de

discipline de l'ordre des avocats étant de maintenir l'honneur de l'ordre, les soussignés membres de ce Conseil, loin d'avoir manqué aux devoirs de leur profession, les ont, au contraire, consciencieusement remplis, en déclarant, dans la lettre dont il s'agit, que jusqu'au moment où des paroles, par lesquelles cet honneur avait été publiquement blessé seraient publiquement effacées, ils s'abstiendraient de paraître à l'audience présidée par le magistrat, qui avait prononcé ces paroles.

Sur l'imputation du manquement fait au respect dû à la magistrature :

Attendu que la déclaration ci-dessus mentionnée, irréprochable dans son objet, et convenable dans ses termes, ne saurait présenter rien de contraire au respect dû à la magistrature :

Sur l'imputation d'excès de pouvoir, à raison de la forme collective de la lettre dont s'agit :

Attendu que si cette lettre a été signée par tous les membres du Conseil, elle ne constitue pas un acte de juridiction, mais qu'elle n'est que le résultat d'une résolution qui leur a été inspirée, par un sentiment unanime ;

Renvoyer les soussignés de l'action disciplinaire intentée contre eux par M. le procureur général.

M. le bâtonnier a ensuite donné lecture des explications également signées de tous les membres du Conseil de l'ordre, lesquelles sont ainsi conçues :

Messieurs, nous devons à la dignité de votre audience, nous nous devons à nous-mêmes, d'apporter dans les explications qui nous sont demandées par la voie disciplinaire, une grande netteté, une franchise absolue. Les faits qui ont excité dans l'ordre tout entier une émotion si vive, qu'il soit permis de le dire, si naturelle et si juste, sont des faits à nos yeux incontestables. Nons les avons recueillis, vérifiés, avec une attention, tout à la fois scrupuleuse et patiente. Cet examen fait, il ne nous a été permis de douter, ni des paroles prononcées, ni de la portée que ces paroles pouvaient et devaient avoir :

La probité du Barreau, son amour pour ses devoirs, sa fidélité à ses serments, la conscience de ses travaux, tout ce qui constitue la force de sa parole, l'autorité de son patronage a été publiquemont atteint et méconnu.

En présence d'une telle accusation, tombée du siège le plus élevé de la magistrature, le silence n'était ni honorable ni possible. Ce sentiment a été parmi nous spontané, unanime ; pour le comprendre, il n'est pas nécessaire d'imaginer, je ne sais, nous ne savons quelle coalition, que repoussent également et nos habitudes, et notre respect pour les lois : il s'explique par cette solidarité d'honneur, dont nous avons avec tant de soin conservé, à travers les temps, les traditions toujours vivantes.

La main qui avait fait le mal pouvait seule le réparer. Nous avons demandé qu'il en fût ainsi. Nous l'avons demandé, avec convenance, ne songeant pas même qu'il pût y avoir péril dans cette conduite, mais bien résignés toutefois à accepter la responsabilité de nos actes.

C'est dans ces idées, Messieurs, que notre lettre a

été écrite et signée ; nous avons la conviction que ce que nous avons fait, nous avions le droit de le faire. Le sentiment d'un devoir, accompli envers le barreau, fortifie en nous cette conviction.

Cependant, en exécution de votre arrêt, Messieurs, M. le procureur général exerce contre nous des poursuites disciplinaires. Il nous accuse d'avoir excédé nos pouvoirs, manqué aux devoirs de la profession d'avocat et au respect envers la magistrature.

« Excédé nos pouvoirs!... »

Messieurs, dans la circonstance grave où nous nous sommes trouvés placés, nous n'avons pas cru que nous dussions faire acte de juridiction. Toutefois en nous abstenant, nous, membres du Conseil de l'ordre de prendre un arrêté, nous avons pensé qu'il nous était donné, à nous, avocats appelés à la tête du Barreau par le suffrage de nos confrères, de nous prononcer les premiers, alors qu'il s'agissait de défendre ses intérêts les plus chers.

Nos actes sont à nous, nous les revendiquons pour nous seuls, nous n'avons dicté de lois à personne. Comme nos devanciers, nous avons seulement donné un exemple de fidélité et de dévouement à notre ordre. Si cet exemple doit être suivi, il le sera par la puissance de la confraternité, et non par la force de la juridiction.

Voilà le fait, Messieurs, voilà la vérité.

On ne saurait donc légitimement relever un excès de pouvoir là où il n'y a pas même un acte de pouvoir.

« Manqué aux devoirs de la profession !... »

Messieurs, ces devoirs de notre profession, nous les reconnaissons ; comme avocats, nous les avons longtemps et constamment pratiqués ; comme membres du Conseil, nous avons dû, pour les faire respecter, user par intervalles, d'une sévérité que votre indulgence a quelquefois tempérée. Nos devoirs, bien loin de les méconnaître, nous les revendiquerions, au contraire, si l'on voulait nous en affranchir. Nos devoirs, en effet, c'est notre force, à nous, c'est notre puissance. Là est la base de notre autorité devant vous, en eux encore viennent se reposer, comme en un abri inviolable, les intérêts qui nous sont confiés. C'est là aussi, là surtout, que se trouve le secret de cette énergie traditionnelle, qui maintient notre vieille institution, debout et honorée, au milieu d'un monde nouveau, hostile cependant à tout ce qui ressemble aux corporations.

« Nous avons manqué aux devoirs de la profession !... »

Est-ce donc en défendant sa considération blessée, est-ce nous identifiant avec elle ? est-ce en demandant pour elle une réparation juste et nécessaire ?

Messieurs, avant d'élever la voix pour nous plaindre, nous avons longtemps souffert, et dans notre dignité professionnelle, plus d'une fois attaquée, et dans nos intérêts individuels, plus d'une fois compromis, par des paroles blessantes : nous ne nous en faisons point un mérite. Mais si, en présence d'une offense qui, cette fois, porte atteinte à l'honneur de tous, nous étions restés froids et silencieux, nous n'hésitons pas à le dire, nous nous serions rendus complices de l'abaissement de notre ordre.

C'est alors que tous les hommes de cœur, magistrats aussi bien qu'avocats, auraient dû nous reprocher de manquer aux devoirs de notre profession, nous aurions violé, en effet, le dépôt sacré que l'éléction a remis en nos mains.

Nous avons, dit enfin M. le procureur général, manqué au respect dû à la magistrature !...

Est-ce en adressant à un magistrat une lettre collective ?

Messieurs, la réparation qui nous est due, nous ne l'avons demandée ni à l'autorité, ni à la justice. Nous avons pensé, nous pensons encore qu'il était plus élevé et plus digne de la réclamer directement. Nous n'avons voulu ni auxiliaires, ni intermédiaires officiels : nous en avons appelé du magistrat au magistrat lui-même, c'était honorer encore celui dont nous avions à nous plaindre.

Est-ce en nous abstenant de paraître à l'audience de la première Chambre ? Messieurs, plaider ou ne pas plaider, selon notre volonté ou selon nos serments, c'est la condition de notre indépendance, c'est la loi de notre profession.

Maintenue par les traditions de notre ordre, acceptée par les parlements, cette loi se justifie surtout aux yeux de la raison. Le décret de 1810 y avait porté atteinte, l'ordonnance de 1822 l'a rétablie ; en la suivant, nous usons de notre liberté légale et morale, nous ne manquons de respect à personne. Invoquer nos franchises, c'est notre droit ; les maintenir, c'est notre devoir. Au surplus, si nous les réclamons aujourd'hui, ce n'est pas, vous le savez, pour donner satisfaction à un amour-propre, à une vanité blessée : ces petites passions du cœur ne sont pas de nature à nous préoccuper ; elles ne légitimeraient pas à nos yeux la mesure grave, que chacun de nous a cru devoir adopter.

Nous avons porté nos regards plus haut : et voici, permettez-nous de vous le dire en terminant, le grand intérêt qu'avant tout nous avons voulu défendre. La loi nous a institués pour être les intermédiaires entre la justice et les justiciables ; elle a placé notre ministère sous l'autorité, sous la sanction d'un serment ; c'est la conscience, bien plus encore que le talent, qui nous accrédite auprès de la magistrature ; c'est dans la probité de l'avocat, bien plus que dans l'habileté de sa parole, que la fortune et l'état des familles, confiés à ses soins peuvent trouver un ferme et salutaire appui ; notre mission, Messieurs, doit rester à cette hauteur ; nous ne la comprendrions plus, nous ne l'accepterions pas abaissée et humiliée.

La magistrature a intérêt à honorer les hommes qui participent avec elle à l'action de la justice et qui ont passé leur vie à conquérir, par des travaux, toujours consciencieux, le droit d'être honorés. C'est ce droit que nous avons revendiqué dans notre lettre, c'est ce droit que nous venons revendiquer encore devant la Cour assemblée.

M. le bâtonnier ayant cessé de parler, M. le procureur général se lève de nouveau, et dit : « Qu'il a vu avec regret qu'au lieu d'accueillir avec empressement des ouvertures, faites dans un esprit de conciliation, les membres du Conseil de l'ordre se soient attachés à contester la compétence de la Cour, et à soutenir au fond que dans tous leurs actes relatifs à cet incident, ils n'avaient fait, envers M. le premier président et envers la Cour, qu'user de leur droit et qu'accomplir leurs devoirs ; qu'une telle défense ne laisse plus au ministère public le choix du langage à tenir, et du parti à prendre, puisque la vérité des faits et des principes, l'autorité de la loi et la majesté de la magistrature se trouvent désormais engagées dans ce débat. »

En conséquence M. le Procureur général, après avoir discuté et combattu les moyens invoqués par M. le bâtonnier, donne lecture du réquisitoire ci-après :

« Le Procureur général du Roi,

Vu la lettre en date du 15 juin dernier, signée de 21 avocats, membres du Conseil de l'ordre, et adressée à M. le premier Président ;

Vu la délibération prise par la Cour le 19 du même mois à l'occasion de la dite lettre et des faits qui l'ont suivie ;

Vu la citation en date du 22 juin signifiée aux membres du Conseil de l'ordre signataires de la dite lettre ;

Ouï en leurs défenses et explications les membres du Conseil, par l'organe du bâtonnier de l'ordre ;

Attendu que la lettre du 15 juin, signée de tous les membres du Conseil de l'ordre, arrêtée et rédigée à la suite de plusieurs réunions du Conseil, constitue une véritable délibération du Conseil de l'ordre et contient une décision tant sur des faits qui se seraient passés entre M. le premier président et les avocats en l'une des Chambres de la Cour ;

Qu'un pareil acte est en dehors des attributions conférées, soit au Conseil de discipline, soit aux avocats individuellement par les lois et ordonnances, en constitue un excès de pouvoir, qui doit être réprimé par la Cour ;

Attendu que la lettre du 15 juin contient la déclaration expresse que les avocats ne se présenteront point aux audiences de la première Chambre, pour y plaider, tant que certaines paroles, attribuées à M. le premier président, n'auront point été publiquement effacées ;

Attendu qu'à l'audience du 17 juin, le bâtonnier et plusieurs membres du Conseil se sont présentés, pour attendre cette déclaration publique, et que, ne l'ayant point obtenue, ils ont refusé de plaider à cette audience, refus dans lequel ils ont persisté depuis ;

Attendu que de l'ensemble de ces faits, et spécialement du contenu de la lettre susdatée, résulte un double manquement aux devoirs de la profession d'avocat, et au respect envers les magistrats ; qu'il ne peut dépendre des avocats, institués par la loi, pour plaider, à l'exclusion de tous autres, de se concerter pour suspendre tout à coup le cours de la justice, par un refus formel de plaider, fondé sur des causes dont seuls ils se constitueraient les juges ; que ce refus devient une infraction plus grave, lorsqu'il se produit à la suite et comme sanction d'une exigence inconciliable avec les égards et le respect dus à la magistrature.

Attendu que la plénitude du pouvoir disciplinaire appartient à la Cour, à l'égard des avocats, comme à l'égard de tous ceux qui concourent à la distribution de la justice, surtout lorsque les faits qui motivent la poursuite sont imputables à tous les membres du Conseil de discipline, et lorsque c'est ce Conseil lui-même qui est en cause.

Vu les articles 12, 13, 14, 15, 16, 18 et 27 de l'ordonnance du 20 novembre 1822, et 103 du décret du 30 mars 1808.

Requiert qu'il plaise à la Cour déclarer nulle et de nul effet la lettre adressée à M. le premier président, le 15 juin dernier, par les membres du Conseil de l'ordre des avocats, ainsi que toute délibération, ayant eu pour objet de s'entendre et de se concerter sur le contenu de ladite lettre, enjoindre aux avocats signataires de ladite lettre de reprendre leur service habituel auprès de toutes les Chambres de la Cour, et leur appliquer la peine disciplinaire de l'avertissement.

Signé : Hébert.

M. le bâtonnier ayant déclaré n'avoir rien à ajouter, s'est alors retiré, suivi de tous les membres du Conseil. M. le procureur général s'est aussi retiré, à la tête de son parquet. Après la sortie du greffier en chef, la délibération a commencé.

La délibération étant terminée, M. le procureur général a de nouveau pris place avec MM. les avocats généraux et substituts. Le greffier en chef étant aussi rentré, M. le premier président a donné ordre d'introduire les avocats. Ceux-ci ayant repris leurs places, M. le premier président a prononcé l'arrêt en ces termes :

En ce qui touche la compétence :

Vu les articles 102 et 103 du décret du 30 mars 1808;

Considérant que la plénitude de la juridiction en matière de discipline sur les membres de l'ordre des avocats appartient à la Cour, et qu'elle peut seule l'exercer dans le cas où il s'agit d'infractions imputées au Conseil de l'ordre lui-même.

En ce qui touche le fond.

Vu la lettre du 15 juin 1844 adressée à M. le premier président de la Cour, et dans laquelle les membres du Conseil de l'ordre des avocats déclarent que des paroles attribuées à M. le président doivent être publiquement effacées, et qu'il ne leur est plus possible, tant qu'elles subsisteront, de concourir avec ce magistrat à l'action de la justice.

Considérant que ladite lettre, collectivement rédigée et signée par tous les membres du Conseil, encore bien qu'elle n'ait pas été portée sur les registres de l'ordre, constitue une véritable délibération, et non un acte individuel des membres qui l'ont souscrite.

Considérant que ladite lettre ayant pour objet, de la part du Conseil, de subordonner à une condition déterminée la continuation de leur concours à l'administration de la justice, auprès de l'une des Chambres de la Cour, excédait évidemment les attributions du Conseil, telles qu'elles sont réglées par les lois et ordonnances.

Considérant que, conformément à ladite lettre, le bâtonnier et plusieurs membres du Conseil, présents à l'audience de la première Chambre de la Cour du 17 juin, ont refusé de plaider, et que tous les membres de l'ordre se sont tenus, ainsi qu'eux, éloignés depuis cette époque des audiences de la même Chambre.

Considérant que les règles de la profession d'avocat interdisent à ceux qui l'exercent de se concerter, pour abandonner collectivement les plaidoiries, dont ils sont exclusivement chargés par la loi, et pour suspendre ainsi, autant qu'il est en eux, le cours ordinaire de la justice.

Considérant qu'en admettant que la résolution prise par les membres du Conseil de l'ordre soit le résultat d'une interprétation erronée des paroles attribuées à M. le premier président, interprétation que devaient repousser les témoignages d'estime et de bienveillance, constamment donnés par la Cour à l'ordre des avocats, pour sa loyale et utile coopération à l'administration de la justice, la lettre adressée à M. le premier président et les faits qui l'ont suivie n'en constituent pas moins, de la part des membres du Conseil de l'ordre, un manquement aux devoirs de leur profession, au respect dû à la magistrature, et aux intérêts dont la défense leur est confiée par la loi.

Ordonne la suppression de la lettre du 15 juin 1844, et, vu l'art. 18 de l'ordonnance du 20 novembre 1822.

Prononce contre les signataires de ladite lettre la

peine disciplinaire de l'avertissement, et les condamne aux dépens.

Ordonne que le présent arrêt sera notifié aux membres du Conseil de l'ordre, à la diligence du procureur général du roi.

Fait et jugé à huis-clos le 8 juillet 1844, en la salle d'audience de la première Chambre, où étaient présents et siégeaient : M. le baron Séguier, premier président, MM. Silvestre de Chanteloup, Pécourt, Agier, Moreau, Cauchy, présidents ; MM. Monmerqué, Lechanteur, de Glos, Chaubry, Faure, Philipon, de Vergès, Grandet, Taillandier, Duplès, Séguier, Lassis, Try, Amelin, Chalret-Durieu, Lefebvre, Champanhet, Dozon, Hémar, Brisout de Barneville, Vanin, Poultier, Delahaye, Petit, Férey, d'Esparbès, Aylies, Gaschon, Perrot de Chezelles, Buchot, Lamy, Dequevauvilliers, Legorrec, A. Portalis, Bosquillon, F. Portalis, Mathias, Roussigné, Brethons de Lasserre, Rigal, Zangiacomi, Partarieu, Bergognié, Mourre, Noël Dupayrat, Jurien, de Malleville, Terray, de Boissieu, Monsarrat, Michelin, Faget de Baure, Cardon de Montigny, et Henriot, conseillers.

En présence de M. le procureur général, assisté de MM. Nouguier, Glandaz et Bresson, avocats généraux, et de MM. Tardif, Godon, Poinsot, Lenain, Boulloche, Lascoux et Ternaux, substituts.

Tenant la plume M. Lot, greffier en chef.

Une seule pièce ne se trouve pas reproduite dans l'arrêt, c'est la lettre qui a motivé la condamnation disciplinaire. Il parait qu'elle n'avait pas été lue à l'audience.

A Paris, le 31 août 1844, après avoir tenu la dernière audience de l'année judiciaire, M. le premier président Séguier, quittant son cabinet par l'issue qui communique au logement du concierge de la Cour royale, rencontra, en traversant la salle du vestiaire, un jeune avocat, Me Poullain-Deladreue. Me Poullain se rangeant pour laisser passer le magistrat : « Ah ! vous êtes avoué, Monsieur, dit M. le premier président. — Non, monsieur le premier président, je suis avocat. — C'est très bien ! j'ai toujours aimé les avocats. Il y a bien parmi eux quelques mauvaises têtes ; mais j'aime beaucoup l'ordre des avocats, allons ! adieu. Bonnes vacances. »

(*Voir la lettre aux pièces justificatives*).

AUDIENCE SOLENNELLE DU 4 NOVEMBRE 1844.

Tenue par M. le premier président Séguier.

A midi et demi la Cour a pris séance, et MM. les membres du conseil de l'ordre ont été introduits, ayant à leur tête Me Chaix-d'Est-Ange, bâtonnier. Le Conseil était au complet, moins un membre empêché.

Les portes ont été alors ouvertes au public, qui s'est précipité dans l'enceinte, au milieu des cris de plusieurs personnes, que le mouvement de la foule avait renversées. Le silence une fois établi, la parole a été donnée à M. le procureur général Hébert, pour prononcer le discours d'usage. L'honorable magistrat avait pris pour sujet : *De l'influence et des bienfaits des idées de justice et de droit au sein de la so-*

ciété. Il termine en requérant qu'il plaise à la Cour admettre les avocats présents à renouveler leur serment.

M. le premier Président : « La Cour, faisant droit sur les conclusions du procureur général du roi, ordonne que les avocats présents soient admis à renouveler leur serment. »

M. le greffier en chef donne lecture de la formule du serment et chacun des membres du Conseil de l'ordre appelé à son rang d'inscription répond : « Je le jure. »

Alors M. le premier président, au milieu du plus profond silence, donne lecture des paroles suivantes :

La Cour donne acte aux avocats ici présents du serment par eux renouvelé ; elle les voit toujours, avec satisfaction, réunis à l'ouverture des audiences...

Le conflit se termina, par l'arrêté suivant, que le Conseil de l'ordre prit aussitôt, et qui était fort attendu :

Les membres soussignés du Conseil de l'ordre des avocats à la Cour royale de Paris, réunis à l'issue de l'audience solennelle de rentrée, dans le lieu ordinaire de leurs séances.

Considérant qu'à la suite des fâcheuses circonstances dans lesquelles le Barreau s'est trouvé placé, M. le procureur général, dans son discours de rentrée, a fait aux avocats l'allocution suivante :

« Avocats,

« Comment ne point penser à vous, quand on parle des intérêts de la justice et de la vérité ! Ne doivent-ils pas sortir plus évidents et mieux éprouvés de ces débats de chaque jour, éclairés par votre savoir et votre talent ? Sans vous la famille judiciaire est incomplète ; sa marche serait moins facile et son appareil aurait moins d'éclat. Qui pourrait donc vouloir une séparation impossible ? Diviser ce que les lois ont uni? Rompre nos traditions anciennes et ravir peut-être au bon droit l'un de ses moyens de succès ? Cédons à d'autres sentiments au sein de cette réunion accoutumée, où, sûre de votre respect, la magistrature aime à vous témoigner son estime et ses égards.

« Hâtons-nous de nous rassembler au prétoire, animés du même zèle, poursuivant le même but ; et reprenons en commun, heureux de cette mutuelle assistance, les utiles travaux que nous venons d'inaugurer. »

Considérant qu'après le renouvellement du serment par les soussignés, M. le premier président, en donnant acte de ce serment, a prononcé ces mots.

« La Cour donne acte aux avocats ici présents du serment par eux renouvelé. Elle les voit toujours avec satisfaction réunis à l'ouverture des audiences. Les membres du barreau connaissent l'estime de la Cour pour leur caractère, et sa confiance dans leur talent. Quant au zèle des magistrats, il est depuis longtemps éprouvé. La Cour va donc reprendre ses travaux accoutumés. Les avocats contribueront de tous leurs moyens à la prompte et bonne administration de la justice souveraine ; ce concours si désirable de la magistrature et du barreau ne fera pas faute au service du roi et à la paix des citoyens. »

Que ces paroles prononcées en audience solennelle de rentrée, non pas seulement au nom de M. le premier président, mais au nom de la Cour, sont de nature à effacer complètement tout souvenir du passé et à rétablir le concours, si désirable en effet de la magistrature et du barreau, décident qu'ils reprendront immédiatement l'exercice de leur profession, devant la première Chambre.

La campagne de la Réforme électorale, entreprise par les banquets de l'opposition naïve, se dénoua par la République de 1848, faite comme celle de 1830, au profit des avocats.

Devenus membres du gouvernement provisoire, ils laissèrent, sur son siège, le vieux premier président Séguier, ils épargnèrent le magistrat, qui ne les avait pas épargnés, léguant à la mort le soin et le temps de faire son œuvre (4 août 1848).

Les obsèques de M. Séguier, premier président de la Cour d'appel, ont eu lieu à l'église Saint-Sulpice le 8 août 1848. Un modeste service a été célébré, à la suite duquel le corps a été dirigé dans les terres de la famille, situées en Bourgogne. Le barreau et les membres du parquet assistaient à cette pieuse cérémonie.

Le 7 août à 9 heures précises, a eu lieu la présentation à l'église du corps de M. le premier président Séguier. Le deuil était conduit par M. Armand Séguier son fils, par M. de Brandon son gendre, et par ses petits-gendres MM. de Puysegur et de Sinety. Les billets de faire-part exprimaient qu'aucune invitation n'était faite pour ses obsèques, en raison de l'expresse volonté du défunt de se soustraire à toute pompe extérieure ; cependant beaucoup de membres de la Cour d'appel s'étaient rendus à la maison mortuaire. Aucunes tentures n'existaient à la façade ni à l'intérieur de l'église Saint-Sulpice, où se sont trouvés réunis un grand nombre de magistrats de la Cour de cassation, tous les membres du Tribunal de première instance, M. Devinck ; d'autres membres du Tribunal de commerce, et une foule de notabilités de la science. M. Marie, ministre de la justice, et M. Taillandier, secrétaire général, étaient aussi présents.

Le service étant terminé, le cercueil a été placé dans une voiture, où ont pris place le fils et le gendre de M. le premier président, et qui se rend au domaine de Hautefeuille, propriété qui renferme le tombeau de la famille. Les obsèques furent volontairement modestes, comme sa vie.

La simplicité observée dans cette triste circonstance a été recommandée par plusieurs testaments, dont la date la plus ancienne remonte à plus de vingt ans. Dans un de ces actes de dernière volonté, M. Séguier avait dit à cet égard : « Ainsi je l'ordonne ; que ce mot me soit permis, pour moi-même, qui l'ai si souvent employé pour les autres. » Modestement ainsi finit cette longue existence judiciaire, qui avait traversé tant de régimes politiques, dont elle avait été respectée, parce qu'elle représentait la magistrature, organe de la loi [1].

[1] ... *Le doux orateur aurait dû parler de* M. Séguier, ce magistrat impétueux, *dans cette Chambre même, où il a siégé si longtemps, où ni la science, ni le talent, ni la fine gravité de ses*

— Pour résumer ici cette notice sur un personnage judiciaire, qui a si longtemps occupé la première présidence de la Cour de Paris, nous croyons devoir reproduire le tableau fidèlement tracé par la plume[1]. de M. Rousse, que son caractère, égal à son talent, a amené, tout droit, à l'Académie Française : M. Séguier, « héritier d'un grand nom judiciaire, vieilli lui-même sous quatre règnes, dans l'exercice d'une charge éminente, à l'ombre de laquelle avaient vécu ses ancêtres ; il considérait le Palais, comme sa maison. A l'audience, il était, chez lui, et il y recevait la justice, avec le sans-façon de son brusque caractère et de son esprit impétueux.

Conseillers, avocats, avoués, plaideurs, huissiers, public étaient, pour lui, comme une famille, façonnée de longue main à ses habitudes et vis-à-vis de laquelle il ne songeait pas à se contraindre.

Je vois encore ce petit vieillard alerte, blotti, et comme tapi, sur son banc, ramassé dans les plis de sa robe, le mortier sur les yeux, l'air à la fois spirituel et chagrin, le regard inquiet, semblant guetter plutôt qu'attendre la plaidoirie. Tantôt, il approuvait l'avocat, tantôt, il l'exhortait, l'accompagnait des chuchotements incommodes de sa voix discordante[1]. Jamais on ne vit un auditeur plus gênant, dans sa

illustres successeurs n'ont pu le faire oublier, tout à fait, et où il était si vivant que son ombre inquiète semble encore, de temps en temps, y revenir, en murmurant des arrêts.

(Rousse Ed.) *Notice sur Charles Super, avocat général près la Cour de Paris (1860).*

[1] (*Ed. Rousse. — Préface aux discours de Chaix-d'Est-Ange*).

bienveillance, ni plus insupportable, dans son humeur mais, à travers des défauts très sensibles, il avait dans les veines du vrai sang de magistrat, la tradition et l'instinct de la justice, l'horreur de la fraude, et, avec l'art de tout animer, autour de lui, des coups d'esprit et des lumières soudaines, qui lui faisaient voir loin et juger juste.

Il ne me paraît pas impossible que M. le premier président Séguier reste aux yeux du barreau la figure judiciaire la plus accentuée, la plus vivante et la plus populaire de notre temps. »

V

GILBERT DE VOISINS, (PIERRE-PAUL-ALEXANDRE) PREMIER PRÉSIDENT DE LA COUR DE PARIS (1815 — PENDANT LES CENT JOURS) (1773-1843)[1].

Comme le président Séguier, dont il avait pris la place pendant les *Cent-Jours*, Gilbert de Voisins était

[1] ÉTATS DE SERVICE DE M. GILBERT DE VOISINS

1805	Juge suppléant au Tribunal de la Seine.
1806	Juge titulaire au Tribunal de la Seine.
1807	Juge au Tribunal d'appel de Paris.
1810	Président de chambre à la Cour d'appel de Paris.
1813	Maître des requêtes en service ordinaire (section de législation, commission du contentieux).
(*Empire*) 1814	Capitaine des grenadiers de la Garde nationale, VIIe légion.
(*Restauration*) 1814	Adjudant général de la garde nationale. — Commissaire royal dans les départements de la Vendée et des Deux-Sèvres.

le descendant d'une famille parlementaire [1], dont la noblesse remontait au XIIIe siècle. Le nom de cette famille figure sans interruption sur les rôles du Parlement depuis l'époque même où Philippe le Bel lui a donné une organisation durable (1300). Un Gilbert de Voisins prend part sous Henri III à la révision de la coutume de Paris, un autre pendant la Régence fait partie du Conseil des finances. La Révolution de 1789 trouva le père d'Alexandre Gilbert, président à mortier au Parlement de Paris ; son fils n'avait pas encore terminé les études qui devaient le préparer à entrer lui-même dans la magistrature. Comme Treilhard, Gilbert de Voisins n'a fait que passer à la présidence de la Cour d'appel de Paris ; comme Séguier, il s'est montré un peu trop complaisant pour les gouvernements qu'il a vus se succéder. Mais l'analogie s'arrête là, il n'a eu ni les talents, ni le bonheur de ses illustres prédécesseurs. Des lettres patentes du mois de novembre 1789 avaient prorogé les vacances des Par-

Cent-Jours 1815	Premier président de la Cour d'appel de Paris. — Conseiller d'État en service ordinaire. — Pair de France. — Comte de l'Empire.
1815 (*Seconde Restauration*)	Révoqué.
Août 1830	Conseiller à la Cour de cassation. *Colonel de la garde nationale,* VIIe *légion.*
1831	Pair de France.

Biographie universelle de Michaud t. XVI, Gilbert de Voisins.

[1] *Pour ne pas scinder l'importante biographie de Séguier (1815) nous avons mis à sa suite la vie de son éphémère successeur, pendant les Cent-Jours.*

lements et le président de Voisins, pressentant la haine qui allait s'attacher, sans discernement, à tous les privilégiés de l'ancien régime, avait cherché à se faire oublier, à vivre, comme Sieyès devait le dire plus tard, en se réfugiant dans la propriété qu'il possédait près de Montargis. C'est là que le jeune de Voisins se lia avec le petit-fils du duc de Penthièvre, dont il était le voisin. Les effets de la Révolution se faisaient sentir même dans les cœurs de ses ennemis, et les deux jeunes gens vécurent à Montargis, dans la plus parfaite égalité ; ils se communiquaient leurs espérances, non leurs regrets, car une partie de la noblesse et toute la jeunesse partageait alors la fièvre des esprits. Le charme de cette liaison dura peu pour Gilbert de Voisins. Son père sentant crouler la monarchie, et constatant avec crainte l'exaspération des esprits, qui avait fait place aux élans de générosité et de tendresse, émigra (1791). Malheureusement la prévoyance abandonna le magistrat au moment où elle lui devenait nécessaire ; le père de Gilbert revint en France (pour régler quelque affaire d'intérêt sans doute) et fut arrêté comme suspect. Convaincu d'avoir émigré, et, chose plus grave, d'avoir aidé le comte d'Artois de sa fortune, il fut condamné à mort et exécuté :

Il serait difficile de dire dans quelle situation d'esprit se devait trouver de Voisins. Sa mère, sa sœur étaient sans pain, il se sentait à peine capable de se nourrir lui-même. Et d'autre part le respect de la mémoire de son père, les traditions de sa famille lui commandaient de combattre cette Révolution, qu l'avait rendu orphelin. Il le fit, mais sans goût, et à peu près dans les mêmes dispositions d'esprit que Chateaubriand y avait apportées lui-même. Les idées de la Révolution, il les partageait, et il ne pouvait comparer sa conduite à celle d'un déserteur ! Aussi n'était-il jamais plus heureux que de la défaite de ses propres troupes.

Gilbert de Voisins ne resta pas longtemps dans l'armée de Condé ; il vécut obscur à Londres, copiant des rôles et gagnant à ce métier les quarante sous, qui devaient nourrir trois personnes.

Le coup d'état du 18 Brumaire fut pour le jeune émigré, comme une grâce inespérée de la Providence. Bien accueilli par Bonaparte, comme tous ceux qui voulaient ne pas trop se souvenir de l'ancien régime (et Gilbert n'avait pas d'efforts à faire pour cela), il entra dans la magistrature. Juge suppléant au Tribunal de la Seine en 1805, juge titulaire l'année suivante, membre de la Cour d'appel en 1807, il fut nommé président de la Chambre le 10 décembre 1810.

Gilbert de Voisins devait un avancement si rapide sans doute à l'illustration de son nom et à la modération de ses opinions politiques, mais aussi, bien que des malveillants aient, sous la Restauration, nié son mérité, à des talents réels.

Arrivèrent les désastres de l'Empire, et Gilbert fut ce qu'il devait être ; s'il ne prit pas, ainsi que le premier président Séguier, la retraite de Russie comme une occasion d'encenser Bonaparte, il mérita bien de la Patrie, en combattant les alliés à la porte de Clichy.

La Restauration ne tint pas rancune à Gilbert de cet acte de patriotisme. Celui-ci rencontra chez le comte Beugnot un ami sur qui il ne comptait pas. Beugnot avait été le camarade de prison du père de Gilbert de Voisins, il avait reçu ses dernières recommandations, et entre autres celles de songer à son fils orphelin. Cette promesse, le comte Beugnot se la rappela ; il demanda à Louis XVIII la faveur de lui présenter un ancien conscrit de l'armée de Condé, fils d'un homme qui était mort pour lui sur l'échafaud. Louis XVIII vit le protégé du comte et fut si charmé de l'entretien qu'il eut avec lui, qu'il le nomma commissaire pour le le département des Deux Sèvres.

Il s'agissait de pacifier le royaume et de ramener les populations au roi légitime. Gilbert de Voisins se trouvait chargé d'une mission très délicate : il arrivait dans un pays encore tout frémissant des guerres de la Vendée, et où les levées d'hommes de l'Empire avaient laissé bien des vides. Les haines locales se mêlaient aux haines politiques et pouvaient amener ces désordres et ces atrocités qui ont ensanglanté et déshonoré les premières années de la Restauration. Gilbert de Voisins remplit avec un tact merveilleux la mission qu'on lui avait confiée, et préserva le pays des scènes de violence qu'on y pouvait craindre.

M. Gilbert de Voisins, appelé, jeune encore, au poste éminent de président de Cour souveraine, montra, par son application à ses devoirs, qu'il avait hérité de ses aïeux les vertus qui les avaient placés si haut dans l'estime publique. Dans des jours si rapprochés de nos discordes civiles, l'homme dont la Révolution avait dévoré la fortune entière, et dont le père était mort sur l'échafaud, ne laissa jamais échapper aucune plainte, ni une parole de récrimination ou d'amertume contre ceux dont les noms pouvaient lui rappeler de pénibles souvenirs. Egalement accessible et juste pour tous, plein de noblesse, de modestie et de dignité, à la fois ferme et affectueux, doué d'un esprit lucide, droit et pénétrant, d'une élocution facile et substantielle, jamais homme n'eut à un plus haut degré les qualités d'un chef de corps. Tous les magistrats de cette époque, qui ont eu l'honneur de siéger sous sa présidence, ont conservé le souvenir de ses qualités éminentes. Ceux qui siégeaient à la Cour d'appel avant son élévation, le virent arriver à leur tête sans jalousie, et furent les premiers à applaudir au choix du souverain.

Les formes politiques de cette époque n'établissaient pas un mur de séparation entre la magistrature et les conseils où se préparaient les lois. M. Merlin, M. Muraire, et d'autres magistrats éminents siégeaient au conseil d'Etat de l'Empire, et apportaient, dans les travaux de ce corps illustre, cette expérience judiciaire, que l'expérience de l'administrateur ne peut pas toujours remplacer. Le 14 avril 1813, M. le président Gilbert de Voisins fut nommé maître des requêtes en service ordinaire, attaché à la section de législation, et à la commission du contentieux.

Le 26 mars précédent il avait été décoré de l'ordre impérial de la Réunion ; et au moment où l'approche de l'ennemi amenait la réorganisation de la garde nationale de Paris, il fut appelé aux fonctions de capitaine de grenadiers, dans ce corps qui allait être bientôt le seul espoir de la capitale. Pour lui, ce ne fut pas un de ces vains hochets que le pouvoir distribue à la vanité ; quelques mois étaient à peine écoulés, et les gardes nationaux de Paris avaient à défendre leurs foyers contre l'invasion étrangère. Le 31 mars 1814, M. Gilbert de Voisins, à la tête de sa compagnie de grenadiers, se battait courageusement à la barrière Clichy, et avait plusieurs de ses camarades tués à ses côtés.

Le lendemain, le gouvernement impérial n'existait plus, et l'ère de la Restauration commençait.

A son entrée dans Paris, M. le comte d'Artois, sous le titre de lieutenant général du royaume, exerça au nom de son frère Louis XVIII, l'autorité suprême. Un de ses premiers actes fut d'envoyer dans les provinces des commissaires extraordinaires chargés de faire reconnaître le nouveau gouvernement, et de pourvoir aux mesures d'urgence que cette transition pouvait nécessiter. M. le président Gilbert de Voisins fut un de ces commissaires, et les départements de la Vendée et des Deux-Sèvres furent l'objet de sa mission.

Cette haute marque de confiance de la part du gouvernement nouveau s'explique par une circonstance honorable pour le père d'un de ses collègues. M. le comte Beugnot était dans les cachots de la terreur avec le vieux président Gilbert de Voisins. En quittant son compagnon de captivité pour aller à la mort, le vieux magistrat lui recommanda son fils. M. Beugnot, devenu ministre par les événements du 31 mars

1814, se souvint du legs touchant du magistrat vénéré, et fit donner à son fils cette mission alors si recherchée.

A son retour, une nouvelle crise s'accomplissait. Napoléon débarquait de l'île d'Elbe et arrivait triomphalement à Paris. Gilbert de Voisins fit ce que beaucoup d'autres firent aussi ; il se prononça en faveur de celui à qui il devait tout. Bonaparte se montra reconnaissant et le nomma pair de France, premier président de la Cour d'appel de Paris, conseiller d'Etat, comte de l'Empire. Dignités éphémères qui devaient coûter bien cher au magistrat !

Le second retour des Bourbons fut le signal d'une réaction sanglante. Gilbert de Voisins, traité comme un traître, fut ignominieusement chassé de la magistrature. Il s'en étonna, et cet étonnement est regrettable chez lui.

Aux *Cent-Jours*, Gilbert avait fait défection. Entre le devoir et la reconnaissance, il était permis d'hésiter. Tout au moins aurait-il dû suivre l'Empire dans sa chute et ne pas s'exposer à une disgrâce bien légitime. Nous comprenons la Restauration frappant Gilbert ; mais que Gilbert s'en étonne, qu'il s'en irrite, c'est ce que nous ne concevons plus, car alors on peut se demander si la reconnaissance ou l'intérêt avait dicté sa conduite.

Gilbert de Voisins se jeta dans l'opposition, et lui apporta un talent que, jusqu'alors, on n'avait pas soupçonné. Le magistrat était éclairé, le conseiller d'Etat habile, le publiciste fut remarquable. On n'a pas encore oublié les articles où, dans le *Constitu-*

tionnel, il attaquait la société de Jésus, d'accord en cela avec les traditions de sa famille, avec la magistrature, avec le sentiment public. Sa campagne fut d'autant plus brillante que son fondement était plus solide : les documents ne lui manquaient pas, et il s'en servit. Les deux procès, soutenus par la puissante société devant le Parlement de Paris, passèrent de nouveau sous les yeux du public et entraînèrent ceux dont l'esprit trop timide avait besoin de l'autorité de la tradition. Cette publication eut encore une portée plus grande, en ce que la lutte contre les Jésuites devint en quelque sorte *conservatrice*. On sait quel fut le résultat de la polémique engagée ; les décrets de bannissement furent confirmés.

Accoutumé dès le berceau aux vicissitudes politiques, M. Gilbert de Voisins supporta, avec une résignation toute chrétienne, les épreuves rigoureuses que lui infligea 1815. Dépouillé de ses biens et de ses places, il retrouva le courage qu'il avait autrefois montré en Angleterre contre l'exil et la pauvreté. La douceur des affections de la famille, les méditations du cabinet et de nombreux témoignages de l'estime publique lui apportèrent de puissantes consolations. Pendant cet intervalle de quinze ans, il se présenta pour lui plus d'une occasion de servir utilement son pays.

Personne n'a oublié que peu de temps après la seconde Restauration, un parti nombreux, puissant, ambitieux, entreprit d'exploiter les tendances religieuses de l'époque, en ressuscitant une société plusieurs fois dissoute par la sagesse de nos pères, et en essayant de subordonner l'autorité civile à la direction de l'autorité spirituelle. Le pouvoir civil résistait avec persévérance. Dans cette lutte, M. le comte de Montlosier montra tout ce que pouvaient, pour la cause des lois, un beau talent et un dévouement cougeux, la Chambre des pairs y trouva l'occasion de tracer une des plus belles pages de son histoire.

M. Gilbert de Voisins se mêla au combat pour attaquer les hommes et les doctrines que ses pères avaient condamnés dans le parlement de Paris. Il choisit pour champ de bataille les feuilles d'un journal très répandu. Tous les articles qui parurent contre les Jésuites dans le *Constitutionnel* étaient de lui. Il a publié, en 1823, la procédure du parlement de Paris contre les constitutions des Jésuites. Cette publication, complétée par une publication nouvelle, en 1824, était un extrait des manuscrits de sa famille, et retraçait les efforts des Jolly, des Henry, des Séguier, des Barentin, et de tant d'autres grands magistrats contre cette société fameuse.

Cette polémique conscencieuse ne tenait, en M. Gilbert de Voisins, ni à l'indifférence, ni au scepticisme religieux. Il conservait avec sincérité toutes les croyances de ses pères, et suivait sans affectation le culte qu'ils avaient suivi. Tolérant et éclairé, il croyait comme son aïeul, l'avocat général Pierre Gilbert de Voisins, servir à la fois la religion, le Saint-Siège lui-même, et la monarchie de saint Louis.

Il fut nommé, en 1821, membre de la Chambre des députés par les arrondissements réunis de Bressuire et de Parthenay. Cette élection, qu'il n'avait pas re cherchée, fut due uniquement au souvenir de la mission extraordinaire de 1814 et au respect affectueux qu'avait inspiré son père, exilé, dans cette contrée, à l'époque du coup d'État du chancelier Maupeou, en 1771.

M. Gilbert de Voisins alla s'asseoir dans la Chambre élective, à côté de Casimir Perier, Camille Jordan, Foy, Alexandre Lameth, Stanislas Girardin, et fit partie avec eux et tant d'autres hommes d'État honorables, de cette opposition constitutionnelle qui poussait la Restauration aux abîmes où elle s'est précipitée en 1830.

Pendant ces pénibles années de disgrâce et de lutte, Gilbert de Voisins reçut un précieux témoignage des deux Sèvres, qu'il avait pacifiées en 1814, on l'envoya siéger sur les bancs de la gauche (1821). Il eût été réélu s'il n'avait vendu les propriétés qui le rendaient éligible, afin de payer les créanciers de son père. — Ce n'est pas là d'ailleurs qu'il se distingua. Gilbert était un homme d'étude ; ce n'était pas un orateur.

La révolution de Juillet fit arriver le régime politique, qui convenait le mieux au tempérament de Gilbert de Voisins.

Louis-Philippe se souvint des amis du petit-fils du duc de Penthièvre, et couvrit d'honneurs et de fonctions son ancien camarade. On le voit, dans une seule année, conseiller à la Cour de cassation, colonel de la septième légion de la garde nationale, membre de la Chambre des Pairs.

Gilbert de Voisins servit avec amour la monarchie constitutionnelle ; il lui donna ses veilles ; pour elle, il reprit à la tête de sa légion le métier de ses jeunes années, et ne donna sa démission de colonel de la garde nationale qu'à l'âge de soixante-deux ans, et lorsque l'opposition républicaine eut renoncé aux prises d'armes. Il parla peu et vota bien : la Cour n'en demandait pas davantage. Il s'éteignit doucement le 20 avril 1843.

Telle fut la vie de Gilbert de Voisins, vie toujours active, toujours laborieuse, et terriblement ag:tée par le vent des révolutions. Il était doué d'une nature bienveillante, sensible, douce, de talents solides, mais peu brillants. Aussi n'est-il pas arrivé à la célébrité. Toute sa conduite (si nous en exceptons la période malheureuse des *Cents-Jours*), fut pleine d'honneur et de modération.

Combien sont-ils, ceux dont on pourrait en dire autant ? Interrogeons les discours prononcés sur sa tombe, car on doit aux morts la vérité, pour enseigner les vivants.

ÉLOGE DE M. GILBERT DE VOISINS

Prononcé à la Chambre des pairs par M. Mérilhou :

14 février 1814.

La mort de M. le comte Pierre-Paul-Alexandre Gilbert de Voisins, arrivée le 20 avril 1843, a privé le roi et le pays d'un serviteur courageux et dévoué, la Chambre d'un membre utile et assidu, et la Cour de cassation d'un magistrat éclairé, intègre et laborieux. M. Gilbert de Voisins était né au château de Grosbois, le 23 avril 1773, de Pierre Gilbert de Voisins, président à mortier au parlement de Paris, et de Anne Marie de Merle, fille du comte de Merle, ambassadeur de France en Portugal. Sa famille, qui remontait par preuves authentiques au delà de 1300, était une des plus illustres de l'ancienne magistrature, et avait occupé de grandes charges dans l'armée. Pierre Gilbert de Voisins avait pris part à la réformation de la coutume de Paris, sous Henry III en 1580. Gilles Bourdin, son ancêtre, avait été procureur général du Parlement et ambassadeur de France en Pologne, pendant la royauté passagère de Henry III ; plusieurs avocats généraux, plusieurs présidents à mortier, un premier président du grand Conseil, un membre du Conseil des finances pendant la minorité de Louis XV, attachaient au nom de Gilbert de Voisins la considération qui suit toujours les grands services et les hautes fonctions noblement obtenues et dignement remplies.

En 1302, lorsque le Parlement de Paris devint sédentaire, on trouve déjà parmi ses membres Jacques Gilbert, seigneur de Voisins ; en 1790, Pierre Gilbert de Voisins, père de notre collègue, était au nombre des présidents à mortier ; et en 1793, il périssait sur l'échafaud avec les membres de sa compagnie. Dans ce long intervalle de près de 500 ans, la famille et le nom de Gilbert de Voisins n'ont jamais cessé de figurer dans le Parlement de Paris. — Certes, c'est une belle et juste illustration que celle de cette famille de magistrats, dont l'existence fut pour ainsi dire confondue dans celle de ce corps auguste qui a tant influé sur le sort de la France ; c'est une noble destinée d'avoir assisté à la naissance du Parlement, d'avoir, pendant cinq siècles, partagé sa gloire, ses revers, ses services.

A l'époque de la naissance de notre collègue (23 avril 1773), le Parlement de Paris était dispersé sous le coup d'État du chancelier Maupeou de 1771. Le président Gilbert de Voisins était dans l'exil, et son fils commençait sous le vent de la tempête une existence destinée aux plus longues, aux plus cruelles catastrophes.

Un an après (1774) le parlement revenait en triomphe, et Louis XVI signalait son avènement, en rendant aux magistrats exilés leurs fonctions et leurs dignités.

Le jeune Gilbert de Voisins fut élevé dans la maison paternelle sous les yeux de son vénérable père, par un homme de mérite, qui plus tard s'est fait un nom honorable dans les Assemblées législatives. Son éducation fut forte et brillante. Son père, qui lui destinait sa charge, voulait qu'il l'occupât avec distinction et qu'il apportât dans l'administration de la justice cette gravité des mœurs, cette application rigoureuse, cette science profonde qui distinguaient notre ancienne magistrature.

Mais la Providence, qui se joue des vains projets des hommes, réservait à M. Gilbert de Voisins un autre avenir que celui que lui préparait son père. Au lieu de ce rang élevé, de cette vie opulente et honorée sur laquelle il semblait avoir droit de compter, il lui fut donné de connaître, avant de sortir de l'enfance, les rigueurs de l'exil, de la proscription et de la pauvreté.

Il avait quinze ans lorsque les Etats généraux furent réunis et commencèrent le grand œuvre de la réforme politique et sociale de notre pays. Bientôt les parlements qui, par leurs luttes avec la royauté, avaient commencé à ébranler le vieil édifice de la monarchie, furent emportés eux-mêmes par les premiers efforts de la tempête révolutionnaire. Les lettres-patentes du 3 novembre 1789 mirent les parlements en vacance. Ces grands corps ne devaient plus se réunir : leur mission était finie; ils ne devaient plus appartenir qu'à l'histoire. Le 24 mars 1790, leur suppression définitive fut décrétée.

Les magistrats des parlements, qui naguère avaient été dispersés, pendant trois ans par le chancelier Maupeou et qui avaient vu prononcer contre eux, sous Louis XV, une suppression en apparence irrévocable, regardèrent d'abord comme passagères les mesures prises contre eux par l'Assemblée Constituante ; mais cette illusion ne fut pas de longue durée. Un an après la suppression définitive des parlements, c'est-à-dire en 1791, le président Gilbert de Voisins cherchait un asile sur la terre étrangère, avec sa fille et son fils, alors âgé de dix-huit ans.

Pendant le temps qui suivit la cessation de ses fonctions judiciaires, et qui précéda son émigration, le président Gilbert s'était retiré avec sa famille dans sa terre de Bellegarde, près de Montargis. Il espérait trouver, dans l'obscurité de la vie des champs, un refuge contre la violence du mouvement politique qui dans les grandes villes devenait menaçant, pour les personnes ci-devant privilégiées.

A Bellegarde, la famille Gilbert était voisine du château de Châteauneuf, où le vertueux duc de Penthièvre résidait fréquemment, par le même motif qui avait conduit le président Gilbert hors de Paris. Ce voisinage amenait des visites souvent échangées entre les deux familles, que malgré la différence des rangs une position semblable devait rapprocher. Le petit-fils du duc de Penthièvre, destiné à devenir plus tard, après d'horribles vicissitudes, le sauveur de son pays et le pacificateur de l'Europe, venait souvent visiter son aïeul dans sa retraite. Tandis que le vieux prince et le vieux magistrat envisageaient, avec affliction, les malheurs présents et les malheurs plus grands encore qu'annonçait l'avenir, les deux jeunes gens saluaient, avec le désintéressement généreux et avec l'enthousiasme de leur âge, l'arrivée des institutions nouvelles, qui en brisant leurs grandeurs héréditaires, devaient émanciper les classes les plus nombreuses de la nation.

Bientôt les progrès des événements politiques jetèrent le président Gilbert et sa jeune famille sur le sol étranger; plut à Dieu que le malheureux vieillard eût toujours cédé au désir de sa propre conservation! Hélas! l'amour du sol natal le ramena en France peu de temps après son émigration; il ignorait que le pouvoir d'alors avait découvert qu'il avait cautionné pour 400,000 livres l'un des princes frères de Louis

XVI : il fut arrêté, traduit au tribunal révolutionnaire, et porta sa tête sur l'échafaud.

Il est plus facile de comprendre que d'exprimer quelle fut la douleur de son fils, en apprenant cette affreuse catastrophe. Porté lui-même sur la liste des émigrés, ne pouvant rentrer en France sous peine de mort, privé des conseils d'un père à un âge où ils lui étaient si nécessaires, seul soutien de sa mère et de sa sœur plus jeune encore que lui, dépouillé de son immense fortune, ne comptant dans ses proches que des exilés et des proscrits, il fallait au jeune Gilbert une rare fermeté, un admirable courage pour ne pas être abattu par des coups aussi violents et aussi multipliés.

Il n'avait pas même pour se soutenir au milieu des revers cet enthousiasme politique, qui fait qu'on souffre avec résignation pour le parti que l'on sert, parce qu'on partage ses espérances et qu'on est maintenu dans la voie des sacrifices, par le sentiment du devoir et par la confiance dans le succès.

Mais M. Gilbert de Voisins, conduit enfant dans l'émigration par la main d'un père respecté, attaché quelque temps à l'armée de Condé, comme aide de camp du duc d'Uzès, ne partageait pas les illusions de ceux qui espéraient rétablir l'ancien régime par les armées étrangères. Lorsqu'il apprenait les triomphes de la France, loin de s'en affliger comme un proscrit qui voit son infortune devenir plus profonde, il s'en réjouissait comme un Français, dont le cœur bat toujours en apprenant les victoires de sa patrie.

Le temps que dura ce fatal ostracisme sous lequel

il gémissait est une époque dont le souvenir est honorable à sa cendre. Exilé par la tempête de ce pays que ses aïeux servaient si noblement, depuis 500 ans, il ne demanda ni ne reçut les secours de l'étranger : il préféra gagner par son travail, son pain, celui de sa mère et de sa jeune sœur. Le descendant de tant de grands magistrats recevait 40 sous par jour pour copier des manuscrits, et honorait ainsi son infortune par sa résignation et sa fierté. Du moins, en quittant le sol de l'Angleterre, M. Gilbert de Voisins ne lui dut d'autre reconnaissance que celle que méritait l'hospitalité.

A l'époque où le Gouvernement consulaire vint remplacer le Directoire, un système de conciliation put être suivi avec persévérance et fermeté par le grand homme qui dirigeait alors les destinées de notre pays. La rentrée des exilés de toutes les catégories qui voulurent s'engager à obéir aux lois, fut une des préoccupations du premier consul ; avant le sénatusconsulte d'amnistie, qui généralisa cette mesure, déjà des radiations partielles avaient ouvert la France à un grand nombre d'émigrés. M. Gilbert de Voisins, qui s'était marié en Angleterre, rentra en France avec sa femme, ses deux fils, sa mère et sa sœur, aussitôt qu'il en obtint la possibilité.

En revoyant le sol de la patrie, M. Gilbert de Voisins ne retrouva aucun débris de l'immense fortune qu'il avait eu droit autrefois d'espérer. Ses terres, ses hôtels vendus comme propriétés nationales, sa charge de président à mortier confisquée ; son père et la plupart de ses parents, morts sur l'échafaud : il ne lui restait rien que son nom, des connaissances variées, l'aptitude au travail, et une âme éprouvée par de longs malheurs.

C'était le temps où le gouvernement consulaire, plein de confiance dans sa force et dans sa destinée, comprimant tous les partis et faisant oublier jusqu'à leurs noms, appelait à lui tous les dévouements honorables, toutes les capacités éprouvées. M. Gilbert de Voisins, âgé alors de trente-deux ans, fils et descendant d'anciens présidents à mortier, était digne de la confiance du gouvernement; mais pour arriver aux postes éminents de la magistrature, il devait passer par les fonctions subalternes et mériter son avancement par ses services. En 1805, il fut nommé juge-suppléant au tribunal de la Seine; l'année suivante, juge titulaire au même tribunal; en 1807, juge à la Cour d'appel de Paris; et président de chambre le 10 décembre 1810. Lors de l'organisation de la Cour impériale de Paris, il figura dans la création de ce grand corps judiciaire, que ses aïeux avaient assisté à l'établissement du Parlement comme cour sédentaire. Ainsi pour lui semblait se renouer la chaîne des temps.

Aussi le gouvernement impérial qui, même dans ces temps orageux, cherchait à s'appuyer sur des hommes dont le nom et les antécédents donnaient des garanties d'amour de l'ordre, appela sans retard M. Gilbert de Voisins aux fonctions les plus éminentes. Pair de France, premier président de la Cour impériale, conseiller d'Etat en service ordinaire, comte de l'Empire, M. Gilbert semblait destiné à épuiser toutes les marques de confiance dont Napoléon pouvait disposer; cette bienveillance s'étendit même jusqu'à sa famille; son fils fut nommé page de l'empereur.

Cette accumulation si rapide de tant de faveurs sur un seul homme ne surprit personne, et fut généralement approuvée. Relevé de ses ruines, avec la rapidité du tonnerre, le pouvoir impérial avait besoin de rassurer les intérêts et les hommes qui avaient accueilli ou appelé la Restauration. Certes, celui qui avait tout perdu dans la révolution, devait, par sa présence au pouvoir, éloigner les craintes d'une réaction qui n'était pas dans la pensée de l'empereur.

Le temps est venu de parler avec quelque justice de cette époque, qui fut grande par les dangers, par le courage, par le dévouement et par la catastrophe. Quel que fut l'enthousiasme qui animait alors les esprits, il ne faut pas croire que les hommes de cette époque se fissent illusion sur la gravité et l'imminence des périls qui entouraient la France. Ceux qui, dans l'armée, dans les conseils législatifs et dans la haute administration, prêtaient leur assistance au Gouvernement nouveau, n'agissaient pas tous, dans le but unique de servir la grandeur d'un homme, mais la plupart n'avaient en vue que de servir leur pays, de venger sa gloire et de fonder son indépendance. Ils savaient bien que l'Europe était en armes; ils savaient bien que les destins des combats sont changeants, et qu'à la suite des discordes civiles viennent souvent les proscriptions et les supplices.

M. Gilbert de Voisins fut un de ceux qui entrèrent dans cette grande lutte par le sentiment impérieux du devoir, avec la connaissance du danger, et la résolution réfléchie de le braver, de courir toutes les chances pour défendre le sol sacré de la patrie, et la liberté de nos institutions. Il n'avait pas renversé le gouvernement des Bourbons; il l'avait loyalement servi; mais lorsque le cours des événements avait amené la France entre l'invasion, le démembrement et l'anarchie, il travailla autant qu'il fut en lui à réprimer l'anarchie et à repousser l'invasion. Dévoué à Napoléon, qui lui avait ouvert les portes de la patrie, et qui l'avait tiré de la proscription pour l'élever aux honneurs, en le servant il croyait servir la France.

M. Gilbert de Voisins, qui avait servi loyalement le pouvoir impérial jusqu'à son dernier jour, jusqu'à sa dernière heure, accepta sans arrière-pensée les fonctions de commissaire extraordinaire; il accepta non comme une mission de réaction, mais comme une mission de concorde et de paix.

Les pays qu'il devait parcourir avaient été longtemps le théâtre de nos guerres civiles. Quatorze ans d'un gouvernement vigoureux avaient comprimé les ressentiments, mais ne les avaient pas éteints. Les anciens propriétaires des biens vendus nationalement, et les chefs des anciennes insurrections, crurent le moment favorable pour dépouiller les acquéreurs, et satisfaire aux vieilles vengeances de nos jours de déchirement. Le nom de M. Gilbert de Voisins, privé de son père, et dépouillé d'une immense fortune par la Révolution, paraissait annoncer un homme plus disposé à seconder qu'à contrarier un pareil mouvement. La Charte n'était pas promulguée encore, et la présence des troupes étrangères n'eût sans doute pas été un obstacle.

Mais le président Gilbert de Voisins montra qu'on l'avait mal jugé. Il sut par un mélange de douceur, de sagesse et de fermeté, calmer l'effervescence des partis et désarmer des hommes ardents et avides de représailles; certes les acquéreurs de domaines nationaux ne pouvaient avoir de meilleure garantie que la parole d'un tel homme.

Malgré tous les éléments de désordre réunis, M. Gilbert de Voisins maintint l'ordre dans une contrée agitée, et empêcha de funestes réactions.

Il serait peu généreux peut-être d'attaquer aujourd'hui les intentions d'un gouvernement qui n'est plus; mais il est permis de remarquer que le résultat pacifique de la mission de M. Gilbert de Voisins n'était sans doute pas conforme au but secret de ceux qui dirigeaient alors le gouvernement, car il fut le seul des commissaires extraordinaires qui ne reçut aucune récompense, et certes cette exception ne déshonorera pas sa mémoire. Il est resté président de chambre à la Cour royale, et maître des requêtes. Cette mission, qui a valu à tant d'autres les plus brillantes faveurs, a été pour lui le commencement d'une disgrâce, que n'a pu vaincre le souvenir du dévouement et du supplice de son père.

Toutefois cette répulsion invincible autant qu'inattendue ne découragea pas M. Gilbert dans l'accomplissement de ses devoirs de magistrat et de membre du conseil d'Etat. Aux obligations fatigantes qu'imposait cette double qualité, il joignit bientôt d'autres devoirs ; il fut nommé adjudant général de la Garde nationale de Paris, par le général Dessolle, commandant en chef.

Le rétablissement rapide et passager de l'autorité impériale dans les Cent-jours apporta dans l'existence de M. Gilbert de Voisins de profondes vicissitudes.

Mon gouvernement a fait des fautes, disait Louis XVIII à son second retour, dans sa proclamation de Cambrai ; il me sera sans doute permis de dire que parmi ces fautes on peut citer la disgrâce, dont il frappa M. Gilbert de Voisins et l'oubli des malheurs dont la Révolution l'avait frappé sans l'accabler.

Je l'ai vu dans ces temps orageux se multiplier par son activité ; assidu à nos audiences, comme s'il n'avait pas eu d'autres devoirs à remplir ; exact aux séances de la Chambre des pairs, où il s'efforçait par ses votes et ses discours de donner de l'ascendant au pouvoir, il partageait les travaux du Conseil d'Etat ; colonel de la garde nationale, il montait à cheval pour veiller au maintien de l'ordre et à la défense de la capitale.

Mais ce n'était pas à Paris, dans le sein des pouvoirs civils, que devait se décider la grande question des Cent-jours. C'est à Waterloo que la fortune dicta son arrêt : cet arrêt que Paris a cassé quinze ans après dans ces barricades, en relevant dans toute leur gloire les couleurs qu'avaient déchirées les canons de l'étranger.

Après la bataille de Waterloo, le dernier acte qui rattache M. Gilbert de Voisins à la période des Cent-jours a été comme une sorte de signe prophétique qu'on n'a pas voulu comprendre. Louis XVIII était à Saint-Denis; il allait rentrer dans la capitale; la garde nationale de Paris veut présenter une demande au roi pour conserver la cocarde tricolore; l'adjudant général Gilbert de Voisins signe un des premiers cette pétition : il est chargé de la présenter à S. M., qui rejette cette prière ou plutôt ce conseil.

La seconde Restauration ne se borne pas à détruire ce que les Cent-jours avaient fait pour M. Gilbert de Voisins; elle lui enleva ce que la première Restauration lui avait laissé, Ainsi il perdit non seulement la pairie, la première présidence, le siège de conseiller d'Etat et le grade d'adjudant général, mais encore la présidence, la place de maître des requêtes, et toute espèce de grade dans la garde nationale; on ne lui laissa que le fusil de simple chasseur dans cette noble milice.

Telle fut sa situation depuis le 7 juillet 1815 jusqu'à la révolution de 1830. Il semblait qu'on eût oublié l'échafaud de son père, la confiscation complète de sa fortune et la mission extraordinaire de 1814; on ne voulut plus se souvenir que de l'homme des Cent-jours, qui pourtant n'avait été qu'un homme d'ordre et de loyauté.

Ici je dois à sa mémoire un solennel témoignage. Confident de ses sentiments les plus intimes pendant cette période de disgrâces que j'ai partagées, jamais je n'ai trouvé dans son langage cette amertume que soulève quelquefois une adversité imméritée; il a toujours excusé par des nécessités politiques les coups les plus injustes qui l'ont frappé.

Bien certain de ne jamais avoir provoqué des inimitiés privées, il a plaint les hommes que la tempête amène à la tête des Etats dans les temps de révolutions, et qui sont condamnés à frapper sans les haïr et quelquefois sans les connaître, d'autres hommes que plus tard ils entourent de leur estime.

Aux élections suivantes, son mandat parlementaire ne fut pas renouvelé. Il avait cessé d'être éligible ; il avait aliéné les derniers débris de sa fortune, échappés à l'encan révolutionnaire, et le prix en avait été employé à satisfaire la dette la plus sacrée, c'est-à-dire à reconnaître les sacrifices faits par quelques personnes pour sauver la tête de son père.

La loi de 1825 sur l'indemnité aux émigrés paraissait lui offrir une dernière espérance ; toutefois le désintéressement qui le caractérisait à un si haut degré ne lui laissa considérer que l'intérêt public, qu'il croyait contraire à cette mesure. Dans sa noble abnégation, il combattit par plusieurs articles, dans le *Constitutionnel*, le seul acte du gouvernement de la Restauration qui pouvait relever sa maison.

Ses efforts furent impuissants ; la loi fut adoptée. Mais la Providence, dans ses impénétrables décrets, avait voulu que la spoliation de cette famille restât irrévocable. Les biens vendus sur le président Gilbert de Voisins appartenaient à cette catégorie à laquelle était spécialement destiné le fonds commun. L'indemnité provisoire fut absorbée par les dettes. Et le fonds commun où une large part lui était réservée, fut emporté par la Révolution de 1830. Ainsi il ne lui resta que le souvenir de sept millions d'immeubles confisqués sur sa famille en 1793.

Il était en Angleterre avec un de ses fils quand le coup d'Etat de Juillet fut exécuté avec une si coupable audace par le ministère Polignac.

C'est en Angleterre qu'il apprit tout à la fois l'apparition des fatales ordonnances, le soulèvement de Paris, le départ de Charles X et de sa famille, et la création d'un lieutenant général du royaume. A son retour en France, le nouveau gouvernement était en pleine et paisible activité.

Personne ne devait être plus empressé que M. Gilbert de Voisins à se rallier à la royauté de juillet. Le nouveau roi n'était pas seulement pour lui comme pour le reste de la France, l'homme sage, fort et dévoué, qui pouvait seul calmer la tempête, et sauver aussi le pays ; c'était aussi le prince bienveillant, dont il avait reçu dans sa jeunesse tant de marques de bonté chez M. le duc de Penthièvre. Il voyait relever ces nobles couleurs proscrites depuis quinze ans, et dont il avait courageusement, mais en vain, demandé la conservation à Louis XVIII, en présence des baïonnettes étrangères.

Dès le mois d'août 1830, la première place qui devint vacante à la Cour de cassation fut donnée à M. Gilbert de Voisins. Ainsi il vint siéger comme conseiller dans cette salle où présidaient ses aïeux, et où son père parut en accusé, devant le tribunal révolutionnaire, pour de là marcher à la mort.

Peu après en août 1830, il est nommé colonel de la 7ᵉ légion de la garde nationale, sur la demande unanime des magistrats de cet arrondissement, et le roi l'appelle aux fonctions de membre du conseil de son domaine privé.

La première promotion des pairs qui a été faite après la Révolution de Juillet est celle du 19 novembre 1831 ; M. Gilbert de Voisins y fut compris avec quelques autres membres de la pairie des Cent-Jours.

La réorganisation élective de la garde nationale, en exécution de la loi du 22 mars 1831, donna occasion aux habitants de la capitale de manifester de nouveau leur estime et leurs sympathies pour M. Gilbert de Voisins. Il fut réélu en 1831 colonel de la 7e légion à l'unanimité des suffrages. En 1834, la même élection se renouvela encore. Il aurait eu pour la troisième fois le même honneur aux élections de 1837, s'il n'eût renoncé à la candidature. Son âge avancé et les travaux multipliés que lui imposaient ses diverses fonctions, excusaient assez une détermination qu'il avait différée tant que les révoltes armées rendirent périlleuse la mission des gardiens de la paix publique.

M. Gilbert de Voisins, par une sage distribution de son temps et une activité infatigable que soutenait l'amour de ses devoirs, remplissait avec exactitude les obligations si nombreuses de la pairie, de la magistrature, de la garde nationale et du conseil du domaine privé du roi. Chacune de ces fonctions suffit souvent pour absorber la vie d'un homme ordinaire. M. Gilbert de Voisins suffisait à toutes, comme s'il n'en avait eu qu'une seule. Dans les occasions trop fréquentes où la pairie a dû exercer ses attributions judiciaires, au lieu de céder aux exigences de sa santé et de son âge, M. Gilbert des Voisins a redoublé de zèle et d'assiduité. Les rapports qu'il a été chargé de présenter à la Chambre se distinguaient par la lucidité des aperçus et la rectitude des déductions. Ses votes, toujours consciencieux, étaient dictés par la conviction que la force du pouvoir et la stabilité de nos institutions sont des conditions nécessaires au progrès des libertés publiques et à la grandeur de notre pays. Dévoué à la dynastie que Juillet a élevé au trône, il la regardait comme la seule garantie de la durée d'un gouvernement monarchique en France. Il n'aspirait qu'à lui donner sans cesse de nouvelles marques de ce dévouement sage et désintéressé qui n'a cessé d'animer sa noble vie.

Vers le commencement d'avril 1843, les magistrats, ses collègues à la Cour de cassation, remarquèrent en lui des apparences d'abattement et de langueur; il prétendit qu'il n'éprouvait aucune douleur. Toutefois, il consentit sur leurs instances à s'absenter de l'audience pendant une semaine. Ce fut la dernière que lui avait assignée la Providence. Il s'éteignit doucement et sans souffrance le 20 avril 1843, dans les bras de son second fils et de ses amis, après avoir reçu les secours de la religion. Il fut inhumé le 23 avril 1843, le jour où s'accomplissait sa soixante-dixième année.

M. le comte Gilbert représentait à la Chambre des pairs la gloire de nos grandes familles parlementaires, le souvenir de nos sanglantes proscriptions, des grandeurs de l'Empire, des luttes des Cent-Jours, de l'opposition constitutionnelle, de la Restauration et des travaux périlleux par lesquels le Gouvernement de Juillet a traversé tant d'orages. Son caractèree géné reux, ferme et modéré, supporta le malheur avec dignité, et traversa sans orgueil l'épreuve d'une prospérité passagère. Soit qu'une piété élevée le rendît insensible aux dons de la fortune, soit que son dévouement à son devoir lui rendît légers et faciles les plus grands, les plus douloureux sacrifices, jamais homme ne fut plus indifférent à ses pertes personnelles dès qu'elles lui paraissaient utiles au bien ou à la gloire de son pays.

VI

TROPLONG (RAYMOND-THÉODORE)

PREMIER PRÉSIDENT DE LA COUR DE PARIS (1795-1869)

Peu d'existences sont aussi bien remplies que celles du premier président Troplong ; peu d'esprits se sont appliqués avec un égal bonheur aux diverses branches des connaissances humaines. C'est un lettré parmi les lettrés, un artiste parmi les musiciens, c'est un homme d'État habile et ferme, mais c'est surtout un grand jurisconsulte. C'est aussi sur cet aspect de M. Troplong qu'on nous permettra d'insister dans la suite de cette étude.

Raymond-Théodore Troplong naquit le 8 octobre 1795 à Saint-Gaudens (Haute-Garonne). Ses études furent, dès l'enfance, dirigées vers la magistrature, où une guerre, qui semblait éternelle, laissait bien des vides à combler. Il échappa à un écueil sur lequel échouent tant de belles intelligences : croire que l'étude du droit dispense de celle de la langue, ou pour mieux dire l'interdit, et que si les magistrats qui se respectent ne parlent plus le latin de la scholastique, ils doivent, du moins, s'abstenir d'être intelligibles ou corrects. Ce dangereux préjugé disparaît, tous les jours, et l'on ne compte plus les magistrats et les avocats, qui se sont fait un nom dans les lettres. Mais il n'en était pas de même à la fin du dix-huitième siècle, et si Troplong eut le culte de la forme, c'est sans doute à l'influence bienfaisante de son père, professeur d'humanités au collège de Sorrèze, qu'il le doit.

Troplong sortit donc du collège, nourri par l'étude des grands maîtres de l'antiquité et du dix-septième siècle, pénétré d'un désir ardent de science et de célébrité. L'Empire venait de tomber : le jeune homme travailla d'abord dans les bureaux de la préfecture de la Haute-Garonne, où probablement il n'apprit pas grand'chose, puis partit pour la Corse, où il devait faire un long séjour et former une heureuse union.

Substitut à Sartène (1819), puis à Corte, il est attaché, l'année suivante, à la cour royale de Bastia. Qui aurait pu penser que c'est au fond d'un pays sauvage, que le jeune magistrat devait trouver les éléments de sa grandeur future? C'est pourtant ce qui eut lieu. Troplong se lia avec un vieux conseiller, qui lui ouvrit une bibliothèque très complète; il passa neuf ans, dans cette bibliothèque, parcourant, feuilletant, annotant les ouvrages des jurisconsultes romains, remontant avec la fièvre de la curiosité aux origines de notre droit; étudiant, dans les moindres détails de son organisme, cette féodalité qui était encore un mystère. Quand Troplong partit pour Nancy comme avocat général, c'était déjà le jurisconsulte, dont on devait admirer plus tard la prodigieuse érudition.

Le séjour de Troplong à Nancy fut une suite ininterrompue de triomphes : triomphes, dont les juges étaient peut-être les magistrats les plus difficiles de la France. Sa plaidoirie sur le Barrois mouvant, dont les ducs de Lorraine s'étaient prétendus souverains, son traité des *Privilèges et Hypothèques* lui valurent sa nomination de président à la cour de Nancy (1832), puis de conseiller à la Cour de cassation (1835).

Troplong poursuit cette œuvre immense, le Commentaire du droit civil, et les témoignages d'admiration lui arrivent de toutes parts. C'est d'abord l'Académie des sciences morales et politiques qui le presse de prendre, dans la section de législation, la place que Daunou laissait vide (1840), puis le gouvernement qui le fait entrer à la Chambre des pairs.

La monarchie de Juillet est renversée et Troplong, peu sympathique aux institutions nouvelles, reste à l'écart. Mais le plébiscite du 10 décembre 1848 le rassure, et il accepte du prince Louis la succession de Séguier à la Cour d'appel de Paris.

En répondant alors à l'appel du nouveau chef de l'Etat, il était bien conséquent avec lui-même le jurisconsulte qui, bien des années auparavant, avait écrit : « Que serait la liberté si elle ne s'appuyait au dehors sur un territoire compacte et des frontières imposantes ; au dedans, sur un pouvoir robuste et par conséquent concentré, qui lui donne l'ordre, sans lequel elle s'abrutirait dans la licence ? »

Ces paroles sont tout un programme et c'était celui de l'Empire. C'était pour le président Troplong le résumé de patientes études des jurisconsultes, des historiens, des philosophes. Si, dans le long commerce avec tous ces interprètes de l'expérience et de la sagesse, il avait acquis cette élévation, cet éclat de style qui ennoblit et fait accepter plus aisément les doctrines, il avait recueilli, chose plus précieuse, une appréciation calme et réfléchie des grands événements, un patriotisme éclairé, et cette fermeté d'âme sereine et sûre d'elle-même que les succès n'enivrent point, que les tentations de la popularité ne peuvent atteindre ni les attaques ébranler.

Dans un temps où s'agite le mouvement impérieux de tous les progrès sociaux, où tous les horizons s'étendent, dans un pays où les moyens d'agitation s'augmentent, sans proportion avec les résistances de la raison publique, chez une nation que l'esprit frondeur entraîne, et qui, sur sa route, a plus d'une fois abandonné la liberté en la dépassant, le véritable courage, celui qui aura l'approbation de l'avenir, se trouve du côté des hommes qui, dédaigneux des succès que donnent par leur alliance passagère les passions les plus opposées, se serrent autour du drapeau de la modération et gardent les rangs sans défaillance, sous les feux croisés qui les déciment. Là est le poste d'honneur, où le magistrat se place avant tous autres et qu'il doit quitter le dernier, préposé qu'il est à la conservation de la liberté légale, la seule véritable, la seule qui maintient et peut augmenter le trésor de l'humanité : la civilisation.

Fidèle à ce devoir, le président Troplong, en fit la règle de sa conduite. Plébéien sans réserve, il était pénétré de ce qu'on appelle à tort les idées nouvelles, de cet esprit d'égalité civile et de liberté, sous l'empire des lois que la philosophie antique et la sagesse chrétienne ont toujours alimenté, défendu. Pour les faire dominer et les établir dans leur fait, il avait foi dans le Chef et dans la loi politique que les Français se sont donnés.

INSTALLATION DE M. LE PREMIER PRÉSIDENT TROPLONG

L'installation de M. Troplong, premier président de la Cour d'appel de Paris, a eu lieu le mercredi 27 décembre 1848, toutes les Chambres assemblées.

M. le premier président, ayant été introduit par une députation composée de M. le président Aylies et de MM. Montmerqué et Espivent de la Villeboisnet, conseillers, a pris place sur un fauteuil qui lui était réservée dans l'enceinte de la Cour.

M. Moreau, doyen des présidents, a donné la parole à M. le procureur général, qui était assisté de MM. les avocats généraux et substituts, et qui s'est exprimé en ces termes :

« Messieurs, en venant présenter à la Cour l'arrêté qui lui donne un premier président, notre pensée, comme la vôtre, se reporte d'abord, et bien douloureusement, sur la perte dont la Cour a été frappée, et qui a laissé dans tous les cœurs de si profonds et de si légitimes regrets.

« Héritier d'un nom cher à la magistrature française, et que nous sommes affligés de ne plus retrouver parmi vous, M. le premier président Séguier était remarquable entre tous par la rectitude et la sagacité de son jugement, par son ardent amour pour la justice et la vérité, par son dévouement à ses devoirs.

« Sévère envers lui-même, il l'était parfois envers les autres; mais les bontés de son cœur, la franche cordialité de ses manières, faisaient bientôt oublier l'involontaire vivacité d'une parole qui n'avait jamais été dictée par une pensée malveillante ou hostile.

« Après une longue carrière si laborieusement remplie, ni l'âge ni les souffrances n'ont pu l'arrêter dans l'accomplissement de ses devoirs, et nous l'avons vu pour ainsi dire, s'éteindre sur le siège qu'il avait honoré si longtemps.

« Appelé d'hier à l'insigne honneur de partager vos travaux, je n'ai pu connaître et apprécier chez M. le premier président Séguier que le magistrat. Plus heureux que nous, vous avez connu l'homme, le père de famille, et vos regrets unanimes disent assez combien il était digne de l'estime et de l'affection des gens de bien.

« Ces regrets si légitimes, nous n'avons pas dû craindre d'en reproduire l'expression en présence du magistrat éminent que le choix du gouvernement vient d'appeler à la présidence de la Cour. En honorant son prédécesseur, nous l'honorons lui-même, et nous nous empressons d'ajouter avec bonheur que la nomination de M. Troplong à une si haute dignité a obtenu et devait obtenir l'assentiment universel.

« Jurisconsulte profond, étudiant la législation à la lumière de l'histoire et de la philosophie, M. Troplong a su donner à ses ouvrages un attrait qui n'appartient pas d'ordinaire à la science, par la vigueur et le charme de son style, par la richesse et la variété de son érudition.

« Son expérience des affaires, l'étendue de ses connaissances, l'élévation de son caractère et le talent énergique avec lequel il a plus d'une fois lutté contre ces doctrines impies qui rêvent la destruction de la famille et de la société, l'avaient à l'avance désigné par une sorte de suffrage universel, pour les hautes fonctions qui viennent de lui être confiées.

« Nous sommes heureux d'avoir, pour premier acte de notre ministère, à vous présenter l'arrêté qui nomme M. Troplong premier président de la Cour d'appel de Paris. Toutefois nous manquerions à nos devoirs, nous serions infidèles aux vœux et aux sentiments de la Cour, aussi bien qu'à nos sentiments personnels, si, en terminant, nous ne rendions une éclatante justice au digne et habile magistrat qui, depuis plusieurs mois, a dirigé les travaux de la Cour.

« Les services qu'il a rendus dans cette grave circonstance ajouteraient encore, si cela était possible, à l'estime que nous lui avions tous vouée, et dont nous sommes heureux de lui offrir en votre nom le bien sincère témoignage. »

Après ce discours, M. Moreau, doyen des présidents, a pris la parole en ces termes :

« En nous félicitant, monsieur le président, de vous voir prendre place à notre tête, qu'il nous soit permis de payer un juste tribut de regrets à la mémoire du magistrat éminent qui vous a précédé, et qui, pendant si longtemps, a été notre chef.

« Appelé jeune encore par ses qualités personnelles et par l'illustration de son nom aux fonctions de premier président, peu de temps après la création des Cours d'appel, M. Séguier apporta à la magistrature nouvelle les traditions de l'ancienne magistrature ; et guidé par les enseignements qu'il avait recueillis dans sa famille, il sut, pendant un demi-siècle, et au milieu des temps les plus difficiles, conserver à la Cour de Paris toute sa dignité, toute son indépendance.

« Dans cette belle et longue carrière, que la modestie de M. le premier président nous a, en quelque sorte, interdit de vous retracer, nous trouvons les traits et le caractère du véritable magistrat. Nous qui avons partagé ses travaux, qui avons vécu dans son intimité, nous ne pourrons jamais oublier son ardent amour du devoir, son exactitude à le remplir, son zèle pour l'admiration de la justice, qui était pour lui une seconde religion.

« Nous n'oublierons jamais sa bienveillance pour ses collègues, et cette bonté plus affectueuse encore qu'il témoignait à ceux que, par la vivacité de son caractère, il craignait d'avoir affligés.

« Nous n'oublierons jamais surtout les vertus dont il nous a donné l'exemple, et cette foi vive et sincère dont la touchante expression nous a tant de fois émus.

« Espérons que la Cour ne sera pas longtemps privée d'un nom qui lui est si cher, et qu'elle revendique avec orgueil. Les regrets qu'a laissés parmi nous M. le premier président Séguier sont adoucis par le choix de son successeur.

« La Cour d'appel de Paris est fière de voir à sa tête le savant jurisconsulte, le magistrat distingué qui ne doit qu'aux services par lui rendus à la science et à l'administration de la justice les hautes fonctions qui lui sont confiées.

« Éclairée par ses lumières, elle espère acquérir de nouveaux titres à l'estime et à la considération publiques. »

Après cette allocution, M. le président Moreau invite M. Lot, greffier en chef, à donner lecture de l'arrêté du président de la République, portant nomination de M. le premier président Troplong.

Cette lecture faite, M. Moreau en donne acte et prie M. le premier président de prendre place en tête de la Cour. M. le premier président s'étant assis à la place habituellement occupée par son prédécesseur, s'est exprimée ainsi :

« Je suis bien vivement touché des paroles pleines d'indulgence que vous venez d'entendre, et j'en remercie du fond du cœur M. le procureur général et M. le président Moreau. Il est vrai que plus ces paroles sont favorables, plus elles m'imposent de devoirs d'un accomplissement difficile. Mais elles sont aussi d'un bon augure pour moi, puisqu'elles me donnent la preuve de l'esprit de confraternité et des sentiments de sympathie réciproque qui dirigent vos rapports intérieurs. Veuillez, Messieurs, m'y associer. J'ai appartenu à une Compagnie illustre, que l'on ne quitte jamais sans regrets et où j'ai laissé d'étroites amitiés ; j'espère en entrant ici y trouver des liens non moins chers. Je vous demande donc votre bienveillance et votre concours. Vous avez été présidés par un magistrat dont le nom sera toujours honoré et célèbre dans les annales de la magistrature française, et qui, pendant quarante-six ans, a fait briller sur ce siège des qualités remarquables. Je n'ai pas devant moi un aussi long avenir ; mais, quand même je n'aurais qu'un jour, il sera toujours glorieux pour moi d'avoir été appelé à présider la Cour d'appel de Paris. »

La séance d'installation a eu lieu à huis clos, en Chambre du Conseil. On sait que c'est là un vieil usage, qui s'est maintenu dans la Cour d'appel de Paris[1], et que, dans les autres sièges au contraire, cette installation se fait avec solennité, en audience publique, en robes rouges.

Cet apparat n'a pas pour mobile une vaine ostentation, une puérile et vaniteuse satisfaction donnée à celui qui en est l'objet : c'est une consécration publique de l'homme qui est appelé à exercer une magistrature publique, et qui prend, tacitement, en présence de tous, l'engagement d'en remplir tous les

[1] C'est une tradition empruntée au Parlement de Paris (Marchal, éditeur).

devoirs; les honneurs rendus au récipiendaire ne s'adressent pas à l'homme, mais à la fonction, et c'est un bon moyen de concilier à celle-ci le respect du peuple que de l'entourer, à son début, d'honneurs et de respects. Ce n'est pas là une réminiscence monarchique, ce serait plutôt une idée toute républicaine.

La Cour de Paris fait de la réception de ses membres une affaire de famille. D'où vient cette anomalie entre la Cour de Paris et les autres Cours? Pourquoi, sur ce point de discipline comme sur tous les autres, la règle n'est-elle pas uniforme? Comment enfin, la Cour de Paris a-t-elle un usage différent de celui de la Cour de cassation, placée au sommet de la hiérarchie?

Sorti d'une famille parlementaire, M. le premier président Séguier avait voulu conserver dans la Cour, à la tête de laquelle il était placé, les traditions du Parlement. Mais est-ce que la magistrature d'aujourd'hui ressemble aux Parlements d'autrefois? Les vieux usages sont chose respectable sans doute; c'est la chaîne qui rattache le présent au passé; c'est un utile contrepoids à opposer à l'esprit d'innovation; et nous aimons cette exagération de Rousseau disant que, si les conseillers avaient accoutumé d'entrer au Parlement du pied droit, il ne faudrait pas leur permettre d'y entrer du pied gauche. Mais le culte du passé ne doit dégénérer ni en superstition, ni en idolâtrie; et quand les institutions se transforment, il ne faut garder des vieilles coutumes que celles qui sont compatibles avec les institutions nouvelles.

Plusieurs membres de la Cour avaient exprimé le

désir que son nouveau chef fût installé en audience publique et avec le cérémonial en usage ailleurs ; mais la majorité n'a pas voulu déroger aux précédents.

Il est une autre anomalie qu'il est bon de signaler, quoiqu'il ne s'agisse que de choses de pure discipline intérieure : conservateur rigide de l'étiquette parlementaire, M. le premier président Séguier ne permettait pas, à la Chambre qu'il présidait, que l'officier du parquet se réunît, avant l'audience, aux magistrats du siège dans la Chambre du Conseil. A l'heure marquée la Cour prenait séance, puis M. le premier président envoyait prévenir l'officier du parquet par un huissier.

Si Troplong ne fit pas oublier son célèbre prédécesseur, il ne le fit pas regretter non plus. Il connaissait mieux assurément le droit que Séguier dont le bon sens et l'expérience cachaient le défaut d'instruction doctrinale ; et s'il n'avait pas cet esprit caustique, qui faisait souvent de cruelles blessures, il était (ce qui valait mieux) plein d'aménité et de bienveillance.

Troplong, comme le prince Louis, pouvait croire à son étoile, car la fortune ne cessa pas de le seconder. Le gouvernement impérial trouva dans le premier président un partisan éprouvé et convaincu ; un esprit autoritaire, qui aurait admis volontiers une monarchie absolue avec le peuple pour base et la liberté pour lui. Cette devise était celle de l'Empire.

On le voit élevé, dans l'année 1852, aux dignités de sénateur, de vice-président, puis de président du Sénat et de premier président à la Cour de cassation en remplacement de Portalis, décédé. En 1854 il est créé grand'croix de la Légion d'honneur, en 1858 membre du Conseil privé. Il n'était honneur qu'on ne voulût décerner à l'heureux Troplong; et l'Empire avait raison d'agir ainsi, car il eût difficilement rencontré de serviteur plus fidèle et plus utile.

Troplong mourut le 2 mars 1869. Des funérailles pompeuses lui furent faites aux frais de l'État. Il est mort à temps pour ne pas voir le gouvernement qu'il chérissait violemment ébranlé d'abord, puis renversé et croulant au milieu de l'invasion.

Nous avons retracé, à grands traits, la vie du président Troplong, dont la carrière ne fut qu'un long triomphe, attristé, il est vrai, par la perte d'une fille unique.

Quel était le publiciste, l'homme d'état, le jurisconsulte, le magistrat? c'est ce que nous avons à dire.

Comme publiciste, Troplong a écrit des pages pleines de finesse, de goût et d'érudition. Qu'on se reporte à ses études sur la féodalité, à sa radieuse réfutation des opinions des vieux auteurs sur ce sujet; et qu'on les compare à la science incorrecte et lourde de M. Guizot (*Histoire de la civilisation*)! On peut encore lire, après ce qu'en a dit M. Thiers, ce qu'il dit lui-même *de la Propriété*. On peut regretter que nos critiques de musique n'aient pas plus souvent sous les yeux son travail sur l'*Armide* de Gluck.

Si M. Troplong n'a été inférieur dans aucun des genres auxquels il s'est appliqué, s'il fut un politique et un écrivain, il est juste de reconnaître que c'est au droit qu'il doit sa réputation.

Comme magistrat, il a rendu de grands services à son pays, en rompant avec la routine et avec ces traditions déplorables qui font souvent que nos cours, nouveaux Parlements, subissent trop l'influence des décisions antérieurement rendues. Il a accoutumé les tribunaux et les Cours auxquels il a successivement appartenu à se méfier des lumières trop vagues et trop arbitraires de l'équité naturelle pour examiner de près le texte sans subtilité comme sans présomption.

On sait que le fondement de sa fortune a été son réquisitoire dans l'affaire du *Barrois mouvant*, qu'il a éclairé en remontant aux sources et en produisant au moment opportun une érudition, qu'on ne soupçonnait pas et des considérations historiques, qui emportèrent toutes les convictions.

Jurisconsulte, M. Troplong a publié un ouvrage considérable qui a singulièrement dépassé celui de Toullier, dont il voulait être l'humble commentaire. Les Traités sur les Privilèges et Hypothèques, la Vente, le Louage, le Contrat de mariage, sont devenus classiques. C'est le plus bel éloge qu'on puisse faire.

Il y a surtout dans le Commentaire de M. Troplong une innovation heureuse. Ce sont ces introductions qui élargissent le cadre des études du lecteur et lui font connaître la philosophie et l'histoire du droit, sans lesquels l'étude des textes est empirique et aride.

Nous avons dit notre admiration pour l'ouvrage capital de M. Troplong : cette admiration, tous l'ont éprouvée lorsque l'ouvrage a paru ; beaucoup la partagent encore aujourd'hui. Mais il faut bien dire que des critiques des plus en plus nombreuses s'élèvent sur les théories mises en avant par l'illustre jurisconsulte. C'est ainsi que ces théories sont très vivement combattues par la plupart des professeurs de l'École de droit de Paris, par M. Demolombe, et par M. Laurent, le savant professeur belge.

L'homme d'Etat fut autoritaire et césarien et quelqu'avis qu'on puisse avoir sur ses opinions politiques, on ne saurait nier qu'il y soit toujours resté fidèle et qu'il ne les ait défendues, avec talent et vigueur.

Il approuva sans réserves la guerre d'Italie. Et si l'humanité lui a déjà donné raison, les événements ont prouvé que les intérêts égoïstes de la France auraient commandé une tout autre politique. Comment le lecteur de Machiavel n'a-t-il pas compris la maxime des Médicis : « Diviser pour régner ? » Comment n'a-t-il pas vu que l'Italie n'était pas une force pour la maison d'Autriche, mais une cause d'épuisement et de ruine. Si la générosité de son cœur l'a emporté sur la prudence de la raison, nous n'avons pas le courage de le blâmer. S'il a cru obéir à une haute pensée politique nous avons le droit de dire qu'il s'est étrangement mépris.

Mais laissons-le parler lui-même. Voici comment à l'entrée de la guerre, le 3 mai 1859, il en justifiait la nécessité.

Le ministre d'Etat, M. Fould, ayant donné communication au Sénat de la déclaration de guerre entre la France et l'Autriche, M. le président Troplond a prononcé l'allocution suivante :

« Je donne acte à M. le ministre d'Etat de sa communication. S'il m'est permis d'ajouter quelques mots pour traduire le sens des acclamations qui viennent de se faire entendre, je dirai que, tandis que nos illustres collègues les maréchaux et les généraux chargés de commandements soutiendront en face de l'ennemi la gloire du nom français, les sénateurs qui restent ici ne reculeront devant aucun acte de courage civil et de dévouement à l'Empereur (*Nouvelles acclamations*). Il y aura entre eux et nous rivalité de patriotisme (*Assentiments et cris de : Vive l'Empereur ! Vive l'armée !* car cette guerre est juste ; elle ne fait que répondre à un défi et à une agression. Elle est la conséquence d'une politique séculaire qui toujours s'est émue des crises de l'Italie, comme si ce fussent des événements français (*Oui, oui, Marques d'approbation*). L'empereur ne peut pas permettre que Turin, qui est la clé des Alpes, pas plus que Rome qui est la clé de l'Eglise par les mains d'un saint et vénéré pontife (*Sensation générale*) tombe sous le joug usurpateur d'une influence hostile à la France (*Adhésion unanime et très-chaleureuse*).

« L'Italie sera donc rendue à sa nationalité. Elle sera non pas révolutionnée (*Très bien, très bien*), mais affranchie (*Mouvement général de satisfaction. Nouvelles et très vives acclamations*), et ce beau pays, menacé d'avoir un maître, va trouver un libérateur.

« Vive l'Empereur. »

Le 26 mai 1859 au retour de l'empereur, il le haranguait en ces termes, dont l'exagération à la Séguier se peut à peine pardonner :

« Sire,

« Si Votre Majesté, ne consultant que la supériorité de ses armes, eût laissé la guerre se poursuivre, l'opinion générale, en France et peut-être en Europe, est que rien n'eût retardé sa marche irrésistible, et que Magenta et Solférino eussent été suivis de nouveaux trophées. Pourquoi donc l'empereur a-t-il voulu s'arrêter au faîte de la fortune ?

« Votre Majesté l'a dit : c'est que l'intérêt français, qui avait commandé la guerre, conseillait aujourd'hui la paix, et qu'engager la lutte plus avant, c'était aller au-delà de la cause légitime de notre intervention [1]. Sire, la France a compris ce noble langage ; elle y a reconnu votre dévouement pour elle, ainsi que votre haute prévoyance en face *d'injustes jalousies et des prétentions désordonnées des passions révolutionnaires* [2]. Après vous avoir suivi avec orgueil sur le champ de bataille, elle vous approuve et vous admire dans cette modération héroïque qui n'appartient qu'aux grands caractères.

« *Lorsque Scipion eut vaincu Annibal à Zama il eût pu détruire Carthage :* il ne le voulut pas, bien qu'il se fût engagé à abattre la puissance carthaginoise. Politique prudent autant qu'habile général, il savait que souvent, c'est se perdre soi-même que de trop perdre son ennemi. »

Quelques jours après, M. Troplong, dans une adresse envoyée au palais de Saint-Cloud, exprimait

[1] Et la Vénétie ?

[2] Allusion à la question romaine.

en ces termes à l'empereur les sentiments de la Cour de cassation :

« Sire,

« Deux mois à peine ont suffi à votre Majesté pour terminer une guerre héroïque par une paix glorieuse. Pendant les combats, la France a applaudi à la bravoure de son invincible armée : le jour de la trêve et de l'entrevue de Villafranca, elle a admiré la prudence du pacificateur qu'elle avait salué comme un capitaine digne de son grand nom.

« La France est satisfaite : asssez de lauriers ont été cueillis. »

A propos de l'annexion de Nice et de la Savoie à la France, Troplong, nommé rapporteur du *sénatus-consulte* qui devait ratifier l'œuvre des traités, prononça un discours que nous croyons utile de reproduire :

« Messieurs,

« Le projet de *sénatus-consulte* soumis à vos délibérations n'est pas de ceux dont on discute le principe ; il est de ceux que l'on vote avec transport. La France, en effet, s'accroît d'une population brave, honnête, intelligente, qu'elle aime et dont elle est aimée ; elle voit les sommets des Alpes s'élever, comme un rempart, entre le sol étranger et son territoire agrandi ; enfin, elle franchit, non pas par force ni par surprise, mais par de pacifiques accords, les limites tracées autour d'elle à l'époque de ses revers. Rendons grâce à l'empereur d'un résultat si national et si beau, et ne craignons pas d'inquiéter l'Europe, en accueillant avec joie ces nouveaux fils de l'Empire qui ont voulu se donner à nous. La France, libre de contracter avec ses voisins, a profité d'une circonstance où l'équité faisait entendre sa voix pour modifier les traités anciens par un traité particulier, réciproquement volontaire et amical. C'est là l'usage du droit commun ; ce n'est pas une menace. S'il est de l'honneur de la politique impériale de rester indépendante dans son action, il est de sa loyauté de rejeter les vaines et turbulentes convoitises de l'ambition. Le sillon qu'elle trace dans l'histoire est celui de la justice et de la modération. Elle veut montrer qu'on peut être fort en restant l'ami de la bonne foi, du droit des gens et de la conciliation.

« L'article 1er du projet vous demande de déclarer l'incorporation à la France de la Savoie et de l'arrondissement de Nice, et, à cause de la nécessité d'une transition, de décider que la Constitution et les lois françaises n'y seront exécutoires qu'à partir du 13 janvier 1861. Cette disposition est conforme aux *senatus-consultes* rendus sous le premier Empire, dans les cas d'annexion. L'incorporation est un acte constitutionnel, puisqu'elle modifie la constitution du territoire français et la constitution du territoire réuni. Le délai indiqué pour la mise en vigueur de la Constitution et des lois françaises vous paraîtra nécessaire pour prévenir un changement trop brusque et pourvoir à un grand nombre d'actes préparatoires.

« Quant à la répartition de terrain réunis à la

France en ressorts de cours impériales et en départements, l'article 2 vous propose d'y faire statuer par une loi. Cette répartition s'est faite assez souvent par voie de sénatus-consulte. Mais il vous paraîtra juste de laisser au Corps législatif le règlement d'une matière où se rencontrent des questions dont la solution dépend de circonstances, de faits et de détails administratifs. Ce sera d'ailleurs pour le Corps législatif l'occasion de s'associer comme nous à l'œuvre patriotique et glorieuse de l'annexion.

« L'article 3 vous propose de confier à des décrets qui seront rendus avant le 1er janvier 1861, et ayant force de loi, l'assiette des lignes de douane et toutes les autres dispositions nécessaires pour l'introduction du régime français. Messieurs les commissiares du gouvernement ont donné à cet égard à votre Commission des explications qui lui ont paru satisfaisantes. Le pouvoir que le gouvernement vous demande n'est pas illimité : il est précisément circonscrit dans les dispositions propres à amener la fusion législative des pays réunis avec la France. Les décrets que pourra rendre l'Empereur auront pour but, non pas de déroger aux lois existantes, mais, au contraire, d'en préparer la mise en vigueur et l'exécution. L'article 3 est la conséquence de l'article 1er. Il faut que le délai qui s'écoulera d'ici au 1er janvier 1861 soit rempli par une intervention active du gouvernement pour mettre le présent en harmonie avec l'état futur des contrées annexées.

« Dans ces circonstances, Messieurs les Sénateurs, vous daignerez écouter l'impatience des deux pays qui demandent de s'adjoindre à nous, et vous jugerez probablement utile de ne pas leur faire attendre un bienfait que le traité de Turin, maintenant ratifié, leur garantit. Fiers de devenir français, ils ont hâte d'en avoir les droits.

« Vous vous rappelez, en effet, Messieurs, la vive et générale adhésion qui a présidé à leur vote en faveur de l'annexion. L'entraînement était immense, maires, ecclésiastiques, bourgeois, agriculteurs, ouvriers, tous se pressaient au scrutin, poussés par une foi ardente dans l'avenir de la France et dans le monarque qui la gouverne. *Quand on compare ce vote avec celui de 1792, on est frappé de la différence des temps.*[1] Alors l'esprit révolutionnaire bouillonnait sur les versants des Alpes. La discorde était partout ; les prêtres et les nobles, proscrits et fugitifs voyaient la France avec effroi et protestaient contre tout changement de domination. Aujourd'hui la patrie est calme des deux côtés. Il n'y a ni captation, ni violence, ni passions orageuses qui la trompent, la précipitent et la divisent. Mais un peuple a été consulté par son souverain légitime et séculaire sur des arrangements nouveaux ; il a répondu en exprimant ses sentiments d'affection pour la France. »

Une seule pensée a réuni tous les cœurs ; un seul intérêt a parlé dans toutes les classes, un seul cri s'est fait entendre : Vive la France, vive l'Empereur ! Qu'est-ce que cela ? Messieurs, sinon le mouvement

[1] Quelle naïveté, et en même temps quelle ingratitude pour la Révolution !

régulier et le jugement solennel d'une population libre qui décide de son sort ?

C'est ainsi que la France s'est donné l'Empereur et l'Empire ; c'est par le suffrage universel ainsi compris, *et aussi sincèrement pratiqué*, que les dynasties se fondent, que les Etats se constituent et qu'ils se consolident (Sensation). En entrant sous de tels auspices dans la patrie française, Nice et la Savoie seront désormais inséparables de ce corps puissant par son unité et indestructible par sa cohésion.

Quant à vous, Messieurs les Sénateurs, qui croyez aux destinées de l'Empire et à sa Constitution, vous serez heureux de contribuer à communiquer à nos nouveaux concitoyens les institutions et les lois auxquelles nous devons nos mœurs libérales, notre prospérité intérieure et tous les élans vers le progrès que favorise à un si haut degré l'ordre politique fondé par l'empereur. Ils trouveront dans le sein de la France une administration active et vigilante qui fécondera leurs richesses. Leurs intérêts civils seront garantis par le droit le plus équitable et par une organisation judiciaire *que tous les peuples nous envient*. Leur fidélité à la foi de leurs pères aura pour appui un gouvernement qui aime la religion pour elle-même et qui protège par conviction et non par calcul. Enfin leur dignité de citoyen verra si la liberté vraie et sensée est absente de cette terre de France dont elle est pour ainsi dire un fruit naturel ; car la liberté civile y coule à pleins bords dans les canaux sans nombre que lui ont tracés notre admirable Code Napoléon, nos codes criminels, la liberté de conscience, la liberté d'enseignement, l'égalité des personnes et des biens, et tant de lois, en un mot, inspirées par les principes de 1789.

Quand à la liberté politique, sur laquelle on discute si souvent, *moins pour le nécessaire raisonnable et légitime que pour le superflu* [1], nos compatriotes des Alpes savent à quoi s'en tenir. Hommes prudents, esprits réfléchis, ils ne se sont pas jetés dans l'inconnu, ils ont fait leur choix et ils ne se croiront peut-être pas trop asservis, quand ils jouiront du suffrage universel, du droit de voter les lois et l'impôt, du droit de pétition, du droit de plainte contre les actes inconstitutionnels, et du droit le plus large de publier leurs opinions et leurs doléances, sur toutes sortes de sujets par la voie de la presse non périodique.

Messieurs les sénateurs, les populations sages et éclairées par l'expérience ne sont pas comme ces Grecs oublieux et sophistiques, auxquels le consul Flaminius conseillait vainement la tempérance dans la liberté. Elles savent se contenter de cette liberté *sobre*, qui prévient ou corrige les abus, et qui ne fait de mal ni aux autres ni à elle-même. Nos nouveaux concitoyens seront donc contents de nous, car l'autorité française leur semblera douce et la liberté exempte de gênes non justifiées.

De notre côté, nous les embrasserons en frères, et, à notre tour, nous serons contents d'eux. Nous avons pour garant leur noble désir de porter le titre de citoyen français. D'ailleurs, en d'autres temps, nous les avons vus à l'œuvre ; l'histoire nous dit que plus

[1] Se reporter aux discours de M. Thiers sur les libertés nécessaires (11 janvier 1864).

d'une fois, et au milieu de nos rangs, ils ont illustré leurs noms dans l'armée, dans le sacerdoce et dans toutes les carrières civiles et libérales où fleurissent l'activité française et l'inépuisable génie de notre nation.

ÉTATS DE SERVICE DU PREMIER PRÉSIDENT TROPLONG

4	*mars*	1819	Substitut à Sartène.
1er	*septembre*	1819	— à Corte.
28	*juillet*	1820	— à la Cour d'appel de Bastia.
4	*décembre*	1822	— à Alençon.
15	*octobre*	1823	Avocat général à Bastia.
1er	*septembre*	1825	— à Nancy.
6	*octobre*	1832	Président de chambre à la Cour de Nancy.
12	*novembre*	1835	Conseiller à la Cour de cassation.
4	*juillet*	1846	Pair de France.
22	*décembre*	1848	Premier président à la Cour d'appel de Paris.
26	*janvier*	1852	Sénateur.
18	*décembre*	1852	Premier président de la Cour de cassation.
1er	*février*	1858	Conseiller privé de S. M. L'Empereur Napoléon III.

Les obsèques de Son Excellence M. le premier président Troplong ont eu lieu le mardi 9 mars, à Plombières.

Obéissant à un vœu manifesté par lui, sa famille avait décidé que sa dépouille mortelle serait transportée, dans cette station thermale des Vosges, où trente ans auparavant M. et Mme Troplong avaient perdu leur fille unique, et où cette enfant avait été inhumée. C'est auprès d'elle que ce père inconsolable voulait reposer.

Quelques amis fidèles ont accompagné le corps de l'illustre président jusqu'à sa dernière demeure. Parmi eux se trouvaient MM. Dariste, sénateur, président du Conseil d'administration du chemin de fer de l'Est ; Charles Abbatucci, conseiller d'Etat ; Séverin Abbatucci et Gavini, députés ; Ernest Chevallier-Rufigny et les secrétaires du défunt : MM. de Féligonde, chef du cabinet, et Henri-Chevallier-Rufigny. Le deuil était conduit par MM. Edouard Troplong, substitut au Tribunal de la Seine, et Périgot, capitaine de vaisseau.

Sur la tombe, trois discours, d'une éloquence touchante, ont été prononcés par MM. Danican-Philidor, secrétaire général du département des Vosges, délégué par le préfet malade, pour le remplacer ; Liédard, maire de Plombières, et Fabvier, conseiller à la Cour impériale de Nancy.

La ville de Plombières était devenue trop étroite pour renfermer la quantité d'étrangers qui avaient voulu rendre un dernier hommage à la mémoire du défunt.

DÉCÈS DE M. TROPLONG

Sénat (*2 mars 1869*)

ALLOCUTION DE M. LE PREMIER VICE-PRÉSIDENT BOUDET

« Messieurs les sénateurs, nous arrivons tous à cette séance sous le coup des pénibles émotions qui, depuis notre dernière réunion, ne nous ont pas quittés, et qui, depuis hier, se sont transformées en une profonde douleur.

« S. Exc. le président Troplong a cessé de vivre hier matin, à cinq heures. Je me hâte de proposer au Sénat, en signe de deuil, et comme témoignage de notre illustre et regretté président, de lever immédiatement la séance.

« Mais auparavant, Messieurs, je dois vous faire connaître que l'empereur, dans un décret, dont il va vous être donné lecture, prenant en considération les éminents services rendus à son gouvernement par S. Exc. le président Troplong, a décidé que ses funérailles seraient célébrés aux frais du Trésor public.

« M. le sénateur-secrétaire va donner lecture du décret et de la lettre d'envoi de M. le ministre d'Etat. »

M. le général comte de la Rue, l'un des secrétaires élus, donne lecture de la lettre et du décret suivants :

Paris, le 2 mars 1869.

« Monsieur le vice-président,

« J'ai l'honneur de vous adresser ampliation du décret, par lequel l'empereur a décidé que les funérailles de M. Troplong seraient célébrés aux frais du Trésor public.

« Le sénat, la magistrature française, le pays s'associeront à ce haut témoignage de sympathie pour une grande illustration politique et judiciaire. L'histoire approuvera cet hommage, rendu au savant écrivain, au magistrat austère, à l'éminent homme d'État.

« La vie de M. Troplong est un exemple. Dieu lui a permis de marquer chacun de ses jours par des services rendus et des devoirs accomplis.

« Sa mort est un enseignement Cette âme d'élite qui n'a jamais connu que les sentiments élevés, a vu les approches de la dernière heure, avec une sereine et religieuse confiance.

« Le Sénat gardera le culte de cette mémoire vénérée.

« Agréez, monsieur le vice-président l'assurance de ma haute considération. »

Le ministre d'État : ROUHER.

Voici le texte du décret.

« Napoléon.

Par la Grâce de Dieu et la volonté nationale.

Empereur des Français,

A tous présents et à venir, salut ;

Considérant les services éminents rendus à notre Gouvernement par M. Troplong, président du Sénat,

Avons décrété et décrétons ce qui suit :

ART. 1er. Les funérailles de M. Troplong, seront célébrées aux frais du Trésor public.

ART. 2. Notre ministre d'État et le ministre de notre maison et des Beaux-Arts sont chargés, chacun en ce qui le concerne de l'exécution du présent décret.

Fait au palais des Tuileries le 2 mars 1869.

« NAPOLÉON. »

Par l'Empereur.

Le ministre d'État : ROUHER.

Le ministre de la maison de l'Empereur et des Beaux-Arts : VAILLANT.

M. le Président Boudet : « Sans aucun doute le Sénat tout entier voudra assister aux funérailles de son président.

Il tiendra à rendre les derniers devoirs à celui qui pendant si longtemps a présidé cette assemblée, en même temps qu'il était l'ami de tous les membres qui la composent.

Une convocation spéciale indiquant l'heure et le jour de la cérémonie funèbre, sera adressée à chacun de MM. les sénateurs.

Le Sénat trouvera sans doute convenable qu'aucune réunion en assemblée générale n'ait lieu avant les funérailles. »

L'assemblée se sépare au milieu d'une très vive émotion.

DÉCÈS DE M. TROPLONG

Corps législatif (*1er mars 1869*).

ALLOCUTION DE M. LE PRÉSIDENT SCHNEIDER :

Messieurs j'ai la douleur de vous confirmer la triste nouvelle qui s'est répandue ce matin. M. le président Troplong a succombé à la maladie, dont les progrès nous affligeaient depuis quelques jours.

L'impression que causera ce cruel événement sera profonde et unanime.

La France perd un de ses meilleurs et de ses plus éminents citoyens ; l'Empire, un homme d'État, un illustre jurisconsulte, dont le nom se rattache, d'une manière mémorable, à la fondation et au développement de nos institutions ; le Sénat un président dont les lumières et la sagesse assuraient l'autorité.

« Le Corps législatif s'associera, j'en suis sûr, au tribut de reconnaissance et de regrets que je paie avec émotion à la mémoire du président Troplong. »

Extrait du discours prononcé par M. Delangle procureur général lois de l'Installation de M. Devienne comme premier président de la Cour de cassation le 16 mars 1869 :

« Dans son passage à la Cour de Paris, M. Troplong y a ranimé l'amour du droit qui, épurant et fortifiant l'esprit le dégage des partialités qui corrompent l'intégrité de la justice et des préventions qui en obscurcissent les lumières. C'est sous son impulsion, qu'aux inspirations d'une équité trompeuse ont été substituées les applications austères de la loi, qui seules peuvent assurer à l'œuvre du législateur sa loyale et sincère exécution. »

Les obsèques de S. Exc. M. Troplong, président du Sénat, membre du Conseil privé, premier président de la Cour de cassation, grand'croix de l'ordre impérial de la Légion d'honneur, membre de l'Institut, ont été célébrées aujourd'hui, et cette cérémonie a été un hommage imposant rendu à la mémoire de l'homme illustre que la France et l'empereur viennent d'avoir la douleur de perdre.

Dès onze heures, les corps de troupes désignées pour faire partie du cortège et rendre les honneurs militaires prenaient position autour du palais du Luxembourg ; elles se composaient de deux régiments de grenadiers de la garde, de quatre régiments d'infanterie de ligne, et de plusieurs escadrons de cavalerie, qui ouvraient et fermaient la marche. Un bataillon de la garde de Paris formait la haie autour du char funèbre et une batterie d'artillerie était chargée des salves d'honneur. Ces troupes étaient placées sous les ordres de M. le général de division Soumain, commandant la place de Paris.

Dès le matin, le cercueil de M. Troplong, couvert de l'uniforme de sénateur, ainsi que de la robe et du manteau d'hermine de premier président de la Cour de cassation, avait été déposé dans une des galeries au rez-de-chaussée, convertie en chapelle ardente, sous la garde de plusieurs ecclésiastiques.

A onze heures et demie, une assistance nombreuse était déjà réunie dans les salons du Luxembourg ; les députations et les personnes invitées étaient reçues par les membres de la famille de M. Troplong et le grand référendaire du Sénat.

Leurs Majestés Impériales s'étaient fait représenter par M. le général Pajol, aide-de-camp, et M. le marquis d'Havrincourt, chambellan de l'empereur ;

S. A. I. Mgr le prince impérial, par son gouverneur, M. le général de division Frossard ;

S. A. I. le prince Napoléon, par M. le général de Franconnière, son premier aide de camp, et S. A. I. Mme la princesse Mathilde, par M. le général Chauchard, son chevalier d'honneur.

A midi précis, le cercueil ayant été placé sur un char funèbre traîné par six chevaux, le convoi s'est mis en marche pour se rendre à l'église Saint-Sulpice.

Les cordons du poèle étaient tenus par LL. EExc. M. Rouher, ministre d'Etat, et M. Baroche, garde des sceaux, ministre de la justice et des cultes ; par M. Boudet, premier vice-président du Sénat ; par M. Schneider, président du Corps législatif ; par M. Delangle, procureur géneral de la Cour de cassation, sénateur, et par M. Faustin Hélie, président de l'Académie des sciences morales et politiques.

Le cortège s'est formé à la suite de la famille du défunt dans l'ordre suivant :

Les représentants de Leurs Majestés et des membres de la famille impériale,

LL. EExc. les ministres et les membres du Conseil privé,

LL. EExc. les maréchaux et amiraux,

Le Sénat,

Les députations du Corps législatif et du Conseil d'Etat,

Les autorités civiles et militaires.

Rarement une cérémonie funèbre a réuni une aussi nombreuse affluence. La Cour de cassation, la Cour impériale de Paris et les tribunaux, auxquels se rattachait plus particulièrement M. le président Troplong par ses hautes fonctions judiciaires, assistaient en corps à ses obsèques et avaient voulu témoigner ainsi des regrets que sa mort leur inspire.

Faisaient également partie du cortège des députations des grands'croix et du Conseil de l'ordre de la Légion d'honneur, de la Cour des comptes, du conseil impérial de l'instruction publique, de l'Institut, dont M. Troplong faisait partie comme membre de l'Académie des sciences morales et politiques, le préfet de la Seine, le préfet de police, des députations du Conseil municipal, des maires de Paris, des Facultés, du corps des ponts et chaussées et des mines, des fonctionnaires supérieurs des ministères, de la garde nationale, des armées de terre et de mer.

Les conseils de l'ordre des avocats à la Cour de cassation et à la Cour impériale, les chambres des officiers ministériels assistaient également aux obsèques de M. le président Troplong, ainsi qu'une nombreuse députation du conseil général de l'Eure, que présidait l'illustre défunt.

Le corps diplomatique s'était rendu directement à l'église et y occupait une tribune particulière, qui lui avait été réservée. On y remarquait LL. EExc. le nonce du pape, les ambassadeurs d'Autriche, de Turquie, d'Angleterre, et presque tous les ministres des puissances étrangères.

Le cortège s'est dirigé par les rues de Tournon et Saint-Sulpice vers l'église, dont le portail et la nef étaient entièrement tendus de draperies noires frangées, d'argent et rehaussées d'écussons au chiffre du défunt.

Le corps a été reçu à la porte principale par M. le curé, accompagné de tout le clergé de la paroisse, et placé ensuite sous un magnifique catafalque, surmonté d'un dais et de voiles noirs.

On distinguait dans le chœur, à côté de Mgr l'archevêque de Paris. LL. Em. les cardinaux archevêques de Bordeaux et de Rouen et Mgr l'évêque d'Evreux.

Après l'office divin, pendant lequel les chants de la maîtrise alternaient avec la musique militaire, l'absoute a été donné par Mgr Darboy, archevêque de Paris.

La cérémonie religieuse terminée, le convoi s'est dirigé vers le cimetière de l'Est, recevant sur son passage les hommages les plus respectueux de la population parisienne, et il arrivait à quatre heures au Père-Lachaise.

La dépouille mortelle de M. Troplong ayant été conduite jusqu'à la porte de la chapelle de ce cimetière, l'assistance a formé un grand cercle et M. Baroche a prononcé le discours suivant :

Messieurs,

Vingt années se sont écoulées depuis le jour où l'homme illustre, dont nous pleurons la mort, prenait place comme premier président à la Cour de Paris.

Procureur général près cette cour, j'eus alors l'honorable et douce mission de présenter le nouveau président à ses futurs collègues, en lui souhaitant, pour ainsi dire, la bienvenue, et de rappeler les titres éminents qui l'avaient désigné au choix du Gouvernement.

Par un de ces hasards que la marche des choses humaines amène quelquefois, aujourd'hui, c'est encore à moi qu'une autre et bien douloureuse mission est imposée ! Dans ce triste jour de la séparation, je viens, au nom du Gouvernement, dire un dernier adieu à celui dont jadis je saluai avec bonheur l'arrivée, à celui que tant de mérites divers, que tant de services rendus recommandent à la reconnaissance publique, à l'ancien président de la Cour de Paris, au premier président de la Cour de cassation, au président du Sénat, au publiciste, à l'homme d'Etat si noblement associé à la fondation et au développement du second Empire !

Pour cette nouvelle tâche, je sens toute mon insuffisance ; ma profonde affection, ma haute estime pour notre regretté collègue, le souvenir d'un dévouement commun à la cause que nous avons ensemble servie, pendant tant d'années, soutiendront seuls mes forces, et d'ailleurs, si mes paroles ne peuvent s'élever à la hauteur de mon sujet, chacun de vous trouvera dans sa mémoire et dans son cœur le complément de ce que je n'aurais qu'imparfaitement exprimé.

M. Troplong était né à Saint-Gaudens (Haute-Garonne) le 8 octobre 1795. — Voué de bonne heure à l'étude du droit, il débuta à vingt-quatre ans dans la magistrature par les fonctions de substitut à Sartène (Corse), le 4 mars 1819. Après avoir parcouru rapidement différents postes, il était nommé, le 28 juillet 1820, avocat général à la cour de Bastia.

Son séjour en Corse fut favorable au progrès de ses connaissances juridiques. Cherchant à occuper les loisirs que lui laissaient ses fonctions, il avait trouvé chez un vieux magistrat de la cour, une riche bibliothèque, renfermant tous les anciens commentaires des lois romaines et les savants ouvrages de nos légistes français, et il se livrait avec passion à l'étude de ces trésors d'érudition; aussi lorsque, devenu bientôt avocat général à la cour de Nancy, il eut à porter la parole sur une question domaniale des plus graves, la question de la souveraineté des ducs de Lorraine sur le Barrois mouvant, le jeune avocat général étonna la cour elle-même par sa vaste science sur ces matières spéciales. Son réquisitoire, nourri par la connaissance profonde des principes de notre vieux droit public aussi bien que de toutes les aridités du droit féodal, est demeuré célèbre par le double mérite du jurisconsulte et de l'historien.

Président de chambre à Nancy, il y reste jusqu'en 1735 et ne quitte ce poste que pour venir occuper un siège à la Cour de cassation. — Cet avancement rapide, cette nomination alors sans précédents, étaient dus au grand et légitime succès de ses premières publications sur le code Napoléon, qui étaient destinées à continuer l'œuvre inachevée de Toullier.

Cet immense travail, qui commence au titre des Donations, mais dont il publia d'abord la partie relative aux Privilèges et Hypothèques, embrassa successivement toute la dernière moitié du code Napoléon. Dès le premier jour, le succès fut considérable et éclata comme un événement parmi les magistrats et les jurisconsultes. — M. Troplong y développe une érudition étendue et variée, de vastes connaissances en histoire et en littérature, les idées élevées d'une philosophie spiritualiste, et la richesse d'un style élégant et animé, qu'on n'est pas habitué à rencontrer dans les ouvrages de droit.

Tous ses commentaires sont précédés de savantes introductions, qui sont restées dans la mémoire des amis de la science du droit et des études historiques. Ses préfaces sur les Donations, sur les hypothèques, celle surtout sur les Sociétés civiles et commerciales, sont de véritables traités où l'histoire et la philosophie du droit, l'observation exacte du progrès des institutions des peuples et de leur civilisation se réunissent pour éclairer les principes généraux dont l'application spéciale à un titre de la loi va faire l'objet du commentaire.

Ces remarquables publications, qui n'absorbaient pas toute l'activité d'esprit de M. Troplong, ne le détournaient pas des autres travaux du philosophe et du publiciste.

Nommé en 1840 membre de l'Académie des sciences morales et politiques, à la place de M. Daunou, il lut dans cette assemblée plusieurs mémoires importants : l'un notamment où il faisait ressortir l'esprit démocratique du Code civil, l'autre où il appréciait l'influence du christianisme sur le droit romain, et d'autres travaux dont un habile orateur vous dira tout à l'heure, au nom de l'Académie elle-même, les mérites divers.

Les lettres, les beaux-arts, qu'il a aimés et cultivés

toute sa vie, la musique surtout, dont il avait et le goût et la science, apportaient d'agréables et nobles délassement à ses graves travaux, à ses puissantes méditations. On aime à se rappeler que le savant jurisconsulte, que le studieux magistrat, a publié dans une de nos revues une dissertation intéressante et pleine de goût sur un de nos chefs-d'œuvre lyriques, l'*Armide* de Gluck.

Jusque-là, et sauf ces distractions dignes de son esprit élevé, M. Troplong s'était renfermé dans les études et dans les fonctions de la magistrature ; mais sa renommée grandissait, et il ne pouvait plus longtemps décliner les honneurs de la vie politique, à laquelle il devait plus tard, et sous un autre régime, prendre une part si large et si utile à son pays. Le 4 juillet 1846, il était nommé pair de France.

Les événements de 1848 ne tardèrent pas à lui imposer d'autres devoirs. Le débordement des idées communistes ne pouvait laisser indifférent cet énergique défenseur du droit et de la justice.

Aussi ne sut-il pas garder le silence et publia-t-il un mémoire sur la Propriété, qui selon son langage si vrai « tient aujourd'hui, avec la famille, la société amarrée sur la surface mobile de la démocratie. La propriété, ajouta-t-il, ne peut être que ce qu'elle est aujourd'hui. Elle ne serait vaincue un jour par la force brutale que pour renaître de ses ruines dans les conditions actuelles que Dieu a mises dans la nature de toute éternité. »

Sages paroles toujours vraies, et qui semblent une réponse anticipée à ces folles théories qui tentent vainement aujourd'hui de sortir de l'oubli dans lequel 1852 semblait les avoir ensevelies !

La grande et patriotique manifestation du 10 décembre 1848 compta parmi ses partisans les plus résolus M. Troplong, voué toute sa vie aux principes éternels du droit et de la vraie légitimité. Il s'empressa de se rallier au Prince auquel le suffrage universel venait de confier le gouvernement du pays. Une grande magistrature devenait en même temps vacante, la première présidence de la Cour de Paris, M. Troplong accepta l'offre qui lui fut faite de remplacer le président Séguier, que la mort venait de frapper. Un décret du 22 décembre 1848 lui conféra cette haute fonction. On se rappelle encore avec quel empressement fut accueilli par la Cour le nouveau président ; elle-même ne l'a pas oublié, et, dans un pieux souvenir, elle a voulu, comme la Cour de cassation, assister tout entière à ces tristes funérailles.

La Constitution du 14 janvier 1852, donnée à la France en vertu du plébiscite du 22 novembre 1851, fut acceptée par M. Troplong, ainsi qu'il l'a dit lui-même, « comme un pacte d'alliance offert à la nation, empreint des traditions du génie français, capable de modérer une démocratie bouillonnante, et propre enfin à satisfaire les amis loyaux de l'autorité légale et de la liberté réglée par les lois ».

Rapproché par ses hautes fonctions de l'auguste fondateur du nouveau régime, indiqué à sa confiance par la considération dont il était entouré, admis dans ses conseils intimes aux délibérations les plus graves, M. Troplong s'attacha avec un dévouement qui n'a jamais failli, à la cause du deuxième Empire, et compta parmi ses plus énergiques et ses plus habiles défenseurs.

Sénateur le 26 janvier 1852, nommé d'abord vice-président du Sénat, il en fut le président le 30 décembre de la même année, et succéda dans ces hautes fonctions que depuis il n'a plus quittées, à S. A. I. le prince Jérôme. — Le 18 décembre, il venait de remplacer, dans la première présidence de la Cour de cassation, M. le comte Portalis, qui, par son haut mérite, avait rendu ce poste si difficile à remplir. La désignation unanime de la magistrature et une sorte de suffrage universel avaient à l'avance désigné M. Troplong à ce poste éminent.

Depuis cette époque, il partagea sa vie entre les hautes fonctions de la magistrature et la présidence du Sénat.

Est-il besoin de dire qu'il apportait dans les délibérations de la Cour suprême la science du jurisconsulte, l'expérience et la prudence du magistrat consommé ?

Quant au Sénat, sa confiance dans son président n'avait pas de bornes. Dans toutes les questions constitutionnelles, il était chargé des fonctions de rapporteur. Le Sénat a conservé surtout le souvenir de son rapport du 6 novembre 1852, sur le projet de sénatus-consulte tendant au rétablissement de l'Empire, et de celui du 21 décembre suivant, sur le sénatus-consulte modifiant et interprétant la Constitution du 14 janvier 1852.

C'est dans le premier de ces deux remarquables

documents que le rapporteur disait, comparant l'Empire aux autres formes du gouvernement qui l'avaient précédé : « La monarchie impériale a tous les avantages de la République, sans en avoir les dangers. Les autres régimes monarchiques (dont nous ne voulons pas cependant affaiblir les services illustres) ont été accusés d'avoir placé le trône trop loin du peuple, et la République, vantant son origine populaire, s'est habilement retranchée contre eux dans les masses qui se croyaient oubliées et méconnues. Mais l'Empire, plus fort que la République sur le terrain démocratique, lui enlève cette objection. Il a été le gouvernement le plus énergiquement soutenu et le plus regretté par le peuple ; c'est le peuple surtout qui l'a retrouvé, dans sa mémoire pour l'opposer aux rêves des idéologues et aux expériences des perturbateurs. Il est le seul gouvernement qui puisse se glorifier du droit, reconnu par l'ancienne monarchie, que c'est à la nation française qu'il appartient de choisir un roi. [1] »

Dans l'exercice de la présidence, quelle modération, quel respect pour l'indépendance de chacun il a sans cesse apportés ! Quel fermeté pour maintenir la règle, pour faire respecter les principes, pour sauvegarder les droits de l'assemblée ! Avec quelle habileté, quel esprit, quelle courtoisie, quelle sensibilité vraie, il rappelait au Sénat, à l'ouverture de chaque session, les pertes qu'il avait faites ! Ses allocutions sont des chefs-d'œuvre de finesse comme de style, et, par une fatale

[1] Discours pour l'installation de M. Dupin, prononcé à la cour de cassation le 23 novembre 1857.

coïncidence, c'est en prononçant la dernière, à la séance du 5 février, qu'il sentit la première atteinte du mal qui devait si tôt l'enlever.

D'éminentes distinctions viennent récompenser ses services et consacrer sa haute position : après l'avoir nommé grand-croix de la Légion d'honneur en 1854, l'empereur l'appelle en 1858 dans son Conseil privé, dès la création de ce Conseil. Le Sénat applaudit à ces justes faveurs et l'opinion publique les ratifie.

Telle fut la vie de cet homme politique, dont la carrière fut si belle et si bien remplie, qu'il semblait, malgré la marche du temps, que le terme en dût être encore éloigné. La noblesse et la dignité de sa vie privée, la bonté de son cœur, le charme et la sûreté de ses relations, son accueil toujours courtois et bienveillant, le faisaient chérir et estimer, autant que ses vertus publiques le faisaient admirer.

Uni, depuis plus de quarante ans, à une digne et vertueuse compagne, qui ressentait pour lui une affection égale à celle qu'il lui portait, cette longue communauté d'existence avait confondu ces deux natures si sympathiques, ces deux cœurs si dévoués. Une seule douleur, mais affreuse, inconsolable, et qui pesa sur eux, pendant toute la vie, avait assombri cette union si intime : la mort d'une fille unique, objet de leur plus tendre affection et auprès de laquelle ils auraient voulu aller chercher l'éternel repos !

Puisse cette noble épouse, qui survit aujourd'hui à l'homme qu'elle a tant aimé, à celui qu'elle a pieusement secouru dans ses souffrances, trouver dans le dévouement de sa famille et de ses amis, et surtout dans l'élévation de ses sentiments de piété et de charité, le seul adoucissement, je n'ose dire la seule consolation, qui soit digne d'un cœur tel que le sien.

Si nos paroles émues peuvent arriver jusqu'à elle ; si on lui dit cette tristesse générale, cette émotion publique, ces témoignages de la reconnaissance du Souverain et du pays qui accompagnent notre illustre président jusqu'à sa dernière demeure, puisse-t-elle encore éprouver ce sentiment de pieux orgueil qu'elle a tant de fois ressenti aux succès de son noble époux.

Et nous, Messieurs, collègues et amis de notre éminent président, n'oublions pas les exemples qu'il nous a donnés ! La mort d'un homme de bien est un grand enseignement pour ses concitoyens.

N'oublions pas, pour l'imiter autant que nos forces le permettront, sa vie toute dévouée à la science, au culte de toutes les vertus, au bien du pays, au service de l'empereur.

N'oublions pas sa mort, cette mort digne d'une si belle vie, cette mort du philosophe et du chrétien, qui voit sans pâlir arriver le dernier et inévitable moment ; qui, dégagé de toutes les pensées de ce monde, demande à la religion les consolations suprêmes et y retrempe son âme, son âme confiante en elle-même sûre de son immortalité, qui se réfugie en Dieu et quitte cette terre en priant pour ceux qu'elle a aimés !

M. Boudet a prononcé le discours suivant :

Messieurs,

C'est au nom du Sénat que je viens adresser un

éternel adieu à l'homme éminent, que nous chercherons vainement désormais à la place élevée qu'il occupait, depuis si longtemps, dans nos assemblées.

Quoique je parle en face de ce corps inanimé, j'ai toujours devant moi la noble figure de notre illustre président. La science du jurisconsulte, l'éloquence de l'écrivain, l'habileté du publiciste brillent dans tout leur éclat; j'admire la dignité, la sagesse, la vivacité, l'impartialité du président, je m'étonne des ressources de cet esprit laborieux et toujours prêt aux travaux les plus importants; j'entends ces conversations solides et pleines de charmes, auxquelles se mêle une ironie fine et légèrement railleuse; enfin je pratique ces relations intimes, je jouis de cette hospitalité de chaque soir que les sénateurs, les magistrats et de nombreux amis aiment à trouver au Petit-Luxembourg, et au milieu desquelles s'épanchent les sentiments de la plus franche cordialité, et se traitent quelquefois les questions les plus graves de la politique et de l'économie sociale.

Illusion douloureuse ! Ce qui fut une réalité n'est plus qu'un triste souvenir ! L'âme si vive et si pure qui animait cette dépouille mortelle a quitté la terre pour retourner vers son créateur ; nous n'avons devant nous que les restes de celui que nous pleurons.

Mais nous conserverons la précieuse mémoire de sa présence et de son influence parmi nous, de la noblesse et de la bienveillance avec lesquelles il exerçait sa haute dignité.

M. Troplong, après avoir préparé son avenir et sa renommée par de fortes études et de rudes labeurs, était parvenu au sommet de l'ordre judiciaire, lorsque Napoléon III, en arrivant au pouvoir, fixa les yeux sur lui et le désigna comme devant concourir, dans les plus hautes fonctions, au rétablissement de l'Empire.

Nommé sénateur le 26 janvier 1852, il fut, dans la session extraordinaire de la même année, rapporteur du sénatus-consulte qui prononçait le rétablissement de l'Empire, et de celui qui interprétait et modifiait la Constitution du 14 janvier 1852, pour la mettre en harmonie avec le régime impérial.

Le 30 décembre 1852, M. Troplong est nommé président du Sénat. Depuis ce jour, pendant plus de seize années, il a été l'un des serviteurs et des amis les plus dévoués de l'Empereur, et le défenseur actif, infatigable, toujours sur la brèche, de la politique impériale et des constitutions de l'Empire. Il fut appelé bientôt à faire partie du Conseil privé.

Ses travaux antérieurs sur l'histoire du droit romain avaient été autant politiques que judiciaires, ils ne s'étaient pas bornés à l'étude des textes ; le savant jurisconsulte était descendu jusque dans les profondeurs des mœurs et des institutions, et s'était ainsi familiarisé avec toutes les questions d'autorité et de liberté. Plus tard, en recherchant l'influence du christianisme sur le droit civil des Romains, il s'était rendu compte des transformations survenues dans la législation et dans les différents pouvoirs qui se partagèrent successivement la domination de l'Europe. Il put apprécier le rôle important que les communes, la féodalité, le clergé, le pouvoir royal et celui des parlements, ont joué dans notre pays jusqu'à la révolution de 1789. C'est armé de la vaste expérience qui s'était accumulée dans son esprit supérieur, que M. Troplong passa de la carrière judiciaire dans la carrière politique et devint l'un des personnages les plus considérables du second Empire; sa figure appartient au tableau de cette grande époque et doit y tenir une des premières places.

Ce sera assurément une gloire pour le Sénat de l'avoir eu pour président à la fondation du second Empire. Pendant sa longue présidence, M. Troplong a été invariablement le rapporteur de tous les sénatus-consultes qui ont eu pour objet des changements ou des améliorations à la Constitution. Il a eu le bonheur de présenter au Sénat le sénatus-consulte qui a prononcé la réunion à la France de la Savoie et de l'arrondissement de Nice. Cette annexion à l'Empire, d'un territoire prédestiné à lui appartenir, fit battre son cœur de joie; car il portait haut l'orgueil national, et l'ardeur de son dévouement à l'Empereur et à la France n'était tempérée que par l'esprit de justice et d'équité qui dominait tous ses jugements et qui ne l'abandonnait jamais.

En rendant un dernier hommage à notre cher président, je ne puis oublier avec quelle sollicitude, avec quel soin religieux, et avec quel talent il s'appliquait, toutes les fois que nous avions le malheur de perdre un de nos collègues, à retracer ses traits, et, pour ainsi dire, à illustrer son nom, pour les confier au souvenir du Sénat. Ces notices ont été l'objet de notre admiration et de notre reconnaissance; elles ont contribué à soulager la douleur des familles. J'ai le regret, en les rappelant, d'être obligé d'accuser mon insuffisance pour dessiner le portrait du président comme il devrait l'être et comme il savait si bien tracer celui des autres; mais des mains plus habiles transmettront ses traits et sa vie à la postérité.

Dans cette vie si pleine et si utile, les jours qui se rapprochent le plus de sa mort ont été véritablement dignes d'admiration. Malgré les étreintes du mal incurable auquel il a succombé, M. Troplong a conservé jusqu'aux dernières heures la lucidité et la sérénité de son esprit, l'affabilité de sa parole et la bienveillance de son caractère. Il a reçu les secours de la religion avec le plus grand calme et un profond respect, et le vénérable prélat qui lui prodiguait ses consolations a été ému de sa résignation. Pendant le cours de sa maladie, il n'a pas cessé d'être attentif à ménager la douleur de son excellente compagne. Il a fait ses adieux à tous ceux qui l'entouraient et qui lui prodiguaient leurs soins, avec précaution, de peur de les attrister. La force de son âme s'est maintenue sans affectation, sans efforts, avec l'intelligence de la situation ; elle a continué jusqu'à la fin la lutte contre la maladie, dont elle n'a pu triompher, mais à laquelle elle s'est montrée supérieure.

Une telle fin complète la vie du président ; elle ne laisse rien à regretter ni à désirer pour sa mémoire.

Le Sénat du second Empire sera fier d'avoir pour ainsi dire inauguré son existence sous la présidence de M. Troplong. Les sénateurs qui lui survivront verront commencer la postérité pour lui et témoigneront auprès d'elle de son noble caractère, de son dévouement au régime impérial, de ses vastes connaissances, de son esprit élevé, de ses sentiments généreux et bienveillants, et de toutes les éminentes qualités qui, au sein de la magistrature comme à la tète du Sénat, dans les conseils de l'empereur comme dans la famille et dans la vie privée, ont fait à M. Troplong une personnalité appelée à tenir un rang distingué dans l'histoire.

M. Faustin Hélie a prononcé le discours suivant :

« L'Académie des sciences morales vient à son tour exprimer sa profonde douleur, devant cette tombe qui s'ouvre pour recevoir un de ses membres les plus illustres.

M. le garde des sceaux et M. le vice-président du Sénat ont apprécié avec leur haute autorité les services rendus par l'homme d'Etat. Mais M. Troplong n'était pas seulement le président d'un grand corps politique; il était en même temps magistrat et jurisconsulte.

Je n'ai pas la mission d'apprécier les grandes qualités du magistrat. Cette tâche appartiendrait à l'un des chefs éminents de la Cour de cassation, et assurément ce n'est ni le dévouement à sa mémoire, ni le talent qui a manqué pour la remplir ; mais une tradition sévère la leur interdit. La magistrature conduit silencieusement à leur dernière demeure les membres que la mort lui enlève.

Ce que l'Académie revendique dans M. Troplong, c'est le jurisconsulte, c'est le publiciste, c'est l'écrivain. Son œuvre comme jurisconsulte est une série de commentaires sur le Code civil. Il s'était préparé à cet immense travail par de longues études. Il s'était nourri de la lecture des maîtres qui ont illustré la science. Il avait vécu tantôt avec Papinien, avec Gaïus, avec Ulpien, tantôt avec Cujas, Dumoulin, d'Argentré, Pothier. Il ne suit et n'imite aucun de ces maîtres, mais, pour mieux affirmer les solutions qu'il enseigne, il leur emprunte leur imposante autorité.

Les introductions qui précèdent chacun de ces commentaires sont des morceaux achevés. Ce n'est plus seulement le légiste qui se manifeste ici. M. Troplong avait émis le vœu que la critique, la philosophie, les origines historiques, les législations comparées, vinssent élargir le champ juridique et l'arracher à une culture trop mesquine. Il donne l'exemple. Il se révèle comme moraliste dans sa préface du Contrat de mariage, comme économiste dans celles des contrats de louage et de société, comme publiciste, quand il traite de la Vente ou des Donations et Testaments. Ses idées sont larges et s'étendent au loin. Son esprit philosophique les généralise : il a les vues d'un législateur. Il pose lorsqu'il les rencontre sur son chemin, les règles de la liberté civile et indique les réformes qu'il croit utiles.

C'est en 1840, lorsque ses premiers traités avaient paru, qu'il fut élu membre de l'Académie. Cette suprême récompense accordée au savant, qui la méritait à tant de titres, ne ralentit pas sa laborieuse activité. En 1843 et 1844, tandis qu'il continuait ses commentaires, il lut à l'Académie deux mémoires, qui font deux volumes, et qui sont admirables par l'abondance du savoir et la beauté de la forme. Le premier a pour objet l'influence du christianisme sur le droit privé des Romains ; c'est encore une éloquente revendication du droit naturel dans le droit privé. L'autre a pour sujet le pouvoir de l'Etat sur l'enseignement et pour but d'établir que l'enseignement a toujours été une branche de la puissance publique, un élément du pouvoir social. Ces deux livres, ainsi que ses Essais sur la constitution athénienne, sur Machiavel, sur Grotius, témoignent de la hauteur d'un esprit, qui sait planer sur les sommets les plus élevés, et de la richesse d'une érudition sûre d'elle-même, en dehors de la matière juridique.

Dans toutes ces productions, M. Troplong se montre un habile écrivain. On sent qu'à ses études favorites il avait joint d'autres études. Son style, empreint d'une allure toute littéraire, est celui des maîtres de la langue, souple et animé, élégant et pur dans son ampleur. Il communique aux thèses qu'il soutient un éclat que la littérature du droit ne connaissait pas. Il donne aux matières les plus arides une couleur attrayante, il les revêt d'une forme qui séduit, et par là il a puissamment servi à la propagation des études, il a flatté le goût de la science, un peu attiédi dans notre pays, il a contribué à réveiller dans les esprits la saine raison du droit.

Il aimait cette Académie où il a siégé pendant vingt-neuf ans. Son assiduité aux séances n'a jamais cessé, même depuis qu'il s'était chargé des plus hautes fonctions. Homme de science et de lettres, il était heureux de se retrouver avec ceux qui les cultivent. Sa bonté naturelle, sa bienveillance et son aimable esprit lui avaient attiré parmi eux plus d'un ami. Il se plaisait aux lectures et aux discussions qui instruisent les plus instruits, et dans lesquelles il trouvait sans doute que l'étude du droit s'élève et se fortifie, dans le voisinage et avec l'appui des autres branches de la science morale. Il y tenait une grande place, et cette place ne sera pas remplie.

L'Académie sent profondément toute l'étendue de la perte qu'elle fait. Elle dépose ici le sincère tribut de sa douleur et de ses regrets. »

Cette imposante cérémonie était terminée à cinq heures, et elle laissera des impressions profondes dans l'esprit de tous ceux qui y ont assisté.

M. le président Troplong est en effet une des gloires du second Empire. Celui qui, après s'être fait un nom doublement illustre comme magistrat et comme jurisconsulte, a pris ensuite, dans les quinze dernières années de sa vie une part si importante dans tous les travaux du Sénat et notamment dans l'élaboration de nos lois constitutionnelles, s'est acquis des titres à la reconnaissance publique, et l'histoire gardera le souvenir de ses éminents services.

VII

DELANGLE (CLAUDE-ALPHONSE)
PREMIER PRÉSIDENT DE LA COUR DE PARIS (1797-1869)

Claude-Alphonse Delangle est né à Varzy, le 6 avril 1797, petite commune de la Nièvre, que les deux Dupin, contemporains de Delangle, devaient illustrer. Dès sa naissance, l'existence lui fut difficile ; son père, modeste entrepreneur, chargé de nombreux enfants, ne semblait guère pouvoir faire de son fils qu'un artisan. Heureusement qu'il avait en lui cette ambition toute démocratique, et que des esprits étroits osent blâmer, de vouloir élever ses enfants au-dessus de l'obscure condition où il était obligé de vivre. Delangle entra donc au collège de Varzy. C'est là qu'il contracta avec les Dupin une amitié qui, quelques années plus tard, devait lui être si précieuse.

Que pouvait faire au sortir du collège le jeune Delangle, il servit bravement son pays, comme conscrit

10*

dans les chasseurs à cheval. Puis il rentra dans la vie civile, et rêvant d'aller tenter et chercher la fortune à Paris, dans un monde où l'on n'arrive guère que par relations. Après avoir terminé ses études à Bourges, il entra comme professeur de seconde, dans un petit collège du département de l'Indre. A peine sorti des bancs, il enseignait, tout de suite, avec autorité et savoir (1813).

Paris exerce une puissante attraction sur les gens d'avenir : Delangle ne put résister longtemps à la tentation, et il arriva maître d'études dans la capitale [1].

Le voilà bientôt (1816) professeur dans une classe élémentaire à Sainte-Barbe ; l'école de Droit était proche, il y entre et sent que là est sa vocation, et courageusement il consacre les heures que le professorat lui laisse à préparer ses examens. La famille possède un *Traité des obligations* de Pothier annoté de sa main. On voit que le pauvre étudiant ne se contentait pas des *précis* et des *manuels*, que se bornent à lire bien des élèves, pour se dispenser de suivre les cours déserts des professeurs.

Delangle fut brillamment reçu licencié en droit (1819) et ajouta de plus aux maigres appointements que lui payait Sainte-Barbe, en donnant des répétitions de droit.

C'est à ce moment que Delangle, à bout de forces et d'espérance, rencontra son ancien camarade de collège Philippe Dupin : celui-ci triompha de sa timidité et le fit entrer dans le cabinet de son frère Dupin

[1] *M. Delangle, par A Matthieu, avocat Paris 1877.*

aîné (1819). La collaboration du jeune avocat avec les deux Dupin lui apprit sans doute bien des ressources et fit de lui ce merveilleux avocat, que la génération de 1830 se rappelle encore.

Mais au point de vue plus pratique de la clientèle, de la réputation, Delangle ne retira pas grand profit de son amitié avec l'illustre avocat. Plus d'un homme au cœur moins résolu eût succombé à de si longues épreuves. Delangle s'y retrempa et s'il s'éleva lentement à la réputation ; il n'en est jamais descendu [1].

Même à l'époque de son humble collaboration avec les Dupin, Delangle avait laissé déjà deviner en lui un homme de haute valeur.

Dans le procès à jamais célèbre des quatre sergents de la Rochelle, il avait défendu Cartille, accusé de non-révélation du complot. Delangle parla après Mérilhon, Berville, Mocquart, Plougoulm, Chaix-d'Est-Ange, qui s'attira de la part du ministère public une vigoureuse réplique. Il se montra supérieur à tous ces grands talents, par la dignité et l'élévation sévère de sa plaidoirie, M. de Marchangy, l'avocat général, fort échauffé par ces procès et par la roideur des défenseurs des accusés, ne put s'empêcher pourtant de lui marquer son admiration. « Sans partager, lui dit-il, votre opinion sur les faits et les principes

[1] *Delangle avait deux sœurs, — mariées à Varzy, jamais, il ne les a ni dédaignées dans ses grandeurs, ni oubliées, dans le tourbillon des affaires et leur abandonna le modeste héritage paternel. Il eût toujours le culte de la famille ; c'est là un côté du caractère qu'il est bon de relever à une époque où l'humble foyer est si souvent abandonné.*

que vous venez d'exposer, je vous fais mon compliment sur la mesure, la décence et le talent de votre plaidoirie (1822).

Le procès Pincepré, contre Lafitte et les héritiers Perregaux plaça M. Delangle au nombre des grands avocats. La chaleur vive de sa parole, sa merveilleuse logique l'emportèrent sans effort sur les plaidoiries de MMes Mauguin et Tripier. La cause qu'il défendait était d'ailleurs très sympathique d'elle-même ; les héritiers du banquier Perregaux et M. Lafitte venant disputer à Pincepré ce que le défunt lui laissait, comme pour acquitter la dette de reconnaissance qu'il avait contractée envers lui, étaient peu dignes d'intérêt. Delangle n'avait plus à prouver son éloquence. Mais tous les jours, l'occasion lui était offerte de découvrir davantage la profondeur de son savoir. Il l'emporta, une seconde fois, sur M. Mauguin dans l'affaire Perregaux, contre Aguado, où cette question bien connue se posait : les créanciers d'une Société en commandite ont-ils une action directe pour contraindre les bailleurs de fonds à effectuer leurs mises ? Il fut merveilleux dans l'interprétation du testament de la duchesse de Charost, où il s'agissait de déterminer le sens des mots biens meubles. Dans l'affaire des mines d'Anzin, il montra qu'il lui était aussi facile, quand la nature de la cause l'exigeait, d'exposer les faits que d'aborder une discussion de droit pur. Dans une question de substitution prohibée, où il plaidait contre Philippe Dupin, l'élève remporta sur le maître une victoire signalée.

Tant d'efforts, tant de succès eurent leur récom

pense. Delangle fut élu (1837) bâtonnier de l'ordre des avocats en remplacement de Dupin. En 1840, M. Vivien, garde des sceaux, l'appelait au parquet de la Cour de cassation comme avocat général ; il fut attaché successivement à la *Chambre des requêtes* et à la *Chambre civile.*

Il y a deux périodes bien tranchées dans la vie de M. Delangle : l'une c'est la vie de l'avocat, que nous venons de parcourir, l'autre c'est la vie du magistrat et de l'homme d'Etat qu'il nous faudra étudier. Qu'il nous soit cependant permis d'insister sur cette vie d'avocat de M. Delangle, tout à son honneur et qui ne lui a donné que des amis. Delangle était de ceux qui ont profondément modifié la langue du droit au Palais, qui aux élégants développements des avocats du premier Empire et de ceux du XVIIIe siècle, leurs anciens, substituèrent une langue moins imagée, plus précise, plus concise surtout. Le changement des mœurs, la transformation des lois commandaient une pareille transformation dans le barreau. A la place des questions de compétence, multiples, complexes, incertaines, à la place des coutumes nombreuses et opposées dans leurs détails, s'élevait une loi sûre, positive, précise, en général et par comparaison. Mais si Delangle n'avait échappé à cette transformation salutaire et fatale de l'éloquence judiciaire, il en prévoyait les dangers. Il recommandait aux jeunes gens dans son discours d'ouverture de la Conférence des avocats (24 novembre 1836) de fuir la sécheresse et l'odieuse *statistique.* Il leur fit voir le temps où, suivant une expression brutale, on *décrottait* les dossiers.

Quel était donc le genre de talent de M. Delangle? Me Mathieu, l'avocat bien connu et si apprécié au Palais, va nous le dire : après avoir reproduit le portrait que M. Pinard faisait de Tripier, qui moins préoccupé de la forme que du fonds même avait pour habitude de marcher droit, devant lui, passant au travers des phrases sans trop y prendre garde, tordant celles qui gênaient.., inhabile comme à plaisir à tenter les finesses du langage, il ajoute :

« On se tromperait, si l'on appliquait tout entier au talent de M. Delangle le portrait que nous venons de reproduire. »

S'est-il proposé, parmi les modèles que le barreau offrait à cette brillante époque, l'imitation de M. Tripier? Nous ne savons. Il a sans doute, et avant tout, obéi à sa propre nature. Mais s'il a tenté de dérober au maître les secrets de sa force, s'il a voulu se régler sur lui, il s'est souvenu du précepte du poète :

Si l'on prend des modèles,
C'est par les beaux côtés qu'il leur faut ressembler.

Il a pu rappeler de M. Tripier la concision énergique et expressive, la netteté de sa parole, la rapidité d'une argumentation que rien n'arrête, et d'où se dégage, avec une clarté lumineuse, la conclusion désirée. Au lieu de la chercher, il fuit la pompe des mots, s'il échappe à ces improvisations préméditées qu'on pourrait appeler, dit M. Pinard, les airs de bravoure de l'éloquence, si, comme celle de M. Tripier, sa logique vigoureuse et inflexible, toujours pressée et infatigable, ne s'arrête pas dans ces haltes brillantes qui gêneraient sa marche, il parle une langue saine et forte. Il marque sa pensée d'une empreinte dont la fermeté n'exclut pas l'élégance; sa concision n'est pas la sécheresse d'un esprit qui se refuse au développement; elle abrège tout, parce qu'elle voit tout, elle est l'instrument redoutable d'une intelligence, qui ne donne rien au hasard, qui embrasse, dès le début, l'ensemble de son œuvre, en aperçoit les linéaments et les détails, et sans faire aux grâces d'inutiles sacrifices, marche au but d'un pas ferme et sûr. Pour lui la plaidoirie est, avant tout, la démonstration d'une vérité. Aussi, sauf dans les rares occasions où l'exposé du fait est la cause tout entière, il le traverse au pas de course et se borne à lui emprunter des points de départ, comme s'il avait hâte d'arriver à la discussion, c'est-à-dire sur le véritable terrain où son talent va déployer toutes ses ressources. C'est là qu'il concentre, ses forces c'est là que son imagination se donne carrière; là se réunissent à sa voix, comme une troupe obéissante à la volonté qui la commande, les principes généraux et leurs applications secondaires. Le droit civil, le droit commercial, le droit des gens et le droit criminel, il met tout à contribution; il interroge la loi jusque dans ses conséquences les plus indirectes et en apparence les plus éloignées, pour en éclairer la pensée et en faire sortir sa démonstration. Tout cela forme un tissu tellement serré et impénétrable que l'adversaire se demande comment il réussira à l'entamer; les raisonnements se soudent si bien entre eux, les déductions s'enchaînent avec une telle puissance, tout cela est si rapide, si vif, si plein de passion, que par la puissance de la dialectique l'orateur arrive à ce que nous avons entendu appeler des *enivrements de logique* et à la véritable éloquence. Il semble impossible à qui l'écoute qu'il n'ait pas raison tant est grande et admirable, chez lui la puissance du raisonnement.

Telles ont été, rapidement et incomplètement esquissées les qualités solides qui, de 1825 à 1830, firent de M. Delangle un avocat, déjà remarqué, parmi les athlètes du barreau.

Dans la vie de M. Delangle, ce que nous préférons, c'est le commencement. Est-ce à dire que le magistrat se montre inférieur à l'avocat? Nullement. M. Delangle avait toutes les qualités qui désignent un homme comme avocat de la société. Une grande sobriété d'expression, une grande dignité, qui lui faisaient éviter l'apparence même de ces réquisitoires apprêtés et empesés, une grande science, que sa nouvelle position rendait encore plus importante, le rendait propre à faire intervenir, au-dessus des intérêts privés, celui du respect de la loi ; une grande éloquence, nerveuse et claire, donnant aux fonctions du parquet ce prestige qui lui est si nécessaire : tout l'avait désigné à l'œil clairvoyant de M. Vivien.

Aux élections législatives de 1846, M. Delangle se présenta dans l'arrondissement de Cosnes (Nièvre) et fut élu, malgré la vive résistance de l'opposition. La Révolution de 1848 ne lui permit pas de montrer s'il joignait à tant de talents l'éloquence politique, si rare même chez les avocats ; ce qui est certain, c'est qu'il suivit la politique de M. Guizot, et accepta sa part des périlleuses résistances du ministre de Louis-Philippe.

En 1847, le gouvernement[1] le nomma procureur général près la Cour d'appel de Paris, et c'est lui qui se trouve chargé de diriger les procès de Teste, ce ministre vénal qui, selon le mot de Guizot, s'était *enrichi*, et de Praslin, ce pair de France débauché, avili et assassin! C'est ainsi qu'un hasard étrange lui faisait porter les premiers coups au Gouvernement, qu'il servait avec le plus entier dévouement.

La République ne pouvait garder à la tête du parquet de la Cour un orléaniste aussi convaincu. Delangle reprend cette vie d'avocat qui offre de si nobles compensations à ceux que la politique a brisés, et retrouve une clientèle plus nombreuse et plus empressée que jamais. C'est à cette période de sa vie que se rattache l'une des plus belles plaidoiries. Il s'agissait de faire prononcer la nullité d'un testament par lequel le *de cujus* exhérédait sa famille, — de pauvres

[1] *Une ordonnance du Roi (19 août 1847) convoquait la Cour des Pairs pour procéder à l'instruction et au jugement de l'assassinat commis, à Paris dans la nuit du 17 au 18 août 1847 par le duc de Praslin, Pair de France, sur la personne de la duchesse de Praslin et nommait M. Delangle, procureur général, près la Cour Royale de Paris, — pour remplir les fonctions de procureur général près la Cour des Pairs, — avec l'assistance de M. Bresson, avocat général et M. Boucly, procureur du Roi, à Paris. — Le 21 août, M. Delangle, déposait son réquisitoire afin d'information et, le duc de Praslin s'étant suicidé et étant décédé, —* le *24 août, — le procureur général requérait qu'il plût à la Cour déclarer l'action publique, à son égard, et renvoyer Henriette Delusy, — devant le tribunal de la Seine, pour la continuation de l'instruction.*

paysans, — en faveur d'un millionnaire. Delangle trouva des accents qu'on ne lui connaissait pas encore, il fit preuve d'une vraie et profonde éloquence.

L'ancien député s'empressa d'applaudir au coup d'Etat, et comme des adhésions de cette valeur avaient leur importance, il fut nommé membre de la commission départementale de la Seine et de la commission municipale de Paris (13 décembre 1851), puis conseiller d'Etat (section de l'Intérieur), procureur général près la Cour de cassation et premier président de la Cour d'appel, en remplacement de Troplong, que la mort de Portalis appelait à présider la Cour de cassation. Dans son discours de réception, M. Delangle rappela le temps où il était attaché à la Cour en qualité de procureur général.

Le 31 décembre 1852, à deux heures, [1] toutes les chambres de la Cour impériale se sont réunies en audience solennelle dans le local de la première Chambre. M. Poultier, doyen des présidents, après avoir annoncé qu'il allait être procédé à l'installation de M. le premier président, s'est rendu avec M. le président Lassis et MM. Espivent de la Villeboisnet et Lechanteur, conseillers-doyens, dans la chambre du Conseil ; cette députation est rentrée presque aussitôt, précédant M. le premier président, qui a pris place sur un fauteuil en face des sièges de la Cour.

M. Rigal, président honoraire, et MM. les conseillers honoraires, étaient présents à cette solennité.

M. de Royer, procureur général impérial, assisté de

[1] *Installation de M. le premier président Delangle.*

MM. les avocats généraux et de MM. les substituts, s'est levé et s'est exprimé ainsi :

« Messieurs, deux décrets de l'empereur viennent, à dix jours d'intervalle, d'appeler M. Troplong à la première présidence de la Cour de Cassation, et M. Delangle à la première présidence de la Cour impériale de Paris.

« La force et le but des gouvernements ne se manifestent jamais mieux que dans le choix des hommes destinés aux grandes charges de l'Etat. Je suis heureux et fier de pouvoir proclamer ici, le premier, que peu de nominations auront rencontré, dans cette enceinte et dans le pays, un assentiment aussi universel, une consécration aussi haute et aussi sincère.

« Le temps ne nous a pas été donné de traduire, comme il conviendrait de le faire, le double sentiment de regret et d'honneur qu'éprouve la Cour impériale en se séparant définitivement aujourd'hui du magistrat éminent qui la présidait, depuis le règne du prince Louis-Napoléon.

« La position qu'occupe M. Troplong dans la science, dans la magistrature et dans les grandes affaires publiques, est d'ailleurs de celles qui commandent au dévouement lui-même une sorte de réserve et qui ne comporteraient pas ici de vulgaires louanges. Mais qu'il nous soit cependant permis d'offrir, pour premier accueil et pour premier hommage à M. Delangle, le témoignage du souvenir et des traces profondes que laisse au milieu de nous son prédécesseur.

« Porté à la première présidence de cette Cour par l'éclat durable et soutenu d'une carrière qui avait brillé à tous les degrés des fonctions judiciaires, par des travaux de jurisconsulte, de philosophe et d'historien qui resteront une des gloires du droit français, M. Troplong a déployé dans la directiou de vos audiences, dans la vive et savante rédaction de vos arrêts, dans cette application soudaine et incessante de toutes les richesses du droit aux variétés infinies du fait, des ressources de savoir et d'intelligence, qui lui créaient chaque jour une autorité nouvelle.

« Cette autorité, cette exacte et bienveillante sollicitude, il l'apportait à un égal degré dans l'administration du personnel de notre important ressort et dans l'appréciation,si délicate et si grave,des titres et de l'avenir des magistrats.

« Enfin, à côté des travaux du jurisconsulte, la Cour se rappelle avec orgueil ceux de l'homme politique, la part considérable et glorieuse que son chef a prise aux derniers actes du Sénat ; le langage éloquent et mémorable du rapport qui a précédé le sénatus-consulte du 7 novembre ; la discussion savante et élevée du rapport sur les modifications de la Constitution du 14 janvier 1852. Après tant de crises traversées, ce n'est pas le moins grand honneur que M. Troplong ait répandu sur la Cour et sur la magistrature tout entière que de les avoir associées au noble et patriotique langage, qui a résumé les vœux de la France et demande avec elle la stabilité du pouvoir dans les mains d'un prince,qui avait été au-devant de ses périls et qui avait mérité le droit de la gouverner.

« Monsieur le premier président, vous comprenez et vous honorez, je le sais, les regrets que la Cour donne à M. Troplong, la légitime fierté qu'elle ressent d'avoir été présidée par lui, l'hommage et l'adieu d'affection et de dévouement que nous lui adressons tous ici.

« C'était un droit pour le Gouvernement de chercher à maintenir les fonctions de premier président de la Cour impériale de Paris à la hauteur où M. Troplong les avait placées ; en fixant son choix sur vous, il a donné la mesure de l'importance qu'il attachait à ce devoir et au vœu de la Cour.

« D'anciens et brillants souvenirs vous attendent ici, Monsieur le premier président. C'est dans cette enceinte qu'au sein d'un barreau qui vous aime comme une de ses gloires, vous avez engagé et soutenu ces luttes dans lesquelles vous répandiez tant de science, d'éclat et de lumières ; c'est ici qu'après six années glorieusement passées au parquet de la Cour de cassation, vous êtes venu exercer avec tant d'autorité les fonctions de procureur général, lorsque je m'honorais de servir sous vos ordres en soldat obscur et dévoué. C'est ici, de ce siège même où j'ai l'honneur de vous recevoir, qu'en décembre 1847, dans une mercuriale, empreinte de cette fermeté de doctrine et de cœur qui ne vous a jamais abandonné dans les temps difficiles, vous dénonciez à la veille d'une révolution et avec une énergie prophétique, l'audacieux travail et le péril imminent des doctrines communistes, que nous avons été condamnés à voir régner, quelques jours.

« C'est ainsi, Monsieur le premier président, qu'au moment où vous quittez la plus haute fonction du parquet de l'Empire pour venir à la tête de notre Cour, la magistrature et le barreau vous revendiquent tous les deux, ou plutôt, qu'habitués à confondre leurs gloires et leurs affections, tous deux se déclarent aujourd'hui représentés et honorés dans le choix de l'empereur.

« Messieurs, la nomination de M. Troplong et celle de M. Delangle sont, à des titres divers, des mesures de grande et intelligente administration, qui élèvent à la fois et ceux qui en sont l'objet et le pouvoir qui en a l'heureuse initiative. Soyons, au nom de la justice, reconnaissants et fiers de ces choix éclairés.

« Sachons en même temps en reporter le mérite et l'honneur à cette auguste et ferme volonté qui poursuit son œuvre avec dignité et grandeur, qui n'oublie jamais un service rendu au pays, et tous les actes tendant à restituer au principe d'autorité un légitime et sérieux prestige.

« Nous requérons qu'il plaise à la Cour d'ordonner la lecture :

« 1° Du décret qui nomme M. Delangle premier président de la Cour impériale de Paris ;

« 2° Du procès-verbal constatant la prestation de serment de M. Delangle dans les mains de Sa Majesté ;

« Procéder à l'installation de M. le premier président.

M. le président Poultier : « La Cour ordonne la lecture du décret et du procès-verbal.

M. Fournier, greffier, donne lecture de ces deux actes, dont le deuxième, daté du 31 décembre, constate la prestation de serment de MM. Troplong et

Delangle, sur la présentation de M. le garde des sceaux et en présence de M. Fould, ministre d'Etat et de la maison de l'Empereur.

M. le président Poultier, ayant invité M. le premier président à prendre sa place à la tête de la Cour, lui a adressé les paroles suivantes :

« M. le premier président, la Cour justement émue de la perte d'un illustre magistrat, vient d'apprendre avec une vive satisfaction quel successeur lui était donné ; pour elle, le contentement du présent s'accroît des souvenirs du passé ; en effet, en vous voyant entrer dans cette enceinte, nous nous félicitons de recouvrir un bien que nous avions perdu ; dans ce lieu où votre puissante parole tint si souvent les esprits attentifs, n'en doutez pas, Monsieur le premier président, vous trouverez sur tous les bancs d'anciennes et fidèles sympathies, heureuses d'un choix honorable pour le pouvoir souverain dont il émane, comme il est utile à l'administration de la justice. »

M. le premier président Delangle :

« Monsieur le président, Monsieur le procureur général, je ne sais comment vous remercier des paroles que je viens d'entendre. Elles me touchent d'autant plus que l'assentiment de la Cour leur donne un prix inestimable.

« Dans la modestie de mes goûts et de mon esprit, je n'ai jamais rien demandé ; mais parmi les honneurs que j'ai dus à la faveur du prince, aucun ne m'a rendu plus heureux que l'honneur qui m'est aujourd'hui déféré.

« Jamais, assurément, la bienveillance que j'ai trouvée à la Cour de cassation ne s'effacera de mon cœur; jamais je n'oublierai les témoignages d'intérêt et d'affection que j'ai reçus de cette illustre compagnie, la gloire et le modèle de la magistrature. Mais je retrouve ici ma vie tout entière. C'est au milieu de vous, dans cette Chambre, que ma carrière a commencé. C'est dans le sein de la Cour que ma jeunesse a trouvé les encouragements dont elle avait besoin ; c'est dans la Cour que se sont élevées les voix bienveillantes qui m'ont, à différentes époques, désigné au choix du pouvoir ; c'est ici enfin que, dans la tempête, j'ai trouvé le plus honorable et le plus sûr abri. Combien il m'est doux d'y revenir auprès de maîtres révérés, auprès d'amis dont l'affection ne m'a jamais fait défaut !

« Je sens, d'ailleurs, tout le poids de la haute fonction déposée dans mes mains, et je n'ai pas la folle prétention de remplacer le chef éminent que la Cour a perdu, le grand magistrat qui a su réunir ces qualités si difficiles à concilier, la science éclairée par la pratique, la pénétration et la profondeur de l'esprit, la sûreté du jugement, et cet art merveilleux d'imprimer aux arrêts de la justice le cachet de la plus haute philosophie. Mais nul effort ne me coûtera pour ne me pas montrer trop indigne de ces souvenirs. Ce sera le but et la gloire de ma vie d'acquitter la dette qui m'est imposée par l'inépuisable bonté de l'empereur, par la bienveillance de l'habile et digne ministre qui m'a désigné à sa faveur, à la vôtre aussi, Messieurs.

« Dirai-je de quels sentiments vous me trouverez

toujours animé ? Vous me connaissez assez pour en répondre. Ma confiance et ma plus vive affection vous sont acquises ; chers collègues, je vous demande en échange confiance et affection. »

A la Cour d'appel, M. Delangle se rappela les paroles qu'il avait prononcées en 1840, à la conférence des avocats. Jamais ceux-ci ne rencontrèrent auditeur plus bienveillant, plus attentif : il y avait entre eux et lui ce courant de sympathies que l'histoire de sa jeunesse expliquait si bien [1]. C'était, comme l'avait dit M. de Royer, le procureur général, aussi bien *leur* président que celui de la cour. Sous la direction de M. Delangle, les arrêts de la Cour d'appel prirent une autorité qu'on ne leur connaissait pas ; tant ils étaient concis, logiques, éloquents même parfois !

L'attentat d'Orsini (*14 janvier 1858*) avait amené la mission temporaire du général Espinasse, et Delangle fut appelé à le remplacer au ministère de l'intérieur. — Il y communiqua à tout le personnel ces habitudes d'ordre et d'activité qui l'accompagnaient partout. Sa conduite au ministère fut nette, ferme, libérale.

La guerre d'Italie enleva à Delangle le poste impor-

[1] *M. Delangle eut la douleur de perdre un fils, — qui donnait les plus belles espérances ; sa fille Marie — esprit distingué aussi, avait épousé M. Gaudin, ministre, plénipotentiaire, décédé en 1884, député de la Loire-Inférieure, laissant trois enfants, dignes héritiers d'un nom honorable à porter. — Mme Delangle, née Genreau, survit à son mari et à son gendre, elle était la belle-sœur de notre concitoyen, M. Béranger (de Ribemont), qui resta le juge de paix vénéré du* VIIIe *arrondissement de Paris.*

tant qu'on lui avait confié, — Arrighi, duc de Padoue lui succéda.

Le portefeuille de la justice et la garde des sceaux lui furent donnés (5 mai 1859). Il resta quatre ans à ce poste, sans que son ministère ait eu beaucoup d'éclat au dehors : le garde des sceaux s'était volontairement renfermé dans ses attributions judiciaires.

Le 23 juin 1863, Delangle donne sa démission, le 18 octobre il est nommé vice-président du Sénat ; la mort de Dupin, son vieux maître, le fait rentrer à la Cour de cassation (*14 octobre 1865*).

Delangle se retrouva là dans l'élément qui lui convenait ; les dernières années de sa vie jetèrent encore quelque éclat. Dans l'affaire du *Fœderis arca*, notamment, il fait casser le jugement du tribunal de révision. Il eut la tâche nouvelle de s'opposer à la demande en *réhabilitation de la mémoire de Lesurques* : il s'appuya sur l'accueil que les gouvernements précédents avaient fait à cette demande ; il insista sur le principe d'autorité qui voulait que la décision d'un jury fût infaillible (*octobre 1868*).

Deux grands intérêts étaient en présence : la sécurité des citoyens, l'honneur des familles d'une part ; de l'autre l'inviolabilité de la chose jugée, le respect de l'organisation judiciaire du pays. L'opinion publique s'était émue, on admirait cette famille courageuse qui, en dépit de mille obstacles, poursuivait, avec une infatigable persévérance, un but ardemment souhaité, la réhabilitation d'une chère mémoire. Le législateur même avait laissé parler son cœur et une loi, faite, on pourrait presque le dire, en vue d'une infortune particulière, permettait, sous certaines conditions déterminées, la révision d'une condamnation à mort, eût-elle été, comme dans le cas de Lesurques, exécutée.

Le droit pénal semblait modifié pour la circonstance. L'entraînement était immense, Delangle sut y résister. En vain le public s'agita-t-il, la presse parla-t-elle, un grand magistrat, M. Faustin Helie le rapporteur, donna-t-il un avis conforme aux espérances des héritiers de Lesurques.

M. Delangle demeura le défenseur de la loi.

« Ce langage, disait-il (celui qui tendait à faire proclamer l'innocence de Lesurques, sous peine de rendre stérile, par des scrupules d'interprétation, la loi de 1867, proposée et votée en vue de cette affaire), ce langage est imposé par le plus respectable et le plus noble des sentiments. Oui, il est naturel que dans un élan de sympathie vers le malheur, des cœurs honnêtes veuillent en voir disparaître la cause et qu'ils s'irritent de trouver un obstacle dans la loi même dont ils s'étaient fait un palladium.

« Mais la Cour de cassation ne peut s'associer à ces mouvements d'une générosité irréfléchie. Constituée gardienne des lois, elle en doit maintenir la stricte application. C'est de l'accomplissement assidu de ce devoir qu'elle tire son honneur et sa force. Qu'arriverait-il, si, cédant à l'entraînement de la pitié, elle poussait, au-delà de ses limites, l'exécution de la loi de 1867 ; si, chargée de réprimer l'arbitraire, elle en donnait l'exemple ? Ne sait-on pas que toutes les mauvaises traditions ont eu de bons commencements? *Omnia mala exempla, ex bonis initiis orta.*

« Notre législation ne poursuit pas les morts au-delà du tombeau pour raison de leur crime; et, jusqu'en 1867, elle ne permettait pas de les évoquer sous prétexte de démontrer leur innocence, alors qu'il n'était plus en leur pouvoir de la prouver. On avait pensé qu'appelés devant une autre justice, ils n'avaient plus rien à démêler avec la justice humaine.

« Le législateur ne s'est point arrêté devant l'obstacle. Par un sentiment de bienveillance et d'humanité, il a ouvert aux familles la voie que, jusqu'alors, elles avaient trouvée fermée. Mais le bienfait n'est pas accordé sans condition, et la chose jugée livrée sans protection à de vaines controverses..... »

La Cour, conformément à ces conclusions déclara la demande en réhabilitation non recevable.

Ce fut le dernier succès de Delangle, il l'obtint à l'âge de soixante-douze ans, avec un talent auquel les années n'avaient rien enlevé de sa force et de son énergie.

Un an plus tard il mourait (28 décembre 1869), suivant de près Troplong. Tous deux par des voies différentes étaient arrivés à la même destinée.

La biographie de M. Delangle serait incomplète si nous ne disions quelques mots de son œuvre, comme académicien. Il avait été élu le 5 mars 1859 membre de l'Académie des sciences morales et politiques. Quels étaient ses titres? M. Faustin Hélie va nous l'apprendre :

« Il avait écrit, depuis qu'il était magistrat, deux ouvrages, deux traités de droit extrêmement remarquables ; l'un est une étude approfondie de l'organisation et des attributions de la Cour de cassation, l'autre est un savant traité des sociétés commerciales. On trouve dans ces deux livres toutes les qualités des grands jurisconsultes : la science qui en éclaire toutes les pages, la méthode qui en dispose logiquement les matières, un style limpide et précis. Toutes les difficultés y sont prévues et aplanies, toutes les questions élucidées. Mais pour l'auteur ce n'était pas assez. Dans les introductions qui sont deux traités, il recherche, il étudie, là les origines et la haute mission de la Cour suprême, ici l'histoire du commerce et les lents et timides progrès du contrat de Société. Cette dernière étude surtout, qui nous révèle combien il était familier avec les faits historiques les plus obscurs et combien il avait examiné de près tous les problèmes de l'économie politique, excite un vif intérêt, car c'est là qu'il expose les moyens les plus propres à ranimer et vivifier l'esprit d'association et les bases qu'il croit les plus solides pour asseoir et féconder les sociétés commerciales, en assurant la liberté et la sécurité.

« Tels furent quelques-uns des titres qui en 1859 lui méritèrent les suffrages de l'Académie. Ce n'étaient pas les seuls. M. Delangle était un savant jurisconsulte, mais il était à la fois un habile orateur. Au barreau, dans les parquets qu'il a dirigés, dans les Chambres législatives où il a siégé, son éloquence, à la fois ardente et réglée, a laissé une grande renommée. Sa parole nette et concise, sobre et nerveuse, était une véritable puissance. Profondément versé dans la connaissance du droit, il y puisait tous les éléments de ses vives argumentations. Dans les plus difficiles questions il poursuivait et faisait luire la vérité à l'aide d'une savante dialectique qui constituait sa supériorité. Ses conclusions, lorsqu'il était avocat, sont demeurées des modèles de la discussion juridique. C'était un puissant logicien, un légiste consommé, une intelligence libre où toutes les idées étaient accueillies et nettement appréciées.

« Sa situation avait conçu un juste orgueil de l'élection académique, qui était venue couronner sa carrière. Il suivait les séances de l'Académie avec une extrême assiduité et employait ses loisirs, quand la maladie l'a surpris, à préparer un mémoire qu'il voulait lui communiquer. Son caractère aimable et facile, son charmant esprit que sa réserve habituelle ne voilait qu'à demi, sa fidélité aux amitiés qu'il s'était attirées, enfin son penchant pour des choix heureux dans l'ordre judiciaire, toutes ces qualités lui avaient acquis de nombreuses sympathies. Ses amis garderont sa mémoire et s'associeront à la douleur dont nous déposons ici, au nom de tous ses confrères, la sincère expression. »

Nous n'avons, dans les pages qui précèdent, étudié dans M. Delangle que le magistrat et l'homme politique ; nous allons maintenant dire quelques mots de l'orateur.

C'est qu'en effet M. Delangle a prononcé des discours d'une grande valeur ; dans tous, on retrouve la même élégance de style, la même grandeur de pensées, et cette habileté d'expressions qui permet à un orateur de rendre intéressantes les discussions sur les matières les plus arides, et de faire applaudir, par ses adversaires eux-mêmes, les coups qu'il est obligé de leur porter.

Cette science, que bien peu possèdent, M. Delangle l'avait au plus haut degré ; aussi ses discours, comme ses arrêts nets et concis, resteront-ils toujours de véritables modèles pour tous ceux qui s'intéressent à la jurisprudence. Sans entreprendre la tâche de retracer l'œuvre entière de M. Delangle, nous ne pouvons terminer cette étude sans dire quelques mots de ses principaux discours.

Le 3 novembre 1846 M. Delangle (étant alors avocat général de la Cour de cassation) prenait la parole à la rentrée de la Cour de cassation ; il traita avec une incontestable autorité un sujet bien difficile, l'histoire de la Cour de cassation ; il sut, tout en retraçant en quelques pages rapides et colorées l'existence de cette cour souveraine, relever encore son prestige par d'heureuses louanges ; il eut, en un mot, le rare talent d'intéresser ses collègues à une histoire, qui leur était pourtant familière et de les émouvoir par le récit des belles actions de leurs prédécesseurs.

Le 11 novembre 1852, à la rentrée de la Cour de cassation M. le procureur général Delangle prononçait l'éloge de M. Muraire, et de M. Vincent Saint-Laurent. Nous le retrouvons au Sénat en 1864. Le 18 mars, il prononça de remarquables paroles sur une pétition relative aux écrits religieux, dont l'auteur M. Merlin, traçait un tableau effrayant des suites de l'irréligion en France. Cette pétition était une véritable attaque à la justice française, puisqu'elle laissait supposer qu'il existait « des livres portant partout le ravage, et, par une sorte de privilège, échappant à la sévérité de la justice. »

L'éloquente indignation de M. Delangle sut bien prouver le contraire, et la *Vie de Jésus*, de M. Renan, qui était l'objet spécial de la pétition, sortit saine et sauve de cette discussion orageuse.

Quelques jours auparavant (le 4 mars 1864), M. le sénateur Delangle avait prononcé, également au Sénat, un discours fort remarqué sur « une pétition relative aux marchés à terme passés à la Bourse. »

Le 20 novembre 1865, M. Delangle remplaçait comme procureur général M. Dupin à la Cour de cassation, et adressait à la Cour quelques paroles émues. Le 3 novembre 1866, à la rentrée de la Cour, il faisait, en quelques pages fines et savantes, l'éloge et l'histoire de M. Dupin, son prédécesseur.

Mais les deux œuvres capitales de M. Delangle, celles où se révèle le mieux son éloquence et son talent d'argumentation, sont, à notre avis, ses deux discours du 16 juillet 1867 et du 11 décembre 1868 ; le premier est relatif à la *loi sur la contrainte par corps ;* le second est un réquisitoire dans la fameuse affaire Lesurques, dite du Courrier de Lyon. Mais ces deux discours n'eurent pas le même succès ; dans l'affaire Lesurques, les conclusions proposées par le procureur général furent adoptées ; au contraire, la loi de 1867 vint abolir la contrainte par corps, défendue au nom du commerce par M. Delangle.

Quoi qu'il en soit, M. Delangle n'en laissera pas moins, outre sa réputation de magistrat intègre et courageux, un véritable renom comme orateur. Il était ennemi né du bruit et de la publicité, et disait souvent à ses admirateurs : *A quoi bon recueillir ces paroles, que le temps a déjà fait si vite oublier ? qui intéresseront nos vains discours ?*

Nous donnons ici un résumé du discours prononcé par Me Delangle, bâtonnier de l'ordre des avocats, à la séance d'ouverture des conférences du 24 novembre 1836 :

Il remercie ses confrères de l'honneur qu'ils lui ont fait. Mais quel sujet va-t-il traiter ? comment sortir des répétitions fastidieuses, des généralités.

Il veut adresser à la jeunesse des conseils dont l'inexpérience a besoin, et parler pendant quelques instants des choses qui peuvent intéresser l'avenir du jeune barreau.

La profession d'avocat, belle et grande à toutes époques, a, depuis les derniers événements politiques, acquis une importance qui semblait perdue, elle a fait alliance avec la liberté, qui sait tout féconder autour d'elle, a doublé les forces et l'influence du barreau.

Cependant le jeune barreau se plaint des obstacles accumulés à l'entrée de la carrière, et des entraves apportées à la plaidoirie.

Ces plaintes sont-elles justes? le mal est il si grand?

Depuis vingt années la plaidoirie a totalement changé de face : la forme, la langue, la manière de discuter ne sont plus les mêmes.

Est-ce un bien ou un mal? Il est difficile de l'apprécier, mais en présence de la simplification des lois, de l'uniformité de jurisprudence et de la multiplicité des affaires, le barreau ne pouvait rester étranger au mouvement général des esprit entraînés vers le positif.

Mais un mal envahit la justice, c'est *la statistique*, et l'amour des chiffres devient un obstacle réel à la liberté de la parole.

L'action de la justice doit être prompte, c'est là sa gloire, et le devoir du barreau est de s'associer aux efforts qu'elle peut faire pour atteindre ce but. L'avocat, avant d'arriver à l'audience, doit se soumettre à une longue préparation ; mais il doit être écouté, le juge ne peut pas tout savoir, il doit souffrir qu'on l'instruise,et donner à l'avocat tout le temps nécessaire pour s'expliquer et cela non par tolérance, mais comme un droit. (*Applaudissements*).

Tous les esprits ne sont pas les mêmes, la forme du langage varie avec les impressions qu'il doit traduire. Le juge ne doit pas imposer la concision aux dépens de la clarté. L'avocat a besoin pour plaider de la plus entière liberté d'esprit, il ne faut pas que, pressé par l'heure, il se voie forcer de cacher sa science s'il en a et de renoncer à toute discussion approfondie.

Un intérêt plus puissant encore que celui du barreau, l'intérêt sacré de la justice se trouve compromis, par ces dispositions.

Anecdote de Fourcroy, *tire de Bonnault* et plaidant devant le Parlement de Paris, où il gagne une cause, que l'on ne voulait pas entendre, tant elle semblait désespérée.

La première qualité de l'avocat est la persévérance, l'étude d'abord, la patience ensuite.

Dans la carrière de l'avocat les pas sont lents, la confiance et la réputation ne viennent que par degrés, mais quand elles viennent, c'est pour toujours. Regardez autour de vous, vous en verrez des exemples. Attendez votre tour, il viendra ; votre place est marquée, ne comprommettez point, impatients de l'avenir, les destinées qui vous attendent.

Exemple et éloge d'Henrion de Pansey et de Dumoulin.

L'orateur sait que parler de soi, surtout après d'aussi grands noms, est chose haïssable ; mais il ne peut s'empêcher de s'offrir en exemple et de parler de ses propres découragement au commencement de sa carrière d'avocat.

L'honneur insigne du bâtonnat le console aujourd'hui largement.

Persévérez, ajoute-t-il, mes amis, dans votre profession ; à chaque difficulté nouvelle opposez des efforts nouveaux et si vous n'atteignez la sommité, ce dont vous vous consolerez avec moi, quand l'âge aura mûri votre expérience vous comprendrez ce qu'est, même dans les rangs secondaires, une profession dont l'exercice n'expose point à des nuits sans sommeil et dans laquelle la considération et l'estime publique sont l'infaillible récompense du travail et de la probité (*Vifs applaudissements*).

S'adressant ensuite aux stagiaires il leur dit qu'ils ne trouveront pas en lui les qualités brillantes de son prédécesseur, mais il n'a eu plus de zèle qu'il n'en veut avoir, ni plus d'intérêt pour leur avenir.

Venez à moi, leur dit-il, comme à un ami, à moi que mon âge encore que mes goûts et mes études rapprochent de vous ; je vous dirai les conseils que m'ont donné nos anciens, il faut se préparer à notre profession par la pratique des vertus, il faut, comme au temps d'Aguesseau « que notre ordre, aussi noble que la vertu,soit aussi nécessaire que la justice.»

L'orateur termine son discours en remerciant de nouveau ses confrères de l'honneur qu'ils lui ont fait. Il leur promet de faire ses plus constants efforts pour être digne de leur confiance et pour défendre les intérêts de l'ordre s'ils étaient menacés.

Mais heureusement notre profession,à la statistique près, n'est pas menacée.

Tout ce que je peux faire c'est de continuer l'œuvre commencée par mes prédécesseurs, je les suivrai dans les voies qu'ils ont ouvertes, comme eux je m'efforcerai de maintenir la sûreté de nos traditions, de répandre le sentiment de nos droits et de nos devoirs, qu'il ne faut jamais séparer; de ne pas laisser toucher à nos prérogatives, et peut-être parviendrai-je à prouver que si vous pouviez choisir un plus digne bâtonnier, vos suffrages n'en pouvaient rencontrer un plus dévoué ni plus attaché à notre belle et grande profession. (*Nombreux applaudissements. Ses confrères s'empressent autour de l'orateur pour le féléciter.*)

En résumé Delangle laissera la mémoire d'un grand avocat et d'un grand magistrat.

En politique, il a toujours été autoritaire, comme il le fut dans sa tenue et dans sa vie judiciaire ; sa parole, sa logique s'imposaient. Quelques-uns se souviennent encore du rapport qu'il fit au Sénat, en 1868, d'une pétition demandant l'abolition du serment politique. Le Sénat fut saisi d'une demande d'autorisation de poursuites pour diffamation contre M. Delangle. La demande fut naturellement repoussée.

OBSÈQUES DE M. DELANGLE

Les obsèques de M. Delangle, vice-président du Sénat, procureur général près la Cour de cassation, membre de l'Institut, président du conseil général de la Nièvre, président du conseil de l'Assistance publique, ancien ministre de l'Intérieur, ancien garde des sceaux, ministre de la justice, ancien premier président de la Cour impériale de Paris, ancien bâtonnier de l'ordre des avocats, grand-croix de l'ordre impérial de la Légion d'honneur, ont été célébrées le 29 décembre 1869, en présence d'une nombreuse assistance.

Le deuil était conduit par M. Gaudin, député du Corps législatif, accompagné de ses deux fils, dignes déjà de leur aïeul ! — Les cordons du poêle étaient tenus par son Excellence M. Baroche, sénateur, membre du conseil privé ; M. Ferdinand Barrot, grand référendaire du Sénat, membre du conseil de surveillance de l'Assistance publique ; M. Dumas, sénateur, président du Conseil municipal de la Ville de Paris ; M. de Raynal, premier avocat général à la Cour de cassation ; M. Faustin Hélie, membre de l'Institut ; M. Bosviel, président de l'Ordre des avocats à la Cour de cassation.

L'empereur s'était fait représenter à cette cérémonie par le vicomte d'Arjuzon, l'un de ses chambellans.

Sur le char funèbre étaient étendus la robe et le manteau de procureur général. Les insignes de grand-croix de la Légion d'honneur étaient placés sur des coussins portés par les gens du défunt.

On remarquait dans le cortège :

La députation du Sénat ;

La Cour de cassation tout entière en robe noire, ayant à sa tête M. le président Devienne.

Le barreau de la Cour de cassation tout entier en costume ;

La députation de l'Institut ;

Les membres du conseil de surveillance de l'administration de l'Assistance publique ;

Les membres de la chambre des notaires en costume ;

Les membres du Tribunal de commerce en costume ;

Le syndic et une députation des agents de change, des agréés, des huissiers, des commissaires-priseurs, etc. La Société de secours mutuels du 8e arrondissement, dont M. Delangle, membre honoraire, avait été président.

Parmi les personnes qui assistaient à cette cérémonie on remarquait aussi MM. Rouher, président du Sénat ; le maréchal Vaillant, ministre de la maison de l'empereur, le général Le Bœuf, ministre de la guerre ; l'amiral Rigault de Genouilly, ministre de la marine et des colonies ; Le Roux, ministre de l'agriculture et du commerce ; le maréchal Canrobert, le maréchal Randon ; l'amiral Tréhouart : le vicomte de la Ferrière, premier chambellan de l'empereur, les généraux Castelnau et de Béville, aides-de-camp de l'empereur : le baron Haussmann, sénateur, préfet de la Seine ; M. de Royer, premier président de la Cour des comptes ; M. le comte de Casabianca procureur général ; MM. Gilardin, premier président de la Cour impériale ; Grandperret, procureur général ; Desmaze, conseiller, Greffier, conseiller d'Etat, secrétaire général du ministère de la justice et des cultes ; Benoit-Champy, président du Tribunal de première instance de la Seine ; Desarnauts, procureur impérial ; un grand nombre de magistrats, appartenant à la cour impériale et au Tribunal de première instance; beaucoup d'avocats du barreau; plusieurs anciens bâtonniers, parmi lesquels on remarquait MM. Plocque, Desmarets et Hébert, ancien garde des sceaux.

Parmi les sénateurs, on remarquait : MM. Boudet, premier vice-président du Sénat, Béhic, baron Ernest Leroy, le général Thiry, de Mésonan, le général Mollard, de Montjoyeux, le vicomte de Richemont, le général comte de Goyon, le comte de Salignac-Fénelon le général Mellinet, le général comte de La Rue, M. Sylvestre de Sacy, de Mentque, Godelle, le général Vinoy, Tourangin, duc de Tarente, Dariste, Barbier, comte Monier de la Sizeranne, Lacaze, Larabit, comte de Butenval, le général Daumas, le marquis de Gricourt, etc.

MM. Chevandier de Valdrôme et le baron Jérôme David, vice-présidents du Corps législatif, les députés de la Nièvre, MM. Seneca, Calmètes et Aylies, anciens conseillers à la Cour de cassation, et un grand nombre d'autres députés assistaient à cette cérémonie.

M. de Parieu, vice-président du Conseil d'Etat ; MM. Marchand, Cornudet, Riché, président de sections au Conseil d'Etat, et presque tous les conseillers d'Etat et les directeurs généraux des différents ministères ; plusieurs ambassadeurs et ministres plénipotentiaires français et étrangers, s'étaient joints aux amis de la famille, ainsi que MM. de Rothschild, le prince Czartoriski, et un grand nombre d'autres notabilités.

Le cortège, parti du domicile du défunt, rue Abbatucci, s'est rendu à l'église Saint-Augustin, qui était toute tendue de noir et décorée de riches ornements.

Une messe en musique a été célébrée. Le curé de Saint-Philippe-du-Roule, paroisse de M. Delangle, officiait, et l'absoute a été donnée par le curé de Saint Augustin.

Les honneurs militaires ont été rendus par un détachement de troupe de ligne, musique en tête.

Après la cérémonie à l'église, le cortège s'est rendu au cimetière du Père-Lachaise.

Sur la tombe, un discours a été prononcé par M. Faustin Hélie, au nom de l'Institut.

Le garde des sceaux s'était fait excuser, auprès de Mme Delangle et de sa famille, de ne pouvoir rendre les derniers honneurs à l'éminent procureur général auquel le rattachaient des souvenirs de confraternité et des sentiments de vive amitié. Une indisposition l'empêchait d'exprimer sur cette tombe les regrets de la magistrature, dont il s'était chargé de se rendre l'interprète.

Avec une réserve, qui lui était imposée plutôt par sa fonction que dictée par sa nature, M. Rousse, bâtonnier de l'ordre des avocats, a prononcé cette phrase seulement : « C'est la tradition et l'honneur du barreau de recueillir à travers les révolutions, les vaincus de tous les partis et les naufragés de toutes les tempêtes ; les morts, comme les vivants, ont droit à cette libérale hospitalité ; M. Delangle n'est pas mort durant mon bâtonnat, mais il nous a trop lontemps appartenu, son talent a jeté sur notre profession trop d'éclat pour que le barreau ne fût pas en droit de me reprocher un silence, contre lequel protesteraient d'ailleurs les souvenirs reconnaissants de ma jeunesse [1].

[1] *Discours prononcé le 2 décembre 1871, à l'ouverture de la Conférence des avocats à Paris. — Nous ne saurions trop recommander la lecture de ce chef-d'œuvre oratoire, aussi noblement pensé que dignement écrit ; il est impossible de tracer des pages plus senties, plus émues, sur les désastres que la France a subis (1870-1871). L'Académie française, asile des grands talents et des grands caractères, s'est honorée, en appelant, dans son sein, Me Rousse, en remplacement de Me Jules Favre.*

ŒUVRES DE M. DELANGLE

Conférence des avocats. Discours d'ouverture par M. Delangle bâtonnier (*séance du 24 novembre 1836*) ; Traité sur les Sociétés commerciales. Discours de rentrée de la Cour de cassation (*4 novembre 1846*) ; Discours de rentrée de la Cour de cassation (*11 novembre 1852*) ; Discours sur une pétition relative aux marchés à termes passés à la Bourse (*Sénat, séance du 5 mars 1864*) ; Sur une pétition relative aux écrits irréligieux (*Sénat, séance du 18 mars 1864*) ; Discours de M. Delangle à son installation comme procureur général à la Cour de cassation (*20 novembre 1865*) ; Audience de rentrée, Cour de cassation. Discours sur M. le procureur général Dupin (*3 novembre 1866*) ; Discours sur la loi relative à la contrainte par corps (*Sénat, séance du 16 juillet 1867*). Affaire Lesurques (*audience du 11 décembre 1868*).

ÉTATS DE SERVICE DE M. DELANGLE

2 *mai*	1819	Avocat à la Cour de Paris.
août	1840	Avocat général près la Cour de cassation.
—	1847	Procureur général à Paris.
—	1848	*Révoqué*, rentré au barreau de Paris.
—	1852	Procureur général près la Cour de cassation.
30 *décembre*	1852	Premier président de la Cour impériale de Paris.
5 *juin*	1858	Ministre de l'Intérieur.
5 *mai*	1859	Garde des sceaux, ministre de la Justice.
18 *octobre*	1863	Vice-président du Sénat.
14 —	1865	Procureur général à la Cour de cassation.

VIII

DEVIENNE (ADRIEN MARIE), PREMIER PRÉSIDENT DE LA COUR DE PARIS.[1]

M. Devienne fut, à la tête du Tribunal suprême de la France, le représentant de la magistrature de province, et plus encore de la ville de Lyon, où il est né, où il s'est fait, par de longues années de travail, cette réputation, qui devait attirer sur lui l'attention du prince Louis Bonaparte.

Né le 15 pluviôse an X (*3 février 1802*) à Lyon son avancement dans la carrière judiciaire, qu'il embrassa au sortir de l'Ecole, fut rapide, sans avoir jamais eu cette allure, pour ainsi dire hors règle, qui avait porté, dès les premiers pas, Séguier et Gilbert de Voisins aux honneurs les plus élevés.

[1] *Est igitur proprium munus magistratûs intelligere se gerere personam civitatis, debere ejus dignitatem et decus sustinere, servare Leges, jura describere, ea fidei suæ commissa meminisse* (*Cicéron — de officiis — Liber I,*).

Dans l'espace de cinq années (1825-1830) il traverse les grades de juge auditeur à Lyon (1825), puis à Saint-Etienne (1827); de substitut à Trévoux et à Montbrison (1828) ; de conseiller auditeur à Lyon (1829) et enfin de conseiller titulaire, dans cette ville, qu'il ne devait plus quitter de vingt ans (1830).

La nomination de M. Devienne à la Cour de Lyon indiquait que le jeune magistrat, sans avoir été de l'opposition libérale sous les Bourbons, avait compris que, par ses propres fautes, la légitimité avait été profondement ébranlée dans le pays, et que le gouvernement de Louis Philippe, quoique libéral par son principe, réalisait, suivant le mot de La Fayette, la meilleure des Républiques.

M. Devienne resta jusqu'à la Révolution de 1848 à Lyon, — d'abord conseiller à la Cour, puis président du Tribunal de première instance. Ce furent là ses plus douces années : car il vécut, honoré tout jeune encore d'une des plus hautes fonctions, dans sa ville natale, au milieu de ses affections les plus chères.

M. Devienne avait vu les journées de Juillet, avec crainte, et le gouvernement constitutionnel, sans aversion comme sans enthousiasme. Ses dispositions d'esprit ne lui permettaient pas de servir un gouvernement révolutionnaire : il donna sa démission (1848). L'exil volontaire de M. Devienne ne fut pas de longue durée, et à la faveur des journées de juin et de la réaction qu'elles amenèrent, il fut non pas remis en place, mais élevé à la fonction de procureur général à Bordeaux.

Après le coup d'Etat, M. Devienne s'attacha au

gouvernement, que la sanction populaire vint légitimer : l'Empire le nomma procureur général à Lyon ; puis, lorsque la nomination de M. Delangle au poste de ministre de l'Intérieur eût privé la Cour d'appel de Paris de son chef, M. Devienne fut appelé à le remplacer (23 juin 1858).

Voici comment il explique lui-même la portée de l'acte qui l'honorait, dans son discours d'installation :

Pour lui donner un successeur, l'empereur pouvait choisir au milieu des mérites éminents et dévoués de la haute magistrature, qui vous entoure. Il a voulu sans doute témoigner à celle des départements, qu'il tient compte de tous ses services ; ainsi s'expliquerait l'appel, fait à un magistrat, dont l'unique titre à cette haute distinction est une longue carrière, consacrée à l'administration de la justice.

INSTALLATION DE M. LE PREMIER PRÉSIDENT DEVIENNE.

La Cour s'est réunie, le lundi 28 juin 1858, toutes chambres assemblées, pour procéder à l'installation de M. le premier président Devienne. Une affluence considérable se presse aux abords de la 1re Chambre et trouve avec peine à se placer dans l'enceinte.

Le Conseil de l'Ordre des avocats et la Chambre des avoués près la Cour sont au barreau.

A une heure, la Cour prend séance, sous la présidence de M. de Vergès, doyen des présidents ;

M. Chaix-d'Est-Ange, procureur général, prend place à la tête de son parquet.

M. le Président déclare l'audience ouverte et invite MM. les présidents Berville et Lamy, et MM. les conseillers doyens Faure et Try, à aller quérir et à introduire M. le premier président Devienne.

M. le Premier Président, introduit avec le cérémonial d'usage, prend place dans un fauteuil placé à l'entrée du prétoire de la Cour.

M. le procureur général se lève et s'exprime ainsi :

« Messieurs, il a plu à l'empereur de rapprocher de lui et d'appeler, dans ses conseils, M. le premier président Delangle. Ce que la Cour a perdu, ce qu'elle a éprouvé en voyant M. Delangle s'éloigner d'elle, je n'ai pas besoin de le dire, et, dans cette audience, où vivra toujours son souvenir, aucune parole ne peut ajouter à nos regrets.

« Nourri par de savantes études, formé par le travail et les luttes du barreau, ayant conquis des forces nouvelles, dans les travaux austères de la Cour de cassation, également habile à démêler le fait ou à appliquer le droit, M. Delangle était devenu la lumière de vos délibérations. Quand il était là, préparant avec vous les plus importantes décisions, vous vous sentiez tous plus forts et plus tranquilles. Votre zèle, qui n'a pas besoin d'être excité, était cependant soutenu par son zèle. Il obtenait de votre amour pour la justice des efforts et des travaux qui dépassaient vos devoirs, et sur vos sièges, si longtemps occupés, vous ne sentiez pas la fatigue, tant vous le trouviez toujours infatigable.

« Dans cette carrière nouvelle, où l'appelle tout à

coup la confiance du souverain, nos regrets les plus sincères, nos vœux les plus ardents l'accompagnent. Oui, sa mémoire restera parmi nous, et lui-même, n'en doutez pas, Messieurs, il emportera, dans ses fonctions nouvelles, l'éternel souvenir de la carrière qu'il a si longtemps et si glorieusement suivie.

« Monsieur le Président, depuis plus de cinquante ans, par un rare privilège, trois magistrats seulement ont occupé ce siège de premier président, et, par un privilège plus heureux encore et plus rare, chacun d'eux a pu y ajouter, tour à tour, plus d'importance et plus d'éclat. Aujourd'hui, la main du chef de l'État vient d'inscrire votre nom à la suite de ces grands noms et vous comprenez, mieux que personne, tout ce qu'impose une telle succession. Heureusement, vous êtes digne, et nous le savons, de vous en porter l'héritier. Sans doute, ce n'est pas sous nos yeux, ce n'est pas au milieu de nous que s'est écoulée votre vie, que se sont accomplis vos travaux. Nous les connaissons cependant. Nous savons que, voué dès les premiers temps de votre carrière à la magistrature, formé par les enseignements et la pratique, parcourant tous ses degrés et marchant dans cette voie hiérarchique, depuis ses plus humbles fonctions jusqu'aux sièges les plus élevés, portant partout, avec un cœur ferme, un esprit supérieur, l'amour de l'ordre et de la justice, partout aussi vous avez laissé la trace profonde et le souvenir honoré de vos travaux et de votre puissante impulsion. Un moment seulement, au milieu des orages vous avez été détourné de vos voies. Alors, exilé volontaire, vous êtes venu demander asile à cette grande et libérale profession, dont vous connaissiez l'indépendance et dont vous honoriez les principes. Là aussi vit et se conserve la trace de votre passage. C'est ainsi que vous avez conquis le rang que vous occupiez, dans la seconde ville de l'Empire et mérité le respect dont votre vie était entourée.

« Soyez donc le bienvenu, parmi nous. Montez, Monsieur le Premier président, montez à la tête de cette grande compagnie. Vous êtes sûr d'y rencontrer un accueil sympathique, une collaboration dévouée, un zèle ardent pour la justice, un sentiment élevé de tous ses devoirs. Qui pourrait en porter témoignage mieux que moi, qui suis entré si nouvellement dans cette glorieuse famille, et qui suis traité cependant par elle, comme un enfant, autrefois porté dans son sein et toujours nourri dans sa maison?

« Nous requérons pour l'Empereur qu'il plaise à la Cour d'entendre la lecture : 1° du décret qui nomme M. Devienne aux fonctions de premier président ; 2° du procès-verbal de la prestation de serment de ce magistrat entre les mains de sa Majesté, et procéder à son installation. »

Lecture est donnée, par M. le greffier en chef, du décret de nomination et du procès-verbal de prestation de serment entre les mains de l'empereur.

M. le président de Vergès, après avoir, au nom de la Cour, donné acte de cette double lecture, s'adresse en ces termes à M. le premier Président :

« Monsieur le premier Président, vous succédez à un magistrat que son rare mérite a porté des rangs du barreau aux plus hautes fonctions judiciaires : pendant six années, M. Delangle a été le chef de cette compagnie, et durant tout ce temps les nombreux arrêts émanés de son infatigable ardeur au travail, ont signalé, dans toute sa puissance, le savant jurisconsulte, l'écrivain habile, le sévère logicien. Par ces services rendus à la justice, par ces monuments élevés à la jurisprudence, notre Premier Président apportait à la Cour impériale autant d'importance et d'éclat que lui-même en reçevait de sa haute dignité.

« A ce mérite éminent, M. Delangle ajoutait une bienveillance, toujours pleine d'aménité, pour ses collègues ; et nous garderons personnellement un précieux souvenir des années qu'il nous a été donné de siéger, près de lui.

En lui succédant, Monsieur le premier Président, vous nous apportez l'avantage d'une longue expérience, d'une haute réputation, acquise dans les fonctions de président et de procureur-général dans la seconde ville de l'Empire ; le fardeau des nombreuses affaires inscrites sur nos rôles, n'a donc rien qui puisse effrayer votre zèle et votre capacité éprouvée.

« Entre tous les membres de cette compagnie dont vous devenez le chef, vous verrez régner une union parfaite, qui vous rendra plus facile et plus doux l'exercice de votre autorité.

« Vous trouverez chez tous un dévouement, sans réserve au devoir qui est la loi commune, à la justice que nous avons la mission de rendre, à l'empereur au de qui nous le rendons.

« Recevez, monsieur le premier Président, la promesse d'un concours empressé, d'un attachement sincère et respectueux, en retour d'une bienveillance que nous espérons toujours mériter.

« Veuillez venir prendre place à la tête de la Cour.

M. Devienne remercie le garde des Sceaux du choix dont il l'a honoré, proclame sa foi ardente dans l'empire, et s'adressant au procureur général, M. Chaix-d'Est-Ange :

« Les magistrats du parquet organisent et dirigent l'action publique, éclairent à l'audience les débats par leurs études, et donnent à la justice par l'élévation de leur parole, la seule parure qui soit permise. Et quand l'agitation s'empare des esprits, c'est encore à eux qu'il appartient de lutter, avec les sophistes du désordre et de défendre les principes, qui font vivre les nations. Est-il une plus noble cause? Son succès, Messieurs, est désormais assuré parmi nous. Le grand jury du 10 décembre a rendu une décision suprême contre laquelle rien ne prévaudra. L'orgueil indiscipliné de quelques esprits ne détruira pas l'œuvre du bon sens de tous. Sous la dynastie napoléonienne, nos institutions se développeront, grâce à la sécurité définitivement reconquise ; la grandeur nationale que nos soldats ont si haut élevée, par leur persévérance, s'affermira par celle des citoyens et nous verrons le terme de ces incertitudes civiles, qui sont tout l'espoir des ennemis de la France.

« Heureux les magistrats dont la voix est appelée à seconder ce mouvement des esprits et à soutenir le principe d'autorité sur lequel s'appuient toutes les forces de la patrie et celles de la civilisation.

Dès ce moment, ces trois hommes : Troplong, Delangle, Devienne, semblent être étroitement associés dans l'esprit de l'empereur. Troplong devient président de la Cour de cassation et Delangle, après être entré, dans plusieurs ministères (1858-1863), devient à son tour procureur général près de Troplong, Troplong meurt et Devienne est appelé à lui succéder, dans cette grave fonction, qui est comme le sommet de la hiérarchie judiciaire (1869).

Dans son discours d'installation, faisant l'éloge du président Troplong, il témoigne encore de sa foi politique :

Cette foi avait conduit M. Devienne à présider, au moment du coup d'État, une Commission mixte.

Après la chute de l'Empire, cet acte de sa vie fut rappelé, et plusieurs membres de l'Assemblée nationale demandèrent même que l'inamovibilité des magistrats fût détruite. M. Dufaure, garde des sceaux, s'y opposa vivement, dans un discours plein de force et d'élévation.

Cependant des poursuites disciplinaires avaient été ordonnées contre M. Devienne, premier président de la Cour de cassation, par un décret du gouvernement de la Défense nationale du 23 septembre 1870 ainsi conçu :

Considérant que de documents d'une nature probante et devenus publics, il résulte que M. Devienne, premier président de la Cour de cassation, aurait gravement compromis sa dignité de magistrat, dans une négociation d'une nature scandaleuse.

Considérant que M. Devienne, mandé pour donner des explications, ne s'est pas rendu à l'invitation, qui lui a été adressée ;

Considérant que, placé à la tête du premier corps judiciaire de la République, M. Devienne est absent de Paris à l'heure du péril national.

Décrète :

M. le premier président Devienne est déféré disciplinairement à la Cour de cassation qui statuera conformément à la loi.

Ce décret fut inséré au *Journal Officiel* et reproduit d'après cette feuille, par la plupart des journaux.

M. Devienne avait quitté Paris, *le* 11 *septembre* 1870, douze jours avant la promulgation du décret, muni d'un sauf conduit, délivré par M. le général Trochu, président du gouvernement de la Défense nationale. L'interruption des communications, coupées par les Prussiens, entre Paris et les départements, ne permit pas à M. Devienne de se rendre à l'invitation mentionnée, dans le deuxième considérant du décret. L'investissement de Paris par l'armée allemande qui en faisait le siège, rendit, d'autre part, également impossible la réunion de la Cour de cassation, dont la plupart des membres étaient en vacances et dispersés dans les départements. A la guerre étrangère succéda la guerre civile, qui vint interrompre les services à peine rétablis de la Cour, et le décret resta ainsi sans effet, jusqu'aux premiers jours du mois de juillet, où la réunion de la Cour fut provoquée par une lettre du garde des sceaux, ministre de la justice, au procureur général.

Un autre gouvernement avait succédé au gouvernement de la Défense nationale. Le nouveau ministre (M. Dufaure) rappelait, dans sa lettre au procureur général, le décret du 23 septembre 1870, mais sans paraître prendre personnellement la responsabilité de la poursuite, qui y est ordonnée, on lit dans ce document :

... Contre toutes les habitudes, cette poursuite disciplinaire a été livrée, tout d'un coup, à une telle publicité, qu'une solution par la Cour suprême, des questions qu'elle soulève, paraît nécessaire pour l'honneur de la magistrature et dans l'intérêt même de l'éminent magistrat. C'est du moins ce que le gouvernement actuel a pensé, après mûre délibération, et il m'a chargé de vous rappeler ce commencement de poursuite disciplinaire, à l'approche du jour où les Chambres de la Cour de cassation pourront se réunir.

M. le procureur général Renouard ayant porté cette dépêche à la connaissance du doyen des présidents de Chambre, faisant fonction de premier président, un rapporteur fut désigné et après instruction faite, à la Cour, le 21 juillet 1871, intervint le réquisitoire dont la teneur suit :

Attendu qu'à la Cour de cassation appartient le pouvoir disciplinaire sur ses membres, et qu'ainsi elle a le droit de soumettre à son examen, même d'office, les actes des magistrats qui la composent, lorsqu'elle juge que sa dignité s'y trouve engagée, et, de quelque manière que les faits à apprécier, par elle soient arrivés à sa connaissance.

Attendu qu'un décret du gouvernement de la Défense nationale, en date du 23 septembre 1870, a traduit disciplinairement, devant la Cour, M. le premier président Devienne, et que ce magistrat, loin de décliner la juridiction de la Cour, déclare, au contraire, l'invoquer lui-même.

Attendu que dans ces circonstances il n'est pas nécessaire d'examiner si une telle poursuite pouvait légalement être intentée par un acte collectif du pouvoir exécutif, représenté par le conseil des ministres, ou si le droit d'introduire cette action était exclusivement réservé au garde des sceaux, ministre de la justice, investi des attributions autrefois conférées au grand juge.

Attendu que l'existence seule du décret et de la publicité qui lui a été donnée suffisent pour que la Cour se fasse un devoir d'examiner les faits allégués ou indiqués contre son premier président.

Qu'il y a donc lieu, par elle, de statuer au fond.

Attendu, qu'en consentant à intervenir pour aider à l'apaisement de douleurs intérieures de famille, ayant pour cause une liaison coupable, et pour éviter le trouble et l'éclat d'un scandale public, M. Devienne a obéi à un sentiment honorable et ne s'est en rien écarté des devoirs d'un honnête homme.

Que les explications, par lui spontanément fournies à la Cour, ne laissent aucun doute sur la loyauté de ses intentions et la droiture de sa conduite, et ne sont aucunement contredites par les documents inconcluants que cite le décret et qui ont été imprimés dans la 3e livraison des pièces trouvées aux Tuileries, contenant les papiers et la correspondance de la famille impériale.

Attendu, quant au grief tiré par le décret de ce que M. Devienne, mandé pour donner des explications, ne s'est pas rendu à l'invitation qui lui a été adressée.

Qu'il est de notoriété publique que les communications entre Paris et les départements étaient devenues impossibles, et que si M. Devienne était alors absent de Paris, le décret lui en fait à tort un reproche, puisqu'il n'avait quitté Paris que le 11 septembre, muni d'un sauf-conduit délivré par M. le général Trochu, président du gouvernement de la Défense nationale.

Attendu que la publicité donnée au décret du 23 septembre 1870, par son insertion dans le *Journal Officiel*, rend nécessaire la publication de l'arrêt de la Cour.

Requiert qu'il plaise à la Cour déclarer qu'il n'y a lieu à exercer, contre M. le premier président Devienne, aucune poursuite disciplinaire.

Ordonner l'impression de son arrêt dans le *Journal Officiel*.

Sur le vu de ce réquisitoire, la Cour de cassation rendit l'arrêt suivant.

La Cour,

Vu l'ampliation du décret rendu le 23 septembre 1870 par le gouvernement de la Défense nationale.

Vu le réquisitoire de M. le procureur général, en date du 15 juillet courant, et les pièces qui y sont énoncées.

Vu le réquisitoire qui précède, déposé à l'audience de ce jour par M. le procureur général.

Vu l'art. 5 de la loi des 27 avril, 25 mai 1791, les articles 78, 80, 81, 82 et 83 du sénatus-consulte du 16 thermidor an X, et les articles 50, 54, 55 et 56 de la loi du 20 avril 1810.

Attendu que la discipline de la magistrature, organisée par les lois ci-dessus visées, constitue une juridiction spéciale, dont l'exercice a été réparti entre le ministre de la justice, les tribunaux de première instance, les cours d'appel et la Cour de cassation.

Que les diverses attributions, conférées par les lois au ministre de la justice, appartiennent à cet ordre de juridiction :

Qu'elles ne relèvent que du pouvoir judiciaire et non du pouvoir exécutif, et qu'elles ne peuvent être exercées que par le ministre de la justice, qui en est seul investi.

Qu'il suit de là que le décret du 23 septembre 1870, émané d'un pouvoir auquel n'appartient pas l'exercice de l'action disciplinaire, n'a pu saisir légalement la Cour de cassation.

Mais attendu que la Cour, usant de son pouvoir disciplinaire, a le droit et le devoir de vérifier et d'apprécier, même d'office, les faits reprochés par ce décret à M. le premier président Devienne :

Que M. Devienne, loin de décliner la juridiction de la Cour, l'invoque, au contraire, avec insistance.

Qu'il y a donc lieu, pour elle, d'entrer dans l'examen du fond :

Attendu que les lettres publiées dans la 3e livraison

des *Papiers et correspondances de la famille impériale*, à laquelle se réfère ce décret, et la personne de qui elles émanent, n'autorisent pas les inductions qu'on en a tirées :

Attendu, en effet, que les deux premiers de ces écrits, les seuls qui se rapportent à cette affaire, sont l'un et l'autre complètement étrangers à M. le premier président Devienne, et ne contiennent rien d'où l'on puisse faire résulter la preuve d'un concours de sa part à une négociation quelconque, avec leur auteur, relativement au fait de paternité qu'ils énoncent.

Attendu qu'il résulte, au contraire, des explications et des documents spontanément fournis à la Cour, par M. le premier président Devienne :

Que jamais il n'a pris part à une négociation de ce genre.

Mais que, vers la fin de l'année 1864, à l'occasion de graves mésintelligences, survenues entre deux époux du rang le plus élevé, il fut appelé à intervenir, par suite de la confiance qui lui était donnée par l'épouse offensée, et dont il a mis sous les yeux de la Cour la preuve écrite.

Qu'il considéra comme un devoir auquel il ne pouvait se refuser, la mission d'apaisement et de conciliation qui s'imposait à lui, mission analogue à celle que, dans de semblables conjonctures, le législateur, par les articles 281 et 282 Code Napoléon, prescrit à un magistrat de première instance.

Que si M. Devienne a été obligé, non de faire une « visite », comme l'exprime une des lettres, mais d'avoir une unique entrevue avec l'auteur de ces lettres, dans une ville voisine de sa résidence, cette démarche était la conséquence et la condition nécessaire de la mission, qui lui était confiée.

Que, par l'autorité morale de son intervention et en faisant appel aux sentiments élevés de l'épouse offensée, M. Devienne est parvenu à rétablir la paix, dans la famille et à éviter un fâcheux éclat.

Qu'ainsi, loin de compromettre la dignité de magistrat, il a accompli une bonne et honorable action.

« Par ces motifs, et en adoptant, au fond, ceux donnés par M. le Procureur général, dans le réquisitoire qui précède, sans s'arrêter au décret rendu, le 23 septembre 1870 par le gouvernement de la Défense nationale, et statuant d'office, déclare qu'il n'y a lieu à exercer contre M. le premier président Devienne aucune poursuite disciplinaire, et autorise la publication du présent arrêt.

Du 21 juillet 1871. — Ch. réun. — MM. Legagneur, f.f. de 1er pr. — Mercier, rap. — Renouard, procur. gén., c. conf.

Ainsi les poursuites n'aboutirent pas et elles ne servirent qu'à démontrer, une fois de plus, l'étendue des rancunes, que font naître les divergences d'opinion. Justifié avec éclat aux yeux de tous d'une accusation calomnieuse, M. Devienne reprit sa place à la tête de la Cour suprême, et, grâce à l'inamovibilité, à l'abri des ressentiments politiques, il put, pendant plusieurs années encore, apporter à notre première juridiction l'appui de son savoir et de sa haute expérience. Malheureusement les années venaient pour lui, il atteignit la limite fixée par le décret, qui met à la retraite les magistrats de la Cour de cassation à l'âge de soixante-quinze ans. Il dut alors se retirer, malgré l'heureuse verdeur de sa vieillesse et son admirable lucidité d'esprit. La France perdit en lui un magistrat éminent. Sans doute il n'égala par les Tronchet, les Portalis et les Troplong. Il ne posséda pas cette admirable science qui, aux yeux de la postérité, dégagée des haines et des préventions politiques, ornera la mémoire de Troplong. Son esprit n'était pas comme celui de Portalis, tout plein de philosophie, de connaissances générales, et d'une sorte de grandeur d'Etat. Mais il a montré de rares qualités, dans les positions diverses où sa fortune l'a conduit. Un bon sens presque toujours infaillible, une pénétration saisissante, un tact achevé, une heureuse finesse dans le sentiment, dans la pensée et dans le discours, voilà quels furent les traits dominants de sa supériorité.

Comme M. Debelleyme l'avait été à Paris, il fut à Lyon un président de tribunal qu'aucune difficulté n'embarrassait et qui résolvait les innombrables questions qu'il avait à trancher, en soumettant la loi elle-même incomplète, dans sa généralité, à l'empire de l'équité, du sens commun des circonstances et de l'intérêt des justiciables.

Comme procureur général, comme juge, comme premier président des deux plus grandes compagnies judiciaires de France, la Cour de Paris et la Cour de Cassation, il s'est tenu entre l'emphase et la méthode un peu inférieure des simples jurisprudents. Il était à la fois sage, instruit, ennemi juré du pédantisme et des détours, allant droit à la question, jamais par un chemin très long, avec sagacité, y mettant plus de promptitude et de justesse que de profondeur. Sa qualité maîtresse fut une mâle énergie, tempérée par la politesse et la courtoisie de l'homme du monde. Son indépendance de caractère était extrême, on peut en juger, en se rappelant qu'en 1848 il donna sa démission, brisant ainsi sa carrière, pour ne pas servir un gouvernement qui lui paraissait funeste. Son attachement pour le régime impérial n'a été un secret, pour personne. Il en a donné des preuves nombreuses que des adversaires ont tenté de retourner, contre lui. Lorsque de cruels revers vinrent affliger la France et changer la forme gouvernementale, les sympathies de M. Devienne suivirent dans l'exil une famille infortunée. Il se renferma désormais, dans ses devoirs de magistrat et trouva sans doute dans leur accomplissement exclusif une consolation à de cruelles douleurs, aux injures grossières, dont on l'accabla, à la suspicion imméritée dans laquelle il fut tenu [1].

Aujourd'hui, loin de ce monde judiciaire, où il a tenu la première place, il se repose comme un voyageur fatigué, mais toujours vaillant, prêt pour le dernier voyage, sûr de sa conscience, attendant, sans crainte, le jugement de la postérité.

[1] *En installant récemment le successeur de M. le premier président Larombière, M. le président Alexandre a adressé à M. Devienne son ancien chef, un adieu ému — morituri te salutant,* mortuum ! M. le premier président *Devienne était mort, entouré de ses enfants et de son gendre M. de Ravignan, sénateur des Landes, le 11 juillet 1883, dans sa campagne de Chaponoit (Rhône).*

ÉTATS DE SERVICE DE M. DEVIENNE

15 juin 1825	Juge auditeur à Lyon.
3 mai 1827	Juge auditeur à Saint-Etienne.
27 septembre 1827	Substitut à Trévoux.
29 février 1828	Substitut à Montbrison.
6 septembre 1829	Conseiller auditeur à Lyon.
8 octobre 1830	Conseiller à Lyon.
18 juillet 1837	Président du Tribunal de Lyon.
mai 1848	Démissionnaire.
15 février 1850	Procureur général à Bordeaux.
30 décembre 1852	Procureur général à Lyon.
23 juin 1858	Premier président de la Cour Impériale de Paris.
1er mars 1869	Premier président de la Cour de cassation.

VI

GILARDIN JEAN-ALPHONSE, PREMIER PRÉSIDENT DE LA COUR DE PARIS, (1805-1875)[1].

Encore un Lyonnais, — mais quelle aimable et noble figure! Qu'il nous est doux et triste à la fois de rendre un hommage, à celui qu'une loi rigoureuse nous avait enlevé, avant que la mort vînt nous le prendre. Il restera de M. Gilardin à tous ceux qui l'ont connu, ou qui ont eu seulement le bonheur d'entendre sa pure et vibrante parole, un souvenir d'intelligence et de bonté.

Et comme il avait vite gagné toutes les sympathies celui qui dans un langage qui les attirait déjà invinciblement, s'écriait : « Attendez, Messieurs, attendez, je vous le demande ; mais je vous en préviens, je vous conquerrai. J'y mettrai le temps s'il le faut, de toute

[1] Vapereau, Dict. des contemp. Manuel — *avocat général, discours de rentrée*, 3 novembre 1876. Humblot. — *M. le premier président Gilardin — Académie de Lyon* 1877.

la ténacité de ma nature, ou plutôt je me presserai, car peu d'années me restent. »

On rencontrera peut-être des magistrats plus éloquents que M. Gilardin, on n'en rencontrera pas dont l'éloquence aille plus directement au cœur.

Gilardin, comme il le disait lui-même, n'avait pas à se louer beaucoup de la fortune. Celui dont le mérite, dans le barreau, dans le parquet, au prétoire éclatait à tous les yeux, dut son avancement plus à l'ancienneté qu'au choix. La Cour d'appel de Paris ne le vit guère que pour le regretter ensuite.

Gilardin ne s'en plaignait d'ailleurs. Cette sorte d'indifférence du pouvoir lui avait permis de rester dans sa bonne ville de Lyon, où il était aimé jusque dans les couches les plus profondes d'un prolétariat ombrageux, et peu vibrant d'ordinaire, pour ses adversaires politiques. Gilardin portait un véritable culte à sa ville natale, et c'était avec bonheur que saisissant l'occasion de quelques propos malveillants il en faisait ainsi l'éloge :

« Mes origines, c'est Lyon. Il a couru quelque murmure, non point parmi vous, Messieurs, mais au dehors, que cette extraction de premier président lui pourrait être reprochée.

« Ah ! si c'est là un tort, un défaut, une note fâcheuse d'origine, je ne sais comment dire, que, encore, un Lyonnais vienne occuper vos grands sièges de magistrature, je ne me déclare pas prêt à m'en amender. Lyonnais par le cœur, par la fidélité des souvenirs, par tout ce qui a mis quelque orgueil, quelque dignité, quelque joie dans ma vie, je profiterai de ces premiers moments, pour envoyer à la noble cité que je quitte, mes adieux. Avocat, elle m'a accueilli à sa barre hospitalière ; magistrat, elle a senti ma main de procureur général, dans les jours de tourmente. »

Jean-Alphonse Gilardin est né le 3 floréal an XIII (17 mai 1805), non pas à Lyon comme ses paroles le pourraient faire croire, mais dans une province que la Révolution nous avait donnée et que les désastres de l'Empire nous a fait perdre, à Turnhout dans le département des Deux-Netles.

Gilardin ne resta pas dans un pays qui n'était plus français et débuta, dans le barreau de Bourg.

Il ne tarda pas à se rendre à Lyon où l'attiraient une grande scène, digne de son talent, des difficultés presque insurmontables, dignes de ses efforts.

Alphonse Gilardin avait alors vingt-cinq ans : la pureté des lignes de son visage ; l'éclat de sa physionomie, à la fois austère et bienveillante, attiraient instinctivement sur le jeune homme l'attention : il la retenait ensuite par une parole élégante et forte, par une dialectique brillante et serrée. Il arrivait à la vie publique au milieu de la lutte ardente de l'Ancien Régime et de la révolution, il avait pour maîtres l'illustre phalange des écrivains et des orateurs de l'opinion libérale ; pour rivaux il avait Sauzet, alors au sommet de la gloire, et Jules Favre, débutant comme lui.

Gilardin conquit rapidement le droit de cité dans le barreau lyonnais ; ses plaidoiries furent des triomphes ; et dans la défense du *Procureur*, journal de l'opposition avancée, il enleva à Odilon Barrot, qui plaidait à ses côtés, le prix de l'éloquence.

Le jeune avocat devait beaucoup à la nature ; dans les improvisations que les luttes de l'audience provoquaient, il était redoutable. Il avait pourtant de lui-même une salutaire défiance ; et perfectionnait, par l'étude, son éloquence native. La pureté du style, la recherche des expressions propres et décisives, le goût des ornements oratoires dominaient dans sa manière : il n'était jamais ni trivial ni négligé, mais quelquefois il se montrait précieux et recherché.

Au reste la méthode même de Gilardin témoigne et de la nature de son esprit et de ses habitudes de travail. Il lisait avec attention les pièces du dossier, il les classait dans son esprit par une méditation rapide et quelquefois inconsciente, puis il prenait la plume et consignait sur le papier les développements mêmes de sa pensée. Pense-t-on qu'il va lire à l'audience cette plaidoirie achevée déjà, qu'il va la réciter, qu'il s'en inspirera tout au moins ? Ce n'est là que la première partie du travail de l'avocat. Il va relire sa pensée, l'analyser, la restreindre, la résumer en quelques formules concrètes qui seront la trame, sur laquelle il guidera sa parole à la barre.

Ce patient travail de l'esprit sur lui-même donne sur le caractère de Gilardin un trait de lumière très curieux. L'esprit d'analyse et de discussion, le goût des recherches philosophiques sont les qualités les plus accusées peut-être de cette heureuse et belle nature.

Alphonse Gilardin était arrivé à cette grave période de la vie, où l'on s'engage irrévocablement dans une carrière. Resterait-il au barreau ? Entrerait-il dans la magistrature ? Sauzet, qui avait pu l'apprécier dans les luttes oratoires, venait d'être nommé par le gouvernement de Juillet procureur général à la Cour de Lyon : il appela aussitôt près de lui comme substitut le jeune Gilardin (1836).

Sauzet ne s'était pas trompé. A côté de ces qualités brillantes qui avaient fait le succès de l'avocat, il y avait chez Gilardin une élévation de sentiments, une pénétration d'esprit, qui devaient en faire un magistrat éminent.

Appelé en 1837 à faire le discours de rentrée, le substitut du procureur général prit comme sujet ce beau texte : « *Le sentiment du devoir* » ; il en évita le naturel écueil, — la banalité, — il en fit ressortir toutes les délicatesses et toutes les hauteurs. Dès ce jour, on peut prédire que cette belle position, qui dépassait les espérances d'un jeune homme, était trop effacée pour Gilardin, et qu'il était de ceux qui sont faits non pas pour obéir, mais pour commander.

En 1840, le gouvernement lui confiait la direction du parquet de Lyon, fonction qui demandait non pas seulement de la grandeur d'âme et du talent, mais encore une aptitude singulière à s'occuper des petites choses, sans perdre de vue les aperçus lointains et généraux. Il montra surtout, dans ce poste, une qualité qu'on ne saurait trop recommander à l'attention des magistrats du parquet, nous voulons dire la circonspection dans les poursuites. C'est ainsi que malgré l'opinion unanime de ses subordonnés il fit échapper à des poursuites désastreuses un notaire, aussi gravement soupconné que complètement innocent.

Il y avait dans cette nature un admirable et très rare équilibre entre une imagination puissante et vaste, et un sens pratique très développé. Il le prouva bien, quand on l'eût envoyé comme procureur général, c'est-à-dire comme directeur des affaires judiciaires, en Algérie. Il avait à résister aux entraînements que le caractère impérieux et le génie du maréchal Bugeaud pouvaient excuser. Aussi respectueux que ferme, il défendit avec honneur la légalité contre l'arbitraire, et s'il ne put éviter un conflit, il en sortit du moins vainqueur.

La Révolution de 1848 excita dans l'esprit de M. Gilardin et dans son cœur les mêmes sentiments de douleur et d'aversion que chez M. Devienne, son ami. Aussi le gouvernement provisoire ne l'épargna pas ; et franchement on se l'explique sans difficulté.

Cette disgrâce fut plus courte d'ailleurs que celle même de M. Devienne, et au mois de janvier 1849, Gilardin fut nommé procureur général à Montpellier. La mission était périlleuse et délicate. Gilardin se trouvait dans un pays ardent par nature, que la répression sanglante de l'insurrection de juin avait très vivement excitée et que l'aveugle réaction de l'Assemblée législative éxaspérait tous les jours davantage. Il était connu comme un ennemi de la forme du gouvernement existant ; et cependant, là comme partout, il sut se faire respecter, se faire aimer et tout s'apaisa par miracle.

Il avait réparé le mal à Montpellier ; on l'appela à Lyon où la situation était très tendue (mai 1849). Il y fut admirable d'énergie, d'équité, de prudence.

L'étendue et la nature de ses relations dans toutes les classes de la société lyonnaise devaient, suivant le cours ordinaire des choses, entraver son action, ou la rendre excessive et partiale. Il n'en fut rien : ses relations ne servirent qu'à mieux assurer sa bienfaisante influence.

L'Empire le promut à la dignité de premier président de la Cour d'appel de Lyon (1853), et l'y oublia trop longtemps. Ne nous en plaignons pas trop toutefois : c'est à cette époque de la vie de M. Gilardin, que se placent ses belles études philosophiques.

Enfin, le 8 mars 1869, le Lyonnais Gilardin remplaça le Lyonnais Devienne à la tête de la Cour d'appel de Paris.

La solennité de l'installation d'un premier président est d'ordinaire aussi monotone, aussi banale, aussi empruntée qu'une séance de réception à l'Académie. Grâce à M. Gilardin il n'en fut pas ainsi et sa puissante originalité fit de cette ennuyeuse cérémonie une fête de famille. Nous éprouvons encore par souvenir, en écrivant ces lignes le charme dont le discours de M. Gilardin pénétra tout l'auditoire.

Après avoir remercié l'empereur, de sa faveur (de sa justice, dirions-nous aujourd'hui) ; après avoir adressé à M. Grandperret (lyonnais aussi), procureur général, quelques paroles flatteuses et revendiqué en termes émus l'honneur d'appartenir à Lyon ; M. Gilardin compare avec une modestie excessive sa carrière à celle de M. Devienne et se demande, si dans le combat que la destinée a établi entre eux, il a été vaincu ? Non, répond-il on n'est pas vaincu, lorsqu'on est appelé à présider la Cour d'appel de Paris.

INSTALLATION DE M. LE PREMIER PRÉSIDENT GILARDIN.

Audience solennelle du 19 mars 1869.

Les sept chambres de la Cour impériale, présidées par M. Casenave, doyen des présidents de chambre et le parquet de la Cour ayant à sa tête M. le procureur général Grandperret, se sont réunie, à deux heures en Assemblée générale et en robes rouges, pour procéder à la réception et à l'installation de M. Gilardin, premier président de la Cour de Lyon, nommé premier président de la Cour impériale de Paris et qui avait prêté serment, le 17 courant, entre les mains de l'empereur, en présence de leurs Excellences le ministre d'Etat et le garde des sceaux, ministre de la justice et des cultes.

M. de Bastard, président honoraire, et MM. les conseillers honoraires Brisout de Barneville, Dequevauvillers et Page de Maisonfort se sont joints en robe, à leurs anciens collègues.

A la barre se trouvent, d'un côté le conseil de l'ordre des avocats, conduit par Me Grévy, bâtonnier; de l'autre, la chambre des avoués à la Cour, ayant à sa tête Me Chauvelot, son président.

La salle d'audience ne suffit pas à contenir la foule des avocats et du public qui se presse dans son enceinte et encombre tous les couloirs extérieurs.

L'audience ouverte, M. le président Casenave désigne MM. les présidents Puissan et Metzinger, MM. les conseillers Jurien et de Boissieu pour se rendre à la chambre du conseil et introduire M. le premier président. Deux membres du parquet, M. le premier avocat général Dupré-Lasale et M. le substitut Chevrier, se joignent, sur l'indication de M. le procureur général, à cette députation.

M. Gilardin pénètre quelques instants après dans la salle et prend place au fauteuil qui lui a été préparé au milieu du prétoire.

M. le président Casenave donne la parole à M. le procureur général Grandperret, qui se lève et s'exprime ainsi :

Messieurs, s'il est vrai, comme l'a dit dans cette enceinte même l'un de mes prédécesseurs, que la dignité et les tendances d'un gouvernement ne se manifestent jamais mieux que dans le choix des hommes destinés aux grandes charges de l'Etat, il faut féliciter respectueusement l'Empereur des hautes nominations que vient de lui proposer son ministre de la justice.

Les choix qu'un grand deuil hélas ! a rendus nécessaires, obtiennent de l'opinion publique un tel assentiment qu'ils semblent être comme son œuvre à elle-même.

M. le premier président Devienne arrive où devait le conduire sa pure et noble carrière. Son point de départ a été le plus modeste de tous les rangs de la hiérarchie judiciaire ; il n'en a plus à franchir ; c'est le sommet qui l'arrête. Aussi, lorrqu'il retraçait hier, dans un langage plein d'émotion et de grandeur, le chemin parcouru par son illustre prédécesseur, involontairement il racontait sa propre vie, écoulée dans les travaux de la justice, qui ont seuls préparé les honneurs auxquels il vient d'atteindre.

Vous trouverez sans doute, Messieurs, d'une heureuse opportunité de reproduire ici les paroles par lesquelles M. Gilardin, appelé alors à diriger le parquet de Lyon, caractérisait devant le Tribunal de cette ville, présidé par M. Devienne, les qualités éminentes de son collègue; il signalait: « Cet instinct rapide du vrai et du juste, cette netteté pénétrante et ce don d'une grande intelligence, qui est d'arriver en tout à la simplicité. »

Vous le voyez, Messieurs, le magistrat auquel s'adressaient ces paroles était déjà ce qu'il fut au milieu de vous, simple dans sa supériorité, dans l'exercice des plus hautes fonctions, dans la possession d'une autorité morale incontestée et d'une influence sous l'empire de laquelle chacun de nous se sentait plus fort et plus assuré de bien faire.

Cette personnalité de M. Devienne offre un caractère particulier : il semble qu'on ne puisse être autrement que lui. C'est l'illusion que produisent ces livres trop rares, dont on croit s'assimiler sans effort le syle pur et naturel, en saisissant une plume et en la laissant courir. Ici, l'impression est de même nature. Être comme M. Devienne paraît facile ; et pourtant, cette simplicité dans laquelle se combinent si heureusement la dignité, l'esprit et le charme, reste son bien propre, son exquise et correcte originalité.

C'est là comme un type de la magistrature actuelle, qui seul, pense, vit et s'émeut avec le pays ; qui sans se laisser trop envelopper par les relations sociales, a coutume de s'y mêler, y portant une constante droiture, et cette dignité tout intérieure, qui ne se compose aucun maintien, et reste d'un accès facile parce qu'elle ne redoute aucune clairvoyance.

Mais, Messieurs, vous savez mieux que personne ce qu'il faut surtout honorer dans M. le président Devienne. Vous connaissez cette intuition merveilleuse des affaires et des hommes, cette sagacité rapide permettant de pourvoir sans délai aux solutions que sollicite incessamment la barre, cette promptitude à élaguer les complications secondaires pour discerner la difficulté vraie, la saisir et la résoudre, et puis, ces vues élevées, réfléchies, étendues, franchissant les limites du monde judiciaire, attentives aux destinées du pays, et qui autorisent à dire que le président Devienne est tout à la fois : du droit un interprète équitable et ferme, du pouvoir un serviteur austère, de la liberté un ami trop sincère pour n'en pas redouter la licence.

Aux qualités de sa vive intelligence, M. Devienne ajoute celle qui fait aimer toutes les autres, la bonté. La sienne a été profondément sentie au sein de votre compagnie, et vous me permettez d'être ici l'interprète de tous, en adressant au magistrat qu'une suprême promotion nous enlève, le témoignage ému d'un respect qui est à la fois un juste hommage et une affectueuse offrande.

Monsieur le premier président, je sais que rien ne pouvait vous être plus sympathique, en pénétrant dans cette enceinte, que d'entendre l'expression des sentiments de la Cour pour votre prédécesseur. Ces sentiments sont depuis longtemps les vôtres et c'est là déjà un trait d'union entre vous et cette grande compagnie où vous devenez le premier. Vous voyez comment vos collègues doivent honorer et aimer le chef qui les dirige. De pareils suffrages sont une noble récompense. Ils ne se feront pas attendre pour vous, Monsieur : vos talents, votre caractère, votre nom en sont les infaillibles garants.

Vous êtes entré dans la magistrature, par des fonctions élevées auxquelles on ne parvient d'ordinaire qu'après des épreuves successives et longues.

C'est dire assez quels avaient été vos succès à la barre de la Cour de Lyon, qui vous admit pour votre début parmi les membres de son parquet. Avocat, vous vous étiez distingué au milieu d'une forte génération de talents, au sein de laquelle grandissait en même temps l'une des gloires du barreau de Paris.

Vous eûtes bientôt conquis les fonctions de procureur général en Algérie, où des attributions exceptionnelles qui ont été plus tard restreintes, vous faisaient le véritable chef de la justice.

La rapidité de votre élévation, due à une magnifique parole, fut légitimée de nouveau par votre courage, par votre esprit d'organisation, par votre coup d'œil d'administrateur, presque de législateur.

Les événements vous éloignèrent d'Alger, et vous fûtes porté plus tard, après avoir dirigé le ressort de Montpellier, à la tête du grand parquet de Lyon, où vous eûtes à traverser de redoutables crises sociales au milieu d'une population qui en a souffert des perturbations profondes.

Ces épreuves du pays sont loin de nous. Restons certains, malgré quelques bouillonnements, que nous ne les verrons point renaître. En tous cas soyons prêts pour la défense des intérêts sociaux qui sauvegarde seul l'Empire héréditaire.

Le moment vint, Monsieur, où vous fûtes appelé à présider la Cour devant laquelle avait commencé votre carrière. Vous comptez, je le sais, parmi les plus douces années de votre vie celles que vous avez passées, dans de calmes et considérables travaux, au milieu de vos concitoyens, de vos amis, de vos disciples ; et dépensant pour le bien de la justiee toutes les richesses d'un esprit largement approvisionné par la science du droit, le goût des lettres et l'étude de l'histoire.

Venez parmi nous continuer et agrandir votre œuvre. Cette imposante Compagnie tient prêtes pour vous toutes ses symphathies. Vous n'êtes pas moins assuré des déférences du grand barreau de Paris, qui réserve peut-être quelques rudesses, pour le ministère public dans certaines luttes de l'audience, mais dont on peut conquérir la généreuse estime par la vigueur des représailles et par l'énergique fidélité au drapeau sous lequel on combat.

Prenez donc, monsieur le premier président, possession de votre charge, montez à ce siège avec la confiance que vous commande votre vie judiciaire, et sans autre préoccupation que de vous ressembler à vous-même.

Quant au procureur général que vous trouvez à cette place, vous le connaissez trop pour n'être pas certain qu'il n'a rien oublié ; les souvenirs que vous lui avez mis au cœur n'en sortiront jamais.

Après ce discours dont un grand nombre de passages ont été accueillis par l'auditoire avec une faveur non équivoque et des murmures approbateurs qui se prolongent un certain temps, M. le procureur général prend ses réquisitions, en suite desquelles M. Lot, greffier en chef, fait lecture du décret de nomination et du procès-verbal de prestation de serment devant Sa Majesté.

M. le premier président Casenave donne acte de l'accomplissement de ces formalités et adresse à M. le premier président l'allocution suivante :

M. le premier président,

La fortune qui se plaît à humilier les puissants et les forts, réserve parfois aux petits et aux humbles des honneurs bien inattendus ; lorsqu'au début de ma carrière, je prêtais dans cette enceinte mon premier serment de magistrat, j'étais loin de prévoir que trente-neuf ans plus tard, je serais appelé à complimenter, au nom de cette grande Compagnie, le successeur des Daguesseau, des Treilhard et des Séguier.

Cet honneur, cependant, ne me cause ni trouble, ni embarras, parce qu'en exprimant avec simplicité les sentiments qui remplissent mon cœur, je suis certain d'être l'interprète fidèle de la pensée de mes collègues.

Vos prédécesseurs, monsieur le premier président, vous ont laissé une tâche, dont vous comprenez mieux que personne l'importance et les difficultés.

Les trois premiers ont relié les traditions de l'ancienne magistrature avec les institutions de l'an VIII. La présidence de M. Troplong a maintenu et agrandi l'honneur de cette mission : Les puissantes facultés l'avaient, comme on l'a dit du président Bouhier, préparé non seulement à rendre la justice aux hommes, mais à instruire les juges eux-mêmes. M. Troplong, qui a si bien loué ses collègues, a été loué lui-même par les voix les plus éloquentes et les plus autorisées ; je ne pouvais que reproduire en l'affaiblissant ce qu'elles ont dit en termes excellents de sa vigilance à maintenir l'amour du droit et les applications austères de la loi.

La même réserve m'est imposée envers M. Delangle, que M. Troplong a dignement apprécié, le jour où il l'installait au siège occupé par Merlin et Dupin. M. Delangle et son prédécesseur ont possédé un avantage inappréciable et tout exceptionnel. Tous deux, avant de devenir juges d'appel, avaient fait partie de la Cour de cassation et vous savez quelle importance ils y avaient obtenue, l'un pendant treize ans, comme conseiller, l'autre pendant sept ans comme avocat général ; ils avaient profité du commerce des Portalis, des Zangiacomi, des Lasagni et des Laplagne-Barris.

Quand M. Delangle arriva parmi nous, le barreau s'était enrichi de plusieurs jurisconsultes éminents, qui, frappés par les orages politiques, avaient trouvé un refuge honorable sur ce terrain hospitalier ; d'un autre côté, à l'audience civile, le service du ministère public prit une ampleur et un éclat que ceux qui l'ont successivement occupé, n'ont pas laissé dégénérer.

M. Delangle apporta ici la science du droit, la logique inflexible, le style nerveux que nous lui connaissions. Il semblait avoir acquis une vigueur nouvelle en se retrouvant dans ce lieu, témoin des succès de sa jeunesse, où il revoyait encore quelques-uns de ceux dont il avait recherché les suffrages, et où il communiquait à tous son ardeur infatigable.

M. Devienne, en succédant à ces hommes supérieurs, ne se dissimula pas la pesanteur du fardeau ; l'événement a prouvé qu'il était capable de le soutenir. Il avait suivi la hiérarchie judiciaire, depuis ses plus humbles degrés ; il s'était fortifié à cette école des conseillers-auditeurs à laquelle la Cour de Paris a dû tant de magistrats remarquables : institution d'origine impériale qui, malgré l'excellence de ses fruits, a succombé devant des préventions mal raisonnées, et qui aurait pu compenser les effets du mouvement incessant dans lequel nous sommes emportés.

M. Devienne occupait le poste important de président du Tribunal de Lyon, lorsque les événements de 1848 renversèrent le gouvernement qu'il avait soutenu de toute son énergie ; bientôt après, il se condamna à une retraite volontaire et prématurée. Quand le principe d'autorité sembla se raffermir, il accepta, dans des circonstances difficiles, les fonctions de procureur général à Bordeaux, puis à Lyon, où le choix de l'Empereur, éclairé par un ministre habile, alla le prendre pour remplacer M. Delangle.

M. Devienne n'eut pas de peine à gagner toutes les sympathies par l'aménité de ses manières et la facilité de son abord : il obtint l'autorité sans chercher à l'imposer. Son regard si doux et si profond (expressions vraies et charmantes qui ne sont pas de moi), inspirait un respect affectueux ; on était heureux de travailler sous ses ordres et d'écarter de ses pas les ronces du chemin. S'il évitait les discussions oiseuses, il recherchait et provoquait la contradiction utile ; il était doué, comme vous l'avez si bien dit, de ce bon sens incisif qui pénètre dans le vif des choses et réussit le mieux à les découvrir aux autres. Jamais esprit plus fin et plus sagace ne fut mis au service d'un cœur plus honnête. Sa présidence, qui a duré plus de dix ans, laissera aussi sa trace ; elle a vu s'agiter de graves débats reposant sur de grands intérêts ; la Cour a eu tantôt à qualifier les mauvaises pratiques des spéculateurs puissants, tantôt à tempérer les impatiences et les irritations de l'opinion publique ; la modération a toujours été unie à la fermeté : jamais la justice n'a inspiré plus de confiance et n'a été entourée de plus de vénération.

Nos vœux suivront M. Devienne dans cet auguste Tribunal où se résume tout ce qui donne à la magistrature son éclat, tout ce qui répand sur elle la force et la majesté : région sereine qui rappelle la belle fiction du poète.

Secretos pios ; his dantem jura Catonem.

Vous sembliez, Monsieur le premier président, prédestiné à adoucir pour nous le départ d'un chef si justement regretté. Il y a entre sa carrière et la vôtre des liens qui vous font honneur à tous deux : après avoir participé aux mêmes travaux, vous avez à peu près à la même époque, et sous l'empire des mêmes circonstances, déposé noblement vos toges de magistrats qui vous ont été rendus par un pouvoir réparateur sans que vous eussiez rien à démentir dans les actes sur les opinions du passé. M. Devienne vous avait succédé à la tête du parquet de Lyon ; en vous recevant aujourd'hui à sa place, nous aimons à reconnaître une fois de plus, comme le faisait remarquer M. le procureur général, que la force et le but des gouvernements ne se manifestent jamais mieux que par le choix des hommes, destinés aux grandes charges de l'Etat.

Lyon, que vous avez appelé une grande école de magistrature, a donné des hommes puissants par la parole et sages par le conseil à la Chancellerie, à la Cour suprême et à la Cour de Paris.

Vous n'êtes point un étranger pour nous, car vous avez honoré la grande famille judiciaire à laquelle nous appartenons tous ; personne ici ne sera tenté de dire : *Quis novus hic nostris advenit sedibus hospes ?* Des témoignages nous sont venus du rivage africain comme des bords du Rhône ; nous connaissons vos fortes études sur la philosophie et l'histoire ; nous savons quelle vigueur de caractère vous avez déployée dans le ressort de Montpellier, en ces temps néfastes qui rappellent le nom de Paul-Louis Adam, procureur de la République tué à Lodève, le 19 mai 1849, et la récompense nationale décernée à sa mémoire.

Cependant votre courage croissait avec le danger et

vous acceptiez avec empressement la mission d'aller rétablir l'autorité des lois, dans la seconde ville de France, devenue le chef-lieu de désordre, le foyer du socialisme le plus brutal et le plus abject.

Nous avons lu ces nobles harangues, toutes pleines d'une érudition puisée aux sources les plus pures des lettres grecques et latines, où vous avez tantôt démontré la vanité des systèmes politiques et économiques qui répudient l'idée chrétienne, tantôt combattue ces doctrines subversives de la famille et de la société, dont le réveil aujourd'hui semble ridicule par l'excès même de leur extravagance ; si l'on s'en inquiète peu, parce qu'on a confiance dans la force du gouvernement, leur recrudescence est de nature à émouvoir ceux qui n'ont pas oublié les clubs de 1848, les conférences du Luxembourg et les tristes événements qui les suivirent de près.

Je ne vous parlerai pas, monsieur le premier président, du concours et du zèle que vous trouverez parmi nous ; l'expérience du passé vaut mieux que de vaines protestations.

« Encouragés par votre exemple, nous continuerons sous votre direction notre œuvre accoutumée. Puissions-nous aussi mériter un jour que la tâche paraisse lourde à ceux qui nous succèderont.

« Je vous invite à prendre votre fauteuil sur les sièges de la Cour. »

M. Gilardin monte alors au siège de premier président de la Cour, et d'une voix accentuée, prononce le discours suivant :

« Messieurs, je viens prendre possession d'une charge dont le poids m'effraie et dont la grandeur me séduit. Je ne regarde plus que devant moi, pour n'avoir aucune des faiblesses qui pourraient me gagner. Le chef de la Justice m'a désigné au chef de l'État comme digne d'être placé à la tête de votre grande compagnie. J'arrive, le cœur ému, à ce faîte d'honneur et de dignité que je ne cherchais point, que je n'aurais jamais pu prévoir, qui devait me paraître placé au-delà des ambitions, dans les rêves.

« Que le Garde des sceaux de France, si indulgent pour mes services, daigne recevoir l'hommage respectueux de ma reconnaissance. Avant tout, Messieurs, je mets aux pieds de l'empereur mes actions de grâces les plus profondes, les plus dévouées.

« Celui qui s'assied dans ce fauteuil, tient à vous faire connaître, du premier mot s'il est possible, ses vrais sentiments. Il s'attache aux traditions de nos grands ancêtres de magistrature qui croyaient que le sentiment de la justice ne veillait pas avec assez de dignité, assez de force sacrée dans leur âme, s'il n'était accompagné de l'amour du Prince, des mobiles tout puissants que la fidélité emprunte aux affections et qui font le dévouement monarchique. J'avoue ainsi ma foi et je la pratiquerai.

« Qui suis-je, Messieurs, pour venir continuer ici la succession de noms toujours soutenus au même niveau d'éclat et de renommée : Treilhard, Séguier, Troplong, Delangle, Devienne ? Quels titres avais-je pour entrer à mon tour dans ces nouveaux fastes parlementaires ?

« Ne le demandez point au premier président que vous perdez. Tout instruit qu'il soit de la plus grande partie de mon passé, dont il a été le plus proche témoin, en vous parlant de moi, il céderait aux erreurs peut-être et certainement à quelques désirs protecteurs de l'amitié. Vous ne sauriez non plus vous enquérir d'une manière assez certaine, qu'il me permette de le lui dire, auprès de l'éminent procureur général qui parlait tout à l'heure et dont je suis si heureux de presser la main loyale. Comme je devais m'y attendre, dans ce qu'il vous a exposé de ma vie de magistrature, se sont versés les souvenirs plus que généreux d'une collaboration qui nous a rapprochés, et lors de laquelle il y avait entre nous une différence de position que l'équité des temps a dû faire disparaître. Que dire enfin des paroles si gracieuses de bienvenue que votre vénérable président, magistrat d'une simplicité antique m'a adressées. La Cour de Lyon m'a entendu de longues années prononcer des arrêts qui ont ému des passions, froissé des existences, renversé des fortunes. Eh bien, jamais une attaque n'y a terni mon caractère. Toujours je m'y suis vu, suprême bien, Messieurs, un magistrat respecté ; que Lyon tout entier, depuis les rangs de magistrats que j'affectionnais jusqu'à ces rangs populaires où, connu de tous, je rencontrais le regard bienveillant de l'ouvrier qui passe, que Lyon reçoive la plainte triomphale d'un des siens, qui n'a pu s'éloigner d'elle que pour vous appartenir. Franchement votre magistrature et votre barreau ont fait à ma grande et chère cité trop d'emprunts brillants et glorieux, pour qu'il ne soit pas bien facile de s'excuser d'être un émigrant de pareils foyers.

« Me permettez-vous d'y insister encore ? Un paradoxe de beaucoup d'esprit et d'un peu de vérité, comme la plupart des paradoxes, niait presque qu'il y eût des Parisiens à Paris. Non, Messieurs, outre que cela est violent, cela est trop injuste à dire. Dans ce magnifique Paris, à qui il arrive de gronder sa beauté et d'excuser sa splendeur, il y a, il y aura éternellement les Parisens qui sur toute l'étendue du domaine de l'esprit, mériteront de rester, sans conteste, les maîtres, et dicteront au monde entier la loi de la science, de l'art, du génie et du goût. Ce sont des Parisiens qui rédigent les belles ordonnances de référé que j'admire ; qui tracent, d'un style magistral et comme avec le burin, les considérants de ces arrêts dominant la jurisprudence ; qui font entendre ces réquisitoires, modèles de discussion judiciaire, où la parole n'use que de l'ornement qui donne plus de soutien et de corps à la pensée ; ce sont des Parisiens aussi qui au barreau sèment à profusion et presque négligemment, tous les jours, l'éloquence et qui ne se refusent pas, d'ailleurs, de porter dans la province un envahissement trop légitime pour que celle-ci songe à s'en plaindre. Nous, de la province (pardon, Messieurs, si je parle encore mon langage d'hier), nous savons avouer ces supériorités, et même nous faisons davantage. Si nous possédons nos qualités spéciales, nous n'avons pas de peine à convenir qu'elles n'acquièrent décidément leur lustre que grâce à vous, quand nous avons pu dépouiller les restes d'une lourdeur d'accent, d'un provincialisme, d'une patavinité, vilain mot, n'est-ce pas, comme il en fut autrefois reproché à l'historien de Rome, et quand nous avons uni notre esprit peut-être plus résistant et plus solide à votre esprit incomparablement plus étendu et plus brillant. En pareil cas, pour revenir au magistrat qui vous parle, s'il restait par malheur quelque chose de l'ombrage répandu sur son chemin, est-ce une faveur, une justice qui pourrait lui être refusée que d'attendre ?

« Je veux que vous ne soyiez pas longtemps sans reconnaître en moi le sentiment fier et doux du magistrat : fier, parce qu'à mes yeux, il n'y a rien au-dessus de l'indépendance de la justice ; doux, parce qu'il faut que le cœur entre, Messieurs, dans la justice telle que je l'entends, avec la modération qui est notre vertu essentielle et avec je ne sais quelle tendre bonté que Dieu a toujours faite compagne de la puissance, de la volonté et de la grandeur de l'intelligence. Arrivé à ce point, et nous y viendrons, vous verrez, je serai bien fort et bien heureux. J'aurai ce qu'il me faut, j'aurai votre confiance.

« Dirai-je, annoncerai-je, comme on le fait d'ordinaire, quels principes j'entends suivre dans l'administration de ce ressort ? A quoi bon ? Je ne veux rien changer à l'édit du présent. Je continuerai, le plus possible dans ma mesure, le premier président Devienne.

« Il y a longtemps, Messieurs, que je prends exemple, que je me règle sur lui : car ce me serait une présomption sans excuse que d'alléguer, d'insinuer même qu'une lutte, n'en fût-ce une que d'émulation, ce qui supposerait quelque égalité, se fût établie entre nous. Esprit en ligne droite, lumineux, rapide, perçant comme un rayon du jour, ne touchant aux théories que juste ce qu'il faut pour les applications pratiques, répugnant d'instinct à tout ce qui est faux, ainsi qu'hostile de cœur à tout ce qui est inique, tel j'ai connu de près ce véritable et grand magistrat et tel aussi vous l'avez vu, sans qu'il y ait à parler des dons encore supérieurs de son caractère. On eût dit volontiers de lui que c'était un magistrat qui ne pouvait errer. Cherchez un plus bel éloge. Nous fûmes ensemble au Tribunal de Lyon, lui président, moi chef du parquet. Plus tard, nos situations s'intervertirent. Après la révolution de 1848 (quelle violence les révolutions ne font-elles pas au cours naturel des choses !), nous nous trouvions en présence l'un de l'autre à la Cour de Lyon, lui en poste de procureur général, moi devenu premier président. Le caprice des circonstances m'avait alors donné sur lui ce qu'on considère comme un avantage. Mais la sagesse de l'empereur n'a pas manqué d'obvier à ce jeu de la fortune. Dans nos destinées dévelopées parallèlement, si les apparences ont pu faire croire à une sorte de combat du succès et de l'avenir, mon noble ami a fini, ce qui devait arriver, par les honneurs du plus éclatant triomphe, puisque le voici revêtu de la première dignité judiciaire de l'Empire, et pourtant, Messieurs, qui dira que j'ai essuyé une défaite, cela est impossible, puisque je suis ici avec le mandat du souverain pour vous présider.

« Qu'est-ce donc que la Cour impériale de Paris ?

« Ce n'est pas comme autour de la Cour suprême, que nous révérons, le palais moins fréquenté, plus tranquille, changé pour ainsi dire en un temple des principes, où réside la science sereine et la pure religion du droit : c'est le palais rempli d'agitation et de bruit, frémissant de tous les souffles de la vie publique où la foule se précipite, où se joue sous d'innombrables formes l'inextinguible matière de la contestation humaine, où l'action de la justice couvre la plus vaste fluctuation de hasards, de passions, d'intérêts, de combinaisons, d'artifices, d'écume litigieuse de toute sorte qui jamais se soit vue parmi les hommes. Tantôt de simples citoyens, tantôt les représentants des noms de la France historique, tantôt ces compagnies colossales, qui se sont constituées de nos jours, tantôt des princes ou des rois, voilà les clients de cette barre. Vous ne jugez pas seulement des procès nés sur votre territoire ; il vous en vient, par l'effet des règles de compétence, de presque toutes les parties du monde, tant ce Paris, d'où l'esprit s'irradie en tous sens, entraîne à lui un mouvement universel des affaires, comme par une loi, qui rendrait le monde tributaire de tout, une fois qu'il a été conquis par les influences de la pensée. Sur toute cette scène que je suis impuissant à dépeindre, passent devant le magistrat, statue vivante de la loi, les litiges éclairés par la libre discussion et animés du plus dramatique intérêt par l'éloquence. Puis ils sont éliminés du prétoire : chaque différend a reçu sa règle, chaque droit sa formule, chaque cupidité son frein, chaque vanité sa leçon, chaque méfait sa peine, chaque excès sa limite, chaque tort son expiation et le niveau du calme se rétablit à ce cap des tempêtes. Combien ce spectacle, Messieurs, n'a-t-il pas de grandeur ? Où se peut mieux manifester l'activité des éléments de la Société moderne? Quel éloge du barreau dans les lignes qui suivent : Messieurs du barreau, vous êtes nos assistants généreux, nos coopérateurs directs dans cette grande œuvre. Entre vous et nous, et presque de moitié, la justice se partage. Que serait-elle, sans la libre parole de l'avocat ? qu'une effrayante responsabilité pour la conscience du juge. Cette pensée, qui est en moi bien profonde, devient, dès le premier jour, la règle de nos relations. Le premier président salue le barreau comme une autre partie de la magistrature. Sous sa robe, on découvrira aisément celle que le procureur général Dupin n'a jamais oubliée : il est jaloux de l'honneur et des sympathies de chacune. J'aime la parole, Messieurs, je le confesse. Elle est un ornement et une dignité pour ce que nous sommes et pour ce que nous faisons. Ce qu'il y a d'exquis dans le langage reflète ce qu'il y a dans l'âme de beau, de délicat, de noble, d'élevé, et, à mon avis, l'éloquence tient toute sorte de biens sous sa garde. Mais, j'honore la parole encore plus que je l'aime. Je n'en connais pas de plus magnifique usage que de servir à la défense de la vérité et du droit, en nous touchant à la fois des lumières qui éclairent nos esprits et des accents qui émeuvent nos consciences. Les anciens le savaient bien, eux qui prétendaient par l'exercice du barreau à toutes les grandes carrières de l'Etat. Cette fonction publique de la parole n'est pas moindre, aujourd'hui que la cité est constituée à fond sur le droit et que, de plus en plus, la jurisprudence tend à réaliser la conception antique qui lui faisait embrasser l'universalité des choses divines et humaines. Levons les yeux vers les Conseils glorieux de l'Empire, nous apprendrons à juger, à leur prix, le barreau, le gouvernement de l'empereur et notre époque. Nous verrons (écoutez-moi bien, jeunes avocats), s'il n'est pas vrai de penser plus que jamais que la parole soit, en France comme à Rome, le milliaire d'or, placé au milieu du forum et d'où partaient toutes les routes. Arbitre que je suis ici des droits de la parole et des heures précieuses de la justice, vous allez me trouver toujours livré à une double crainte : l'une de ne pas donner assez pour que la libre défense soit respectée, protégée, sanctionnée jusqu'à sa plus extrême limite, l'autre, de laisser prendre trop par des élégances,dont je serais secrètement le complice, ne pouvant l'être, je n'ai pas besoin de l'ajouter, de nul autre excès. »

Quelques mois plus tard, le barreau de Paris offrait un banquet à Me Marie, à l'occasion de sa cinquantaine professionnelle. M. Gilardin assistait à cette fête, et ne pouvant contenir ses sentiments d'admiration,pour le noble vétéran de l'éloquence, il s'écriait :

Messieurs,

Deux bouches éloquentes viennent d'adresser à la magistrature des paroles si flatteuses, que je ne puis négliger par un silence qui me ferait prendre des apparences d'insouciance ou d'ingratitude, d'en reconnaître, au nom de mes collègues et au mien, la courtoisie.

Mes honorables collègues me sauront gré, j'en suis sûr, de répondre à M. le Bâtonnier qu'il a employé une expression bien juste, dictée par notre sentiment commun, quand il a dit que nous avions voulu, en ce moment, nous associer aux joies d'une fête de la grande famille judiciaire.

Pour ma part, si j'ai accepté avec empressement l'invitation qui m'a été faite et si j'ai été jaloux de rendre avec vous hommage dans ce banquet à celui dont vous célébrez la noble carrière, c'est que l'éminent avocat,qui a conquis au service de la justice une illustration si méritée, avait été parmi vous, Messieurs (j'emprunte encore une expression au discours d'une grâce si attique et si sentie de Me Grévy), le modèle des vertus professionnelles, qui dirait mieux et qui pourrait dire davantage qui ont pu lui laisser un regret, sans l'ombre la plus légère à sa renommée. Il a porté dans les combats du plan de chaque jour, la brillante armure de la libre défense et du droit. Cinquante ans des mêmes travaux et des mêmes devoirs, cinquante ans de commerce avec la probité et l'éloquence, voilà un grand enseignement, voilà une vaillante vie, voilà un sort d'élite ; et il était bien juste que nous vinssions tous les honorer, devant tant de spectacles contraires, devant tant de manques de persévérance, tant d'impatiences d'arriver au repos, tant de mobilité des rôles ou des fortunes dont nous sommes témoins.

Prêterai-je l'oreille, avec inquiétude, à quelques passages des allocutions des deux honorables bâtonniers? Non, Messieurs, je déclare que je n'éprouve point à cet égard d'embarras. A chacun la fidélité de ses convictions. J'ai et je garde la mienne. Beaucoup de choses ont à se discuter de la conduite des hommes de notre temps, jetés dans des situations, où les meilleurs ont pu suivre des routes différentes. Ce qui ne se discute pas, ce qui domine nos dissentiments nés des circonstances, ce qui fera partout et toujours le lustre éclatant de la vie privée ou publique, ce qui doit être unanimement reconnu et acclamé, autant par amour du vrai, que par patriotisme, et pour donner dans notre pas des gages heureux à la conciliation des esprits, c'est ce que l'orateur, assis à mes côtés, pouvait se dispenser tout à l'heure de placer sur la tête d'un autre, quand il la portait si naturellement sur la sienne, c'est ce qu'il a nommé, en faisant involontairement son propre portrait, la dignité du caractère.

Et puisque j'ai cette suprême qualité, devant moi, au-dessus de la barre de nos audiences, qui nous unit, Messieurs, bien plus qu'elle ne nous sépare, je tends sans hésiter la main à Me Marie pour serrer la sienne d'une étreinte, qui veuille dire : « Vous avez donné les plus beaux exemples de l'avocat ; vous avez bien mérité de la justice ; comptez, je vous prie, et j'espère que vous y mettrez quelque prix en ma personne, sur des amitiés de magistrature, avec les vives amitiés de Barreau, qui fêtent aujourd'hui et couronnent magnifiquement votre grande et pure carrière. »

Le siège de Paris est un épisode touchant de la vie de M. Gilardin. La question de l'indépendance de la France absorbait tous les esprits : les affaires s'étaient arrêtées et les procès aussi. Le Palais avait été transformé en une vaste ambulance, et les bruits de l'audience étaient remplacés par les gémissements des mourants.

Dans ces douloureuses circonstances, la grande âme de M. Gilardin se montra tout entière, le vieillard organisa les ambulances et alla ramasser les blessés, sur les champs de bataille. Rien ne l'arrêtait, ni le froid, ni le danger, et plus d'une fois, on fut obligé de l'arracher à ces plaines de tristesse et de deuil.

Cette conduite valut au président Gilardin la médaille militaire et sa joie en était si vive qu'il s'en montrait plus fier que de toutes les luttes oratoires et judiciaires de sa vie.

C'est au moment où la magistrature et le barreau commençaient à apprécier pleinement la grandeur d'âme et la puissance d'esprit du premier président Gilardin, que la loi, alors inflexible, vint le leur enlever.

Un décret du 1er mars 1852 avait décidé que les magistrats,qui atteindraient soixante-dix ans,seraient mis à la retraite. Jamais on n'avait mieux senti la rigueur de ce décret, qui semble vouloir imprimer sur la vieillesse une sorte de flétrissure.

M. Gilardin se résigna dignement. Mais ce lui fut un coup que le respect et l'affection de ses collègues et de ses amis ne purent adoucir. Il y a des esprits qui ne peuvent vivre que dans l'activité et le tourbillon du monde ; il semble que chez eux la tête soit le soutien du corps. M. Gilardin était de ces hommes ; lorsqu'il fut forcé d'abandonner ces occupations si chères, une apoplexie foudroyante ne tarda pas à l'emporter (8 novembre 1875).

Toute la population de Lyon suivit son convoi.

M. Gilardin a publié deux ouvrages que sa modestie a laissés tomber dans l'oubli et qui sont pourtant très remarquables ; c'est le *Droit de punir* (1841), et la *Philosophie de l'Histoire* (1857).

Le sentiment qui domine dans ces deux ouvrages est un profond amour du christianisme, une vive croyance dans le pouvoir régénérateur de la religion.

Ce sentiment éclate surtout dans le *Droit de punir* où M. Gilardin donne pour fondement au pouvoir de la société sur la vie et la liberté de ses membres, la délégation même de la Divinité. Cette opinion hardie, que Kant et Joseph de Maistre avaient défendue avec une implacable logique, M. Gilardin, homme de bon sens, homme pratique avant tout, y apporte mille tempéraments.

Il semble bien, en effet, que les prémices de l'étude de M. Gilardin doivent l'amener à donner pour base au châtiment, dans la mesure de l'imperfection humaine, la criminalité de l'intention, et pour tempérament la contrition du coupable. Il n'en est rien pourtant. Car il conclut que la justice sociale se propose simplement l'ordre, et que cet ordre est dans la dépendance d'une grande variété de causes, telles que le site géographique, le climat, le principe des races, le drame de l'histoire, le développement de la religion, de l'art et de la science. Un utilitaire dirait-il autre chose ?

M. Gilardin insiste même sur cette idée :

« Il n'est aucun homme d'Etat, dit-il, aucun publiciste, aucun juriconsulte, aucun homme ayant tant soit peu réfléchi sur les lois de son pays, qui ne sache que les peines dépendent de considérations diverses, entre lesquelles on tient compte de la facilité, qu'il y a à commettre certains délits, et du ferment d'inquiétude que les délits peuvent jeter dans la société.

« Plus il y a lieu de redouter un délit plus on élève la peine. Il en est ainsi du vol domestique, réprimé plus sévèrement, à cause de la plus grande facilité de son exécution. Il en est ainsi encore du faux et du vol de grand chemin, qui ne sont atteints de peines si fortes que parce qu'ils sèment dans la société une défiance, une inquiétude dont il fallait l'affranchir. Les peines croissent donc en raison du danger qu'offrent certains délits. Or, ce n'est plus mesurer leur échelle à la culpabilité morale de l'agent et les abaisser ou les élever suivant que dans l'action commise entrera plus ou moins de mal moral absolu ; ce n'est plus se circonscrire dans le cercle de l'expiation, ni travailler à l'amendement moral du condamné, c'est aller au delà, c'est agir plus efficacement en faveur de la conservation sociale, c'est poursuivre un but évident d'intimidation. »

Et plus loin :

» Quel n'est pas l'embarras des publicistes dont je parle, quand ils sont en présence de cette classe nombreuse de contraventions et de délits. Où il n'est pas possible de découvrir une action intrinséquement immorale ! J'aurais à citer d'abord les contraventions de simple police, dans lesquelles il y a simplement infraction à des réglements établis pour éviter de l'encombrement, de la gêne, de l'insalubrité, des occasions de désordre. A entrer ensuite dans la classe des délits, je demanderais quel mal moral absolu, commet celui qui mendie, celui qui traîne sa fantaisie dans le vagabondage, celui qui vend du poison, en oubliant d'en faire inscription sur son registre, celui qui délivre sans diplôme des médicaments bien préparés, celui qui détient de la poudre de guerre, celui qui fait le commerce au moyen de la contrebande, celui qui déserte son drapeau pour venir soigner les vieux jours d'une mère souffrante, celui qui se constitue en état de banqueroute parce qu'il aura omis de tenir régulièrement les livres de son négoce, etc...

« Je sais bien qu'à prendre l'évènement par les suites et à constater ce que l'intérêt général de la société en reçoit d'atteintes, on n'aura pas de peine à faire ressortir un trouble dans des rapports moraux ; mais, encore une fois, là n'est pas la question et par une subtibilité on n'échappe pas à la saine logique. »

Quel éclat de style ! Quelle puissance de discussion ! Quelle vigueur de pensée ! Mais ne sommes-nous pas bien loin de cette prétendue délégation divine ?

Nous voudrions bien dire encore quelques mots des opuscules inédits du grand magistrat, que la piété filiale ne tardera pas sans doute de mettre à la lumière. Il y en a deux qui sont particulièrement dignes d'attirer notre attention, par la hauteur des matières qui y sont traitées, par l'originalité de l'abondance des vues qu'on y recueille. Ce sont les considérations sur la souveraineté et ses origines, et sur les divers systèmes psychologiques.

Les considérations sur la souveraineté et ses origines ont avec le droit de punir un lien intime, qu'il nous suffira d'indiquer. Les conclusions en sont les mêmes. Pour le penseur la souveraineté n'est pas dans la volonté du plus grand nombre ; car il y a des droits, qui sont au-dessus de toute autorité humaine ; mais, dans la Provideuce, qui a posé des règles que le plus grand nombre est tenu de respecter.

Dans l'étude de M. Gilardin sur l'âme, tout se résume dans une importante vérité. L'âme c'est la volonté, servie par un sens intime, qui lui permet de percevoir les vérités éternelles, par un sens externe, qui la met en rapport avec le monde terrestre.

Avons-nous besoin d'ajouter que la philosophie de M. Gilardin était inspirée par des croyances religieuses très vivaces ; il était catholique, mais au sens français du mot, c'est-à-dire tolérant et patriote comme Lacordaire et Montalembert.

Le 3 juin 1875, on lisait :

M. le premier président Gilardin vient de quitter la Cour d'appel de Paris. Il descend de son siège en pleine force d'esprit et de corps, frappé par une loi inflexible.

C'est pour ainsi dire au lendemain de jours où l'éminent magistrat rendait sur les plus graves questions des arrêts attestant la puissance de son intelligence, la rectitude de son jugement, la fermeté de son caractère, que cette loi vient lui dire : « Tu n'iras pas plus loin, car j'ai décidé qu'à ton âge, on était fatalement atteint d'une complète incapacité. »

Nul exemple assurément ne montrera mieux l'inconséquence et l'iniquité d'un décret,qui n'eut jamais d'autre raison d'être que le caprice du prince, d'autre but que de lui permettre de prodiguer des faveurs, d'autre effet que de donner carrière aux plus ardentes ambitions.

Mais ce n'est pas le moment de développer ces points.

M. le premier président Gilardin s'éloigna de la Cour emportant avec lui l'estime et les regrets sincères de tout le monde judiciaire. Voilà ce que nous avons à cœur d'exprimer. Nous n'avons pas à apprécier l'homme politique, nous n'avons à parler que du magistrat. Nous serons à ce point de vue l'interprète de tous, celui du barreau en particulier, en adressant respectueusement à M. Gilardin des adieux sympathiques et reconnaissants.

Pendant sept années environ qu'il a été le chef de la magistrature parisienne, il s'est montré pour tous, sans distinction, rempli de bienveillance et d'impartialité. Il a eu à un haut degré ces qualités si précieuses chez le juge : la dignité sans morgue, la bonté sans faiblesse, l'attention vraie, également exempte d'indifférence et de passion. Personne, assurément, ne saurait l'oublier.

Les plus humbles comme les plus élevés ont reçu le même accueil à la barre de la Cour, et ont pu librement faire entendre leur voix, sans rencontrer jamais de ces marques ou de ces attitudes, qui troublent et découragent, qui révèlent l'impatience ou le parti pris.

Les rapports de chaque jour, nécessités par les besoins de la justice, n'ont cessé d'être empreints d'une extrême bienveillance et d'un désir constant de concilier les convenances personnelles, avec les intérêts des justiciables.

Les immunités de la défense enfin, les réclamations qu'elles ont pu faire naître ont trouvé toujours chez M. le premier président, un protecteur ferme autant qu'éclairé.

Il était de notre devoir, il plaisait plus encore à notre courtoisie de payer ce juste tribut d'hommages à M. Gilardin. Nous serons heureux qu'il lui soit dans la retraite un agréable souvenir, entre tant d'autres, d'une carrière trop tôt brisée pour tous ceux qui l'ont connu.

M. le premier président Gilardin, atteint par la limite d'âge, vient de descendre de son siège : c'est un deuil pour la magistrature française.

Nous n'avons pas, quant à nous, attendu un aussi frappant exemple pour déplorer le maintien du décret du 1er mars 1852, dont la douloureuse application a pour résultat aujourd'hui de découronner notre première compagnie judiciaire.

La retraite d'un magistrat, tel qu'a su l'être pendant tout le cours de sa longue carrière, M. Gilardin, alors qu'il est frappé dans la plénitude de ses remarquables facultés, provoque d'unanimes regrets.

Entré dans la magistrature après une brillante pratique du barreau, ayant successivement conquis ses grades dans les hautes régions du parquet ; puis placé à la tête des deux Cours souveraines de Lyon et de Paris, M. le premier président n'empruntait l'autorité et le prestige dont son nom était entouré qu'à ses services, à son talent, à la dignité irréprochable de son caractère.

De nos jours, les chefs de la magistrature doivent parfois une part de leur élévation à la notoriété que procure la politique. Les délibérations sur les affaires publiques, soit au Conseil d'État, soit dans les assemblées ou les commissions législatives, sont des occasions précieuses et enviées de relief et d'éclat, et préparent la voie habituelle des honneurs judiciaires.

M. Gilardin n'a pas grandi de la sorte. C'est dans l'étude solitaire du droit, c'est au sein des austères méditations de philosophie que s'est fortifié son ferme et judicieux esprit, que se sont développées ses rares qualités de droiture et d'indépendance, que s'est incarnée en lui cette noble et vénérée notion du devoir, qui prime tout dans son cœur.

Nous avons connu peu de magistrat plus pénétré de la gravité de la mission du juge, plus préoccupé, à toute heure, de l'importance et des conséquences des décisions à prendre, plus soucieux de bien dire et de bien faire. Ce n'était pas seulement chez lui, l'écho sincère d'une conscience profondément honnête, mais comme une crainte révérentielle ne n'être pas encore assez à la hauteur du sacerdoce dont il est revêtu.

Aussi, quelle attention à tout noter, à tout connaître. Quels scrupules dans l'examen des minutieux détails! Et pourtant, quelle largeur de vue pour embrasser l'ensemble des lignes à dégager de la cause les enseignements qu'elle comportait!

S'il était possible de recueillir les innombrables arrêts dus à la plume concise et nette du premier président, on pourrait se convaincre d'un fait qui nous a très souvent frappé. Nous voulons parler du soin jaloux avec lequel le magistrat ne manquait jamais, à propos de chaque espèce, de préciser les principes de droit et de morale applicables à la matière en litige; si bien que les considérations élevées, dont sont remplis ces monuments de jurisprudence, suffiraient à elles seules pour montrer l'influence tutélaire et réformatrice que peut exercer le pouvoir judiciaire sur les mœurs d'un pays.

S'agissait-il d'une question de famille, avec quelle autorité les termes de l'arrêt rappelaient chacun au respect des liens du sang! S'agissait-il de propriété, les bases de la propriété étaient affirmées et défendues par des raisons inébranlables! S'agissait-il de ces opérations de crédit, telles que la 1re chambre de la Cour de Paris en voit si fréquemment déférer à sa barre, rarement la loyauté des transactions et la foi des contrats ont triomphé avec plus de force et d'éloquence, de la fraude, de l'agiotage et des spéculations malsaines!

Que de fois, comme il s'est plu à l'exprimer luimême, le premier président n'a-t-il pas eu à prononcer des décisions « qui ont ému des passions, froissé des existences et renversé des fortunes! » C'est ainsi que, grâce à l'action incessante et inexorable de la justice, « chaque différend reçoit sa règle, chaque droit sa formule, chaque cupidité son frein, chaque vanité sa leçon, chaque méfait sa peine, chaque excès sa limite, chaque tort son expiation [1].

Et puisque nous venons de citer ce mémorable discours, par lequel le premier président de la Cour prenait si dignement possession de sa charge, il nous semble encore entendre cette parole simple et accentuée, rehaussée par le charme d'une voix modulée et sonore, saluant « le grand Barreau de Paris, cette autre partie de la Magistrature, » dont les regrets profonds et désintéressés font au premier président qui s'éloigne un cortège si spontané et si sincère.

M. Gilardin a tenu promesse. Il avait dit, avec un élan dont tout le monde se souvient : « Je vous en préviens, Messieurs, je vous conquerrai. J'y mettrai le temps, s'il le faut, et toute la ténacité de ma nature, ou plutôt je me presserai, car peu d'années me restent ! » Les années, malheureusement, se sont écoulées, mais M. Gilardin à tout conquis : respect, estime, affection.

A notre époque sceptique et tourmentée, où les idées les plus saintes sont systématiquement ébranlées ; où les ambitions ont mis à la mode, à la place du culte de l'honnête, la passion de l'utile ; où, a la faveur de tant de bouleversements, les courants d'opinions, même les plus coupables, parfois s'imposent et font loi, la présence dans l'enceinte de la justice d'hommes,

1 Gilardin, discours du 20 mars 1869.

aussi haut placés dans la confiance des justiciables, est un véritable gage de sécurité publique.

La magistrature française fournit, nous le savons, de nombreux exemples de dévouements obscurs et de mérites modestes qui, pour demeurer relativement dans l'oubli, n'en sont que plus dignes d'être loués. Mais de même que trop souvent de sévères appréciations l'ont rendue solidaire de l'attitude de ses chefs, en ce qu'elle pouvait avoir d'impopulaire, de même il n'est que trop juste qu'elle participe en retour tout entière au lustre et à l'honneur que font rejaillir sur elle les renommées les plus pures et les plus aimées.

M. le premier président a réussi, partout où il a exercé ses grandes fonctions, à se concilier les témoignages les plus éclatants de sympathique respect et de pieuse déférence. Plein d'égards et d'aménité, il avait pour tous l'accueil le plus égal, et il ne pouvait s'empêcher de laisser percer, sous l'impassibilité rigide du juge, la bienveillance, et parfois l'émotion de l'homme de cœur.

Pour lui, en effet, la fierté et la douceur résument les qualités maîtresses du magistrat. « Le caractère du magistrat, a-t-il dit, doit être à la fois fier et doux : fier, parce qu'à mes yeux il n'y a rien au-dessus de l'indépendance de la justice ; doux, parce qu'il faut que le cœur entre dans la justice, telle que je l'entends, avec la modération qui est notre vertu essentielle, et avec je ne sais quelle tendre bonté que Dieu a toujours faite campagne de la puissance de la volonté et de la grandeur de l'intelligence. »

Aux heures de péril, M. Gilardin a su déployer cette

généreuse intrépidité dont Dieu gratifie également les âmes d'élite. On se rappelle son énergique et courageuse attitude pendant le siège de Paris, alors qu'il s'en allait sur les champs de bataille, à la tête de l'ambulance du Palais, conquérir la médaille militaire qui lui a semblé, au milieu de ses honneurs, comme il l'avouait un jour, « la plus belle récompense de sa vie. »

« On partait au bruit du canon, raconte en son délicieux langage M. le bâtonnier Rousse, ce héros inconscient de nos malheurs publics, par le vent et dans la neige, recueillir les blessés, dans les champs, le long des chemins, à Champigny, au Bourget, à Suresnes. Partout, c'était le premier président qui marchait en avant, comme à l'audience, mais en tenue de guerre (*in procinctu*), en grandes guêtres, la croix rouge au bras, portant le brancard, allant toujours, avec une bravoure naïve, droit devant lui. — « Baissez-vous donc, Monsieur ! » lui disait à Champigny un de nos médecins militaires. Touchant souvenir, dont la mémoire restera longtemps à ceux qui ont vécu à ses côtés ces tristes moments !...

Pourquoi faut-il qu'un texte aveugle et brutal éloigne du prétoire celui qui, hier, y occupait la première place. Sans doute, nous ne pouvons bannir l'espérance de voir bientôt consacrées ailleurs d'aussi belles facultés, si capables de rendre encore les plus éminents services à l'un des grands corps de l'Etat !

Toujours est il que la destinée de M. le premier président Gilardin semble avoir été de servir, jusqu'à la fin, la cause de la justice.

Tant qu'il a su porter avec une aussi incontestable supériorité le poids de sa haute magistrature, nous l'avons vu courber, sans hésitation ni faiblesse, toutes les personnalités, comme tous les intérêts sous le niveau inflexible de ses arrêts.

Sa retraite, si noblement supportée, l'offre lui-même aujourd'hui, comme exemple et victime de cette suprême nécessité sociale : — L'égalité devant la loi.

La *Gazette des Tribunaux* disait :

Une triste nouvelle est arrivée aujourd'hui au parquet de M. le procureur général, (9 novembre 1875).

M. le premier président Gilardin a succombé ce matin à une attaque d'apoplexie, au château de Champollon, près de Lyon.

M. le premier président Gilardin avait conquis dans la magistrature et dans le barreau de Paris de vives sympathies. C'était avec un profond regret qu'on avait vu la loi sur la retraite des magistrats l'obliger à quitter le siège qu'il avait si dignement et si noblement occupé. Beaucoup avaient espéré qu'il aurait pu se trouver appelé quelque jour à rendre encore des services à la justice dans la magistrature de la Cour suprême. La mort vient de briser ces espérances.

M. le premier président Gilardin a été un grand magistrat.

Il était de ces hommes qui honorent les charges qui leur sont confiées et les compagnies auxquelles ils appartiennent. Par la dignité de son caractère, par l'honorabilité de sa vie, par la bienveillance de son accueil, par sa science du droit, par l'élévation de son esprit, il a jeté un brillant éclat sur les fonctions de la magistrature. Il savait faire aimer la justice.

Son éloquence était originale. Elle frappait. Elle était la vive image de ce sentiment du devoir et du juste, qui était si net dans son cœur. Sa phrase, ses mots, la tournure qu'il savait leur donner, révélaient son ardeur pour le bien. Le bien et le droit, c'était le but de sa vie.

La perte de M. Gilardin sera vivement sentie dans le Palais de Paris, où il s'était acquis le respect et l'estime de tous.

On annonce que les obsèques de M. le premier président Gilardin auront lieu à Lyon, vendredi prochain.

On lisait, dans les journaux du soir :

Nous apprenons que M. le premier président Gilardin a succombé hier matin à une attaque d'apoplexie au château de Champollon, près de Lyon.

Depuis près d'un an, l'éminent magistrat qui vient de mourir avait été mis à la retraite, par application de cette loi regrettable qui enlève à l'ordre judiciaire tant d'hommes de savoir et d'expérience qui seraient encore capables de rendre les plus grands services.

Appelé par la confiance du gouvernement impérial à remplacer à la cour de Paris M. Devienne, qui lui-même allait occuper à la Cour de cassation le fauteuil de M. Troplong, M. le premier président Gilardin ne tarda pas à conquérir les plus vives sympathies par la bienveillance de ses manières et les ressources de son esprit. A une profonde science du droit il joignait une éloquence originale et vive. Il a prononcé des mots que l'on répétera longtemps au Palais.

La vigueur un peu prime-sautière de sa parole n'ôtait rien à la dignité et à l'autorité avec lesquelles il remplissait sa charge, et le barreau aussi bien que la magistrature conservera un profond souvenir de cet homme remarquable,qui a occupé avec tant d'éclat de hautes et difficiles fonctions.

La Cour d'appel de Paris, à l'issue de ses audiences d'aujourd'hui, s'est réunie en assemblée générale dans la chambre du conseil, sous la présidence de M. le premier président Larombière, et a décidé qu'un service religieux serait prochainement célébré, dans la Sainte-Chapelle, pour honorer la mémoire de M. le premier président Gilardin.

A la tête de quelques magistrats, courageusement restés à Paris, auprès de leur chef, M. Gilardin traversa, avec dignité, avec courage, les rudes épreuves de 1870 et de 1871. Il confia ses douleurs intimes à quelques pages modèles intitulées *Réflexions morales et politiques,pendant le siège de Paris*. Sa conduite lui mérita la médaille militaire, dont il salua la remise avec un légitime orgueil. « Ah certes, dit-il, si la valeur de la distinction qui m'a été accordée, doit s'apprécier par l'émotion, avec laquelle je la reçois, j'ai à la proclamer d'un prix inestimable.Je n'essaierai pas de dire ce que j'éprouve quand comblé au delà de mon espoir, des honneurs de la justice, il m'est donné de pouvoir placer encore sur ma poitrine, la médaille du soldat. Je croyais, ayant assez goûté tout le reste, ne pouvoir plus être sensible dans la vie publique qu'aux joies austères du travail et du devoir. Je me trompais, la joie nouvelle qui m'est venue, tente à se manifester, tant elle pourrait me rejeter loin de la modestie. »

Le 1er juin 1875, M. le premier président Gilardin était atteint par la limite d'âge, et le 9 novembre 1875, il mourait subitement dans sa campagne de Champollon (Ain).[1]

Le premier président honoraire était, depuis 1854, grand officier de la Légion d'honneur, commandeur de l'Ordre de Saint-Grégoire-le-Grand, officier de l'Instructien publique. C'est à Lyon, où son nom est dignement continué par son fils, magistrat lui-même que repose la dépouille mortelle de M. Gilardin[2]. C'est là aussi que ses écrits nombreux ont été tracés et recueillis par l'Académie des sciences et lettres de cette ville, dont il fut le président.

[1] *Voir le beau discours prononcé par M. l'avocat général Manuel, à l'audience solennelle de rentrée de la Cour d'appel de Paris* (3 novembre 1876).

[2] *Discours de M. Rousse, bâtonnier de l'Ordre des avocats de Paris* (2 décembre 1871) *et aussi le remarquable et complet éloge prononcé par M. le conseiller Humblot, à Lyon.* (le 23 décembre 1876).

ÉTATS DE SERVICE DE M. GILARDIN

4 juin 1836 — Substitut du procureur général à la Cour royale de Lyon.

3 mai — Procureur du roi à Lyon.

29 novembre 1845 — Procureur général à Alger.

17 mars 1848 — Révoqué.

6 janvier 1849 — Procureur général à la Cour d'appel de Montpellier.

31 mai 1849 — Procureur général à la Cour d'appel de Lyon.

2 janvier 1853 — Premier président de la Cour impériale de Lyon.

8 mars 1869 — Premier président de la Cour impériale de Paris.

OBSÈQUES DE MONSIEUR GILARDIN

Vendredi, 13 novembre 1875, ont eu lieu à Lyon les obsèques de M. le premier président Gilardin.

La Cour d'appel de Lyon, au grand complet, en habit de ville, les magistrats du tribunal civil, le barreau, assistaient à la triste cérémonie. Des détachements de toutes les armes, commandés par un colonel, ont rendu les honneurs au défunt grand officier de la Légion d'honneur, et ont suivi le cortège jusqu'à la place Saint-Jean.

La marche du cortège était ouverte par un détachement de hussards à cheval, que suivaient immédiatement des détachements d'artillerie à pied et d'infanterie de ligne. Venaient ensuite les tambours et la musique du 4e de ligne, suivis du colonel de ce régiment, commandant l'escorte. Le clergé venait ensuite, précédant le cercueil, derrière lequel marchait M. Isidore Gilardin, conseiller à la Cour d'appel de Lyon, fils du défunt, qui conduisait le deuil, entouré de ses parents, de ses amis.

M. le général Bourbaki, entouré de son état-major, venait ensuite. Le cortège était fermé par un détachement de cuirassiers ; Lyon et la France avaient mené, ce jour-là, le deuil d'un de leurs dignes magistrats.

X

LOUIS LAROMBIÈRE

« *Votre vie*, monsieur le premier président, *peut se résumer, en un seul mot, le travail !* Ainsi s'exprimait M. le procureur-général Imgarde de Leffemberg, dans le remarquable discours, qu'il prononçait [1] lors de l'installation de M. Larombière comme premier président de la Cour d'appel de Paris (18 juin 1875).

C'est qu'en effet peu d'existences ont été aussi bien remplies que celle du chef actuel de cette imposante Compagnie. Jurisconsulte éclairé, écrivain habile et conscencieux, littérateur d'un grand mérite, M. Larombière était, à tous les points de vue, digne du poste important, auquel l'unanime voix de ses collègues à la Cour suprême l'avait désigné, depuis longtemps, malgré sa modestie.

M. Larombière est né, le 23 décembre 1813, à Saint-

[1] *Discours de M. le procureur général Imgarde de Leffemberg et discours de rentrée du 28 novembre 1875.*

Vambry, (Creuse) arrondissement de Guéret, dans cette province, qui a déjà donné à la France tant d'hommes remarquables, dont il devait augmenter le nombre.

Tout en s'occupant activement des fonctions qui lui étaient confiées, M. Larombière, au lieu de consacrer au repos les rares loisirs, que lui laissaient ses labeurs, continuait ses études juridiques, et livrait au Public ce magnifique traité des *Obligations*, devenu maintenant classique, et qui demeurera comme l'un des plus beaux monuments de la science du droit. Le procureur général Imgarde de Leffemberg a fait, d'ailleurs, de ce profond ouvrage le plus magnifique de tous les éloges, quand il a dit à M. Larombière : *Vous avez su trouver du nouveau et vous faire lire, après Pothier et Dumoulin.* »

— Ce savant ouvrage valut à son auteur la distinction exceptionnelle rehaussée encore par la lettre que nous sommes heureux de transcrire ici : (*Paris, 19 Mai 1858.*)

Monsieur le Président,

Le Commentaire des titres III et IV du livre III du Code de Napoléon que vous avez publié en 1857 a déjà mérité de prendre place parmi les études les plus éclairées et les plus consciencieuses de notre droit civil.

Vous avez su allier ainsi aux honorables services du magistrat les recherches patientes et fécondes du jurisconsulte.

L'Empereur, à qui j'ai dû rendre compte de ces heu-

reux efforts et de ce noble exemple, a voulu vous en témoigner sa satisfaction par une distinction exceptionnelle.

Je suis heureux d'avoir à vous annoncer que, par décret de ce jour, S. M. vous a nommé chevalier de l'ordre impérial de la légion d'honneur.

Recevez, monsieur le Président, l'assurance de ma considération distinguée.

Le garde des Sceaux ministre de la justice.

E. DE ROYER.

M. Larombière, président de Chambre en la Cour de Limoges.

— Le premier président Larombière rédige et écrit, de sa main, presque tous les arrêts sur les affaires les plus humbles comme les plus compliquées dont la 1re Chambre est saisie, soit par les lois, soit par les traditions et les règlements intérieurs. Il écoute, avec patience, toutes les plaidoiries, sans interrompre jamais les avocats, même quand ils abandonnent les quatre ou cinq arguments décisifs de leur œuvre, pour se perdre, dans des digressions superflues ou stériles. Etranger à toutes préoccupations politiques, appuyé uniquement sur le droit, qui assure la liberté, il a prononcé deux arrêts, qui doivent être notés. L'un concernant les R. Pères du Saint-Sacrement voulant édifier un mur mitoyen, faculté qui leur avait été refusée par un jugement de la 5me chambre, privant de ce droit, comme il les eut privés, *comme congrégation non reconnue, aquâ et igne.* L'autre, renvoyant des poursuites, Mgr Cotton évêque de Valence, lequel avait, par une dépêche officielle, répondu vivement à M. Fallières, secrétaire de M. Constans, ministre de l'intérieur. La Cour [1], a par ces deux décisions, proclamé que les Religieux *même non autorisés*, ont les droits reconnus à tous les citoyens et que les Prélats ont la possibilité de discuter, même vivement, avec les représentants des puissances terrestres, fragiles et mobiles qui ne sont heureusement ni éternelles ni infaillibles.

Les fonctions importantes, qu'il avait remplies, ce livre des *Obligations* qu'il avait publié, auraient pu suffire à occuper l'existence et à satisfaire l'ambition d'un homme, quelque distingué qu'il pût être. Mais M. Larombière, sans en rien dire à ses amis, travaillait ardemment à une œuvre presque irréalisable, la traduction de *Lucrèce* en français. Cette œuvre, menée à bonne fin, fut d'ailleurs à son apparition accueillie avec la plus granne faveur par le monde savant et littéraire. Le premier président Larombière avait prouvé, en achevant ce travail gigantesque, que l'on pouvait être à la fois un jurisconsulte profond et un poète délicat, et que l'habitude de la langue juridique n'empêchait pas, dans le littérateur, la finesse du style et le charme des pensées rimées d'une traduction.

M. Larombière vient de publier une remarquable traduction, en vers, des Géorgiques de Virgile. — Ces

[1] *On disait autrefois des parlements de France, justice de Paris, rigueur de Toulouse, humanité de Rouen, aujourd'hui, on pourrait espérer la même équité de tous, aussi l'évite-t-on par le tribunal des conflits, dont la politique est la seule raison d'être.*

travaux importants devaient, d'ailleurs, recevoir une éclatante consécration. Le 1er février 1879, *l'Académie des sciences morales et politiques* appelait M. Larombière dans son sein. Une étrange coïncidence ! le savant jurisconsulte remplaça M. Renouard, ce magistrat distingué, dont le souvenir ne s'effacera jamais de notre mémoire. Devant ses collègues de l'Institut, M. Larombière a lu une savante étude sur les coutumes de la Marche, son pays.

Aujourd'hui, M. Larombière parvenu au poste éminent qu'il occupe, est resté l'homme travailleur, simple, bon, accessible à tous que nous avons toujours connu. N'est-ce pas que M. Imgarde Leffemberg avait raison et que l'on peut dire, avec lui, à l'homme éminent, qui occupe le premier siège de la Cour d'appel, sans lui faire d'autres éloges qui pourraient blesser sa modestie : Votre vie est consacrée au travail ! — Celui qui écrit ces lignes respectueuses n'oubliera pas qu'il a été le collègue de M. Larombière (1849) lequel est devenu son chef en (1875) restant encore comme autrefois, son ami dévoué toujours.

ÉTAT DES SERVICES DE M. LAROMBIÈRE

1er *mars* 1841 — Substitut à Bellac.
16 *octobre* 1843 — Substitut à Tulle.
16 *avril* 1848 — Commissaire du gouvernement à Tulle.
6 *novembre* 1849 — Substitut du procureur général à Limoge.
2 *février* 1853 — Avocat général à Limoges.
10 *octobre* 1855 — Président de Chambre à la Cour de Limoges.
2 *janvier* 1869 — Conseiller à la Cour de cassation.

1er *juin* 1875 — Premier président de la Cour d'appel de Paris, président de Chambre à la Cour de cassation, par limite d'âge admis à faire valoir ses droits à la retraite, et nommé président honoraire, grand officier de la légion d'honneur.

XI

M. PÉRIVIER, PREMIER PRÉSIDENT (12 AVRIL 1883.)

Pour l'installation, de M. le premier président Périvier et de M. le procureur général Loew, une grande et inusitée affluence se remarquait, chacun comprenait qu'une oraison funèbre, celle de la magistrature allait être prononcée, devant les victimes désignées et les vainqueurs masqués à l'audience solennelle du 27 avril 1883..

Cette douloureuse attente, — on va en juger, n'a pas été trompée. M. le président de chambre, (Alfred) Alexandre [1] a dit courageusement aux puissants du jour les vérités qui étaient dans la pensée de tous.

[1] *J'ai eu l'honneur d'être au parquet de Laon, non pas le lieutenant, mais le successeur d'Alexandre, et j'ai constaté là, — comme partout où il a siégé, les qualités éminentes de ce magistrat instruit, laborieux, ferme, actif, dont la place, en d'autre temps, était marquée à la Cour de Cassation.*

Dans sa retraite injuste, il a emporté l'honneur de sa robe et de son nom.

On va en juger ici : La Cour convoquée d'ordre de M. le doyen des présidents de chambre, en la manière accoutumée, s'est réunie en robes rouges, dans la salle d'audience de la première chambre. Les conseillers honoraires assistaient à la réunion, ainsi que le greffier en chef et les Commis greffiers à la Cour. Les membres du Conseil de l'ordre des avocats et la Chambre des avoués près la Cour, spécialement invités, étaient présents à la barre. M. le procureur général Périvier nommé premier président, est entré à la tête du Parquet.

M. le président a donné l'ordre de laisser entrer le public et déclaré la séance ouverte. Sur son invitation MM. les Conseillers Dupont et Mariage, MM. les avocats généraux Villetard de Laguérie et Pradines, et MM. les substituts Cammartin et de Portanier de la Rochette, ont introduit et conduit jusqu'au fauteuil placé dans l'enceinte du prétoire M. Loew nommé procureur Général.

M. l'avocat général Manuel ayant obtenu la parole s'est exprimé en ces termes : Monsieur le président, Messieurs, depuis près de huit ans, entouré de l› déférence et de l'affectueuse sympathie de la Cour de Paris, M. Larombière, qu'elle perd aujourd'hui, occupait à sa tête le siège illustré par d'éminents jurisconsultes, dont les noms sont pour elle un précieux titre de gloire. Ai-je besoin de dire qu'il s'y est montré digne de ses devanciers ? Je ne veux pas tenter de faire ici son éloge : une parole plus autorisée que la mienne va tout à l'heure s'acquitter de ce soin mieux que je ne le saurais faire.

Je n'essaierai donc pas de vous rappeler les traits caractéristiques de cette douce physionomie, tout empreinte d'une fine bonhomie; de cette nature droite et simplement austère, dont l'autorité, d'autant plus grande qu'elle songeait moins à s'imposer, ne résultait que de valeur morale de l'homme, de la confiance qu'inspiraient à tous son esprit de justice, l'élévation de ses sentiments, sa modération et sa bienveillance éclairée. Je n'essaierai pas davantage de mettre en relief les grandes qualités du magistrat, son amour passionné pour son état, son infatigable ardeur au travail, la sûreté de son jugement, son expérience consommée des affaires, et enfin, sa science profonde du droit, tant de fois affirmée dans cette enceinte par des arrêts qui demeurent des modèles.

Ce que je veux seulement, c'est, en quelques mots dont la sincérité sera tout le mérite, me faire l'organe des magistrats du Parquet de la Cour, pour apporterà son ancien premier président, avec un dernier témoignage de profond respect, l'expression émue de nos adieux et de nos vifs regrets. Qu'il soit assuré que tous nos vœux l'accompagnent au sein de la Cour suprême où il avait laissé tant de souvenirs, où il retrouve de si chaudes sympathies et où il lui est réservé de rendre encore tant d'importants services à la justice.

Ne semble-t-il pas que sa place était marquée, par avance, sur un des plus hauts sièges de cette Cour? Et n'aurait-il pas, en quelque sorte, manqué à sa destinée s'il n'avait terminé sa longue carrière, dans ce sanctuaire du droit, dont il a été l'un des plus sûrs et plus utiles interprètes, l'un des plus fervents apôtres, et dont il avait fait le culte principal de sa vie?

Monsieur le premier président,

Le gouvernement de la République, en vous appelant à l'honneur de remplacer M. Larombière, vous donne une grande marque de l'estime qu'il accorde à vos services et de la confiance que lui inspire votre caractère. Vous avez le droit d'en être fier. Je n'ai pas besoin de redire à la Cour quels titres sérieux vous aviez à cette haute faveur. Je les lui ai fait connaître recemment; elle n'en a pas perdu le souvenir. Elle a pu d'ailleurs, par elle-même, vous apprécier assez déjà comme chef du Parquet, pour que vous soyez assuré du bon accueil qu'elle vous réserve. Heureuse que son nouveau chef ait été choisi dans son sein, elle sait tout ce qu'elle peut attendre du magistrat qui, par son savoir, son expérience, la sûreté et l'aménité de ses relations, s'était acquis, comme premier président à la Cour de Besançon, une légitime autorité.

En requérant votre installation au siège de procureur général, j'avais l'honneur de rappeler, monsieur le premier président, que dans votre rapide et brillante carrière, on s'était plu partout à reconnaître en vous trois qualités essentielles : la bienveillance, la tolérance et la sincérité. Elles nous étaient particulièrement précieuses, à nous vos collaborateurs de chaque jour. Aussi, permettez-moi de vous dire que, dans un sentiment égoïste, nous aurions voulu vous conserver plus longtemps à notre tête. Ce qui toutelois adoucit nos regrets, c'est que nous croyons sans témérité pouvoir compter que le premier président nous conservera les sentiments du procureur général.

Monsieur le procureur général,

Par votre famille et votre naissance vous appartenez à l'une de ces chères provinces que la France, hélas ! a perdues. Il y a plus de trente ans, aspirant à l'honneur des fonctions judiciaires, et déjà lauréat au concours de doctorat de la faculté de droit de Strasbourg, votre ville natale, vous étiez attaché au parquet du Tribunal de cette ville. Il avait alors pour chef le magistrat si distingué, qui préside cette solennité, et qui, par une heureuse coïncidence, va vous installer, au nom de la Cour, dans vos fonctions de procureur général. Vous ne pouviez être à meilleure école, ni trouver un appréciateur plus sûr et plus juste des aptitudes et des facultés, qui vous assuraient un brillant avenir. Aussi fûtes-vous promptement nommé magistrat. Substitut à Altkirch d'abord, puis à Colmar et à Strasbourg, vous deveniez ensuite chef de parquet, et, après avoir dirigé celui-là même où vous aviez débuté, vous étiez appelé, en 1864, à la présidence du Tribunal de Mulhouse.

Ce siège important, vous l'occupiez encore aux jours à jamais douloureux de l'invasion, avec une distinction que le vainqueur connut bien. Ce fut pour vous l'heure d'un cruel déchirement. Demeurer sourd à ses offres brillantes, c'était relativement facile ; mais quelle fermeté d'âme ne fallait-il pas pour résister aux vœux de toute une population qui, vous donnant le témoignage le plus éclatant de son estime et de son affection, vous pressait instamment, par une sorte de supplique, bientôt couverte des signatures de ces représentants les plus autorisés, de rester fidèle à votre chère Alsace ? Justement fier, mais troublé d'une telle manifestation, vous avez eu le courage d'en arrêter les élans. N'écoutant que les inspirations de votre patriotisme, vous avez refusé de servir une justice, désormais étrangère, et, voulant avant tout demeurer Français, vous avez fait à la France, par l'abandon du sol natal et le dépôt de votre robe, le plus noble mais le plus pénible sacrifice. En sachant tout le prix, pouvait-elle, alors même que l'intérêt et l'honneur de la magistrature ne le lui auraient pas commandé, ne pas s'empresser de s'en montrer reconnaissante ?

La présidence du Tribunal du Hâvre vint à vaquer. Elle vous fut donnée, le 7 janvier 1872. Trois ans plus tard, laissant à ce Tribunal si occupé les meilleurs et les plus durables souvenirs, vous arriviez, comme juge, au Tribunal de la Seine.

Chacun ici sait quelle excellente situation vous y avez prise et comment, après cinq années de l'exercice de ces laborieuses fonctions, vous êtes devenu vice-président au Tribunal, puis, très rapidement, conseiller à cette Cour.

C'est que, sans parler de l'étendue de votre érudition, vous possédez, à un haut degré, monsieur le procureur général, avec un grand savoir du droit et des affaires, toutes les qualités qui font les vrais magistrats. J'ajoute qu'il en est peu qui puissent mettre au service de leur dévouement à leurs fonctions une plus grande volonté et une plus grande puissance de travail.

Ce n'était pas trop de réunir en vous tant d'heureux dons et de précieuses qualités pour bien remplir les fonctions de procureur de la République près le Tribunal civil de la Seine, auxquelles vous fûtes appelé en quittant la Cour. On sait qu'à tous égards, elles comptent parmi les plus lourdes et les plus délicates. Vous ne vous y êtes point épargné. Un incessant labeur, une grande fermeté alliée à beaucoup de droiture et de modération, vous ont permis d'en vaincre les difficultés, et vous en avez vaillamment supporté le fardeau.

Quel titre plus sérieux pouviez-vous avoir aux nouvelles et hautes fonctions qui vous sont échues, et pouviez-vous y arriver mieux préparé ? Dans votre modestie, toutefois, présumant trop peu de vous-même, vous ne les désiriez pas, et le choix du gouvernement est venu vous surprendre.

Bannissez toute inquiétude, monsieur le procureur général. Votre carrière de magistrat, déjà si longue et si bien remplie, n'est-elle pas le plus sûr garant que vous serez à la hauteur des devoirs et des responsabilités qui vous incombent désormais ?

Soyez donc le bienvenu au sein de la Cour; vous n'y arrivez point en étranger ; vous ne faites qu'y rentrer sur un siège plus élevé.

Vous avez la bonne fortune de retrouver dans notre nouveau premier président votre chef d'hier. Vous savez ses sentiments à votre égard et la satisfaction qu'il éprouve de vous avoir pour successeur. Ne vous est-il pas précieux de pouvoir compter sur son utile et sympathique concours ?

Le Barreau de Paris vous connaît : c'est assez dire que vous êtes d'autant plus assuré de sa respectueuse déférence.

Dans vos nouveaux collaborateurs, vous retrouvez plusieurs de vos anciens substituts. Au nom de tous, je vous apporte l'assurance d'un concours assidu et loyal, qui est le premier de nos devoirs. Observateurs sévères, ainsi que je le disais à votre prédécesseur, de toutes les lois du pays, scrupuleusement renfermés dans la calme sphère de nos attributions judiciaires, nous sommes tout dévoués à nos fonctions. Désireux de mériter votre confiance, nous vous demandons toute entière bienveillance.

A la suite de ce discours, M. l'avocat général Manuel a requis qu'il plût à la Cour ordonner les lectures et publication du décret, en date du 12 avril présent mois, portant nominations de M. Périvier, aux fonctions de premier président de la Cour d'appel de Paris, et de M. Loew, aux fonctions de procureur général près la Cour d'appel de Paris, et procéder ensuite à la réception du serment et à l'installation de ces magistrats.

M. le président Alexandre, prenant alors la parole s'exprime ainsi :

Monsieur le Premier Président,

Nous rencontrons aujourd'hui cette bonne fortune

que nos compliments d'inauguration s'adressent à un magistrat. Nous n'avons donc qu'à faire appel à nos sentiments traditionnels, en vous apportant le bon vouloir qui prépare l'union, le dévouement à nos devoirs qui la consomme, et les égards personnels qui la maintiennent.

Vous êtes, depuis plusieurs mois déjà des nôtres, monsieur le premier président, et quoique, à raison de vos fonctions, vous n'ayez pas pu, tous les jours, entrer en contact avec les membres assis de cette grande compagnie, nous savons qui vous êtes, quelle a été envers vos auxiliaires du Parquet la bienveillance de votre attitude, l'aménité de votre langage, et dans quel esprit de justice vous leur avez communiqué l'impulsion qu'ils attendaient de vous. Je n'ai point à revenir sur l'éloge prononcé naguère par l'ancien des avocats généraux près la Cour; il a dit votre passé et vos services; il vous appartient de confirmer sur votre nouveau siège les appréciations, dont nous gardons mémoire.

Vous succédez, monsieur le premier président, à toute une longue suite d'éminents magistrats, qui furent aussi d'illustres jurisconsultes et de grands écrivains. Ils ont été les hommes de leur temps. J'écarte de mon jugement sur eux tout esprit d'opinion politique ou de système, mais me rappelant simplement qu'à beaucoup d'entre nous il a été donné de les connaître et de les estimer, il ne m'a pas semblé hors de propos de jeter, en ce jour, un dernier regard sur cette magnifique galerie de portraits, qu'ils nous ont laissée.

M. le premier président Séguier, dès le commencement [1], et pendant le premier tiers de ce siècle, a siégé dans cette vieille salle, qui disparaîtra aussi demain. M. Séguier, je le vois encore, surgissant par cette porte de côté, à l'heure de sa matinale audience. Sa taille est ramassée, son visage mobile et spirituel, son œil clair accusant, sous les rides de l'âge, la verdeur de l'esprit et du caractère. Il fait appeler les causes; il dit son mot, loue les uns, gourmande les autres ; il a ses impatiences, même envers ce Barreau qu'il estime et aime pourtant. Sa voix est vive, rapide, sonore, et se heurte parfois chez lui à la brusquerie de l'ancien soldat ; et son arrêt est marqué au coin de l'*Imperatoria brevitas*. M. Séguier avait apporté à cette Cour l'illustration d'un grand nom de magistrature, il n'a quitté son fauteuil qu'en quittant la vie.

M. Troplong lui succéda. Venant de la Cour de Nancy, il avait siégé parmi nous comme conseiller. Déjà ses premiers travaux l'avaient illustré. Eloquent, la plume à la main, érudit toujours, il passa par la Cour suprême, avant d'être promu chez nous à la première présidence. Ses *Commentaires* avec leurs préfaces historiques, vrais chefs-d'œuvre, seront consultés tant que vivra le droit français. Vous avez presque tous, mes chers collègues, fréquenté cet homme de forte stature, à la parole énergique, avivée par l'accent méridional ; ce littérateur au style large et noble, ce

1 Me Rousse (*de l'Académie Française*) *ancien bâtonnier en l'ordre des avocats de Paris, souvenirs recueillis par son secrétaire* Me *Worms (Paris 1884)*.

jurisconsulte à la fois brillant et sensé, se complaisant à fouiller dans la poussière des vieux maîtres, et sachant dans cette mine délaissée retrouver des trésors.

M. Delangle a remplacé M. Troplong. Il avait appartenu à ce grand Barreau d'alors, magnifique pléiade de l'ordre des avocats de Paris, lequel ayant eu comme la saisine d'un glorieux héritage, en continue les belles et bonnes traditions d'honneur et de talent. M. Delangle passa un jour par le Parquet de la Cour de cassation, où son souvenir demeure. Ami, concitoyen, rival des Dupin, il nous arriva riche de savoir et d'expérience, avec sa méthode d'une si sûre logique, et son esprit puissamment pratique. Parlant d'un homme si voisin de nos temps, je ne dirai de lui qu'une chose, c'est qu'il a légué à nos recueils des arrêts d'une précision juridique inattaquable, et écrits comme à la pointe d'un stylet d'acier. Ils sont pour nous un enseignement.

La grande Cour de Lyon nous a plus tard donné MM. les premiers présidents Devienne et Gilardin. Le premier est aujourd'hui renfermé dans une profonde retraite. Vous le voyez, d'ici, avec son aimable et fin visage. Vous vous rappelez tous, mes chers collègues, avec quelle souple délicatesse, avec quelle habileté de décision il savait dénouer les difficultés des causes les plus embrouillées, de celles qui se rattachent à l'évolution de nos mœurs, à l'essor parfois dangereux du mouvement social, de l'industrie et du commerce. La Cour suprême nous l'enleva à son tour. Pour moi, j'aime à lui adresser de loin un respectueux hommage.

M. Gilardin a passé parmi nous ses dernières années de magistrature. Il n'a que peu survécu à nos adieux, et les éloges qui lui furent adressés dans cette enceinte étaient posthumes. Nature forte et originale, curieux de science, l'esprit rempli et éclairé par ses méditations de juriste et de philosophe — l'un ne marche pas sans l'autre, — il porta haut et ferme le drapeau de la justice, ne se laissa jamais entamer dans la fierté de son caractère, ni dans l'indépendance et la rectitude de sa conscience de magistrat. Comme ses prédécesseurs, il a aussi laissé sa trace dans nos répertoires de jurisprudence.

On aime à le suivre aussi dans ce livre qui fut son testament littéraire, et a été ouvert par la piété de son fils. On aime à l'entendre quand il s'écrie, avec Aristot : que la Raison n'est autre que « la présence de Dieu dans l'âme, » et quand, en face de Dieu, il attache pour clef de voûte à son système de psychologie, la volonté, l'unique, l'active et maîtresse faculté chez l'homme.

Mais voici que j'arrive à celui qui nous a quittés hier, et que je ne saurais louer autant qu'il conviendrait, alors qu'il s'est assis à deux pas de nous. La science de M. Larombière est universellement reconnue ; son livre, même après le traité fameux de Pothier sur les *Obligations*, même à côté d'auteurs récents, a pris sa place parmi les œuvres des maîtres ; M. Larombière emporte nos plus sympathiques adieux. L'aimable simplicité de son abord, sa finesse souriante et bonne, sa modestie, trop grande envers lui-même, — il nous en a fourni la preuve ! — sa douceur, équitable toujours dans l'accomplissement de ses devoirs de haut magistrat, toutes ces qualités, il nous a été donné d'en jouir pleinement à ses côtés. A peine s'il laissait percer l'autorité du *primus inter pares*.

Il n'en recueillait pas moins le respect dû à sa personne, l'influence due à son érudition, et il suscitait en nous l'exactitude professionnelle, et nos efforts vers le but. Lui aussi, il fut homme de lettres. Un jour, il s'attaqua au poème le plus âpre, le plus puissant, le plus effrayant peut-être qui soit au monde. Il traduisit l'œuvre de Lucrèce [1], ce héros de la poésie matérialiste, qui, selon la rigueur de ses doctrines, alla, un jour, échouer sur le roc du suicide. L'ensorcellement des beaux vers avait-il donc saisi notre premier président ! Il entama, combat purement littéraire, le combat contre le géant. Depuis, toujours ouvert à sa veine poétique, M. Larombière était rentré dans la contemplation des horizons meilleurs, plus conformes à sa nature, et cette fois tout à fait Virgiliens [2].

Pardonnez-moi cette digression, monsieur le premier président, et vous aussi, mes très chers collègues, les œuvres dont je parle se sont produites au milieu de nous ; elles nous appartiennent quelque peu et je ne pouvais les passer sous silence.

Mais il est temps de revenir à la matière de ce discours. Malgré l'usage qui laisse à M. l'avocat général

[1] Traduction en vers du *De rerum naturâ*. Paris, 1878.

[2] Traduction en vers des *Géorgiques*, 1883. — *Etude sur la coutume de la Marche, présentée, à l'Académie des sciences morales et politiques*.

seul le soin de vous introduire dans notre prétoire, il m'a semblé que, pour cette fois, monsieur le procureur général, mes collègues me donneraient licence de vous adresser aussi mes félicitations personnelles et sincères. Nous nous connaissons depuis bien longtemps. Vous avez débuté auprès de moi dans la carrière, où vous avez conquis le succès. Que d'événements depuis lors! Que de vicissitudes dans les gloires et les désastres ! Vous avez vaillamment, devant l'ennemi, opté pour la grande Patrie, abandonnant, le cœur déchiré, la terre natale, où vous retenaient tant de liens !

Comme il y a trente ans et plus, par une heureuse coïncidence, nous nous retrouvons l'un près de l'autre, et par le privilège de mon ancienneté au tableau, c'est moi qui vous recevrai au serment.

Ma vieille amitié pour vous se fonde sur les épreuves du passé. Je sais trop bien, d'ailleurs, que, magistrat républicain, vous ne répudieriez pas l'antique maxime des avocats du roi en cour de Parlement : « Si veut la Loi, si veut le Roi. » Elle est le palladium, toujours, de l'impartiale justice. Il n'en est pas qui soit plus belle, ou qui convienne mieux à votre conscience et à l'intégrité de votre caractère.

Une fois encore, et avant de finir, je me tourne vers vous, monsieur le premier président. En vous choisissant, après vos illustres devanciers, le gouvernement vous a décerné un grand et redoutable honneur. Nous nous ferons honneur à nous-mêmes en vous parlant en libres citoyens et en loyaux magistrats.

Il est des hommes, et beaucoup, de par le monde

politique, qui ne craignent pas d'affirmer ceci : après treize ans écoulés, la République ne serait point achevée : comme les forts et durs chênes de la forêt, elle aurait besoin d'enfoncer plus loin encore ses racines, et pour féconder le sol, il lui faudrait des réformes, nombreuses, radicales ?

Aspice venturo lætantur ut omnia sæclo.

Et à ce compte, nous aussi, les témoins, les interprètes, les défenseurs nés de la loi, nous devrions être soumis à des remaniements prochains, atteignant et les personnes et les choses! Loin de moi la pensée d'entrer ici dans le débat et le détail des systèmes, sur lesquels on n'a pu s'entendre encore! Qu'il me soit permis, du moins, d'élever ma voix et ma Remontrance.

J'estime qu'il y aurait grave danger pour la justice à jeter à bas l'inamovibilité du juge, cette pierre angulaire de la magistrature, en tout pays libre, monarchie ou République. « Il n'y a point de liberté, ainsi » parle Montesquieu, si la puissance du juge n'est » point séparée de la puissance législative et de l'exé» cutrice. Si elle était jointe à la puissance législative, » le pouvoir sur la liberté des citoyens serait arbi» traire, car le juge serait législateur. Si elle était » jointe à la puissance exécutrice, le juge pourrait » avoir la force d'un oppresseur. » (*Esprit des lois*, XI, chapitre VI.)

L'indépendance du pouvoir judiciaire est donc chose nécessaire, en République surtout. Certes, je suis de ceux qui veulent, malgré les abus possibles (et quel gouvernement ne commet pas de fautes !) que la nomination des magistrats appartienne à l'exécutif, et de droit et de raison. Mais cette nomination faite, elle doit être à vie, sauf les cas de déchéance et la retraite commandée par l'âge. Juge élu, là où l'élection sagement ordonnée serait à la rigueur praticable ou possible, le magistrat durerait autant que son mandat. Institué par le pouvoir, il doit être par contre hors de la main du pouvoir. L'indépendance du juge fait seule contrepoids aux ambitions malsaines, aux iniques rancunes, aux influences délétères, d'où qu'elles viennent, d'en bas ou d'en haut. « Sans l'inamovibilité, disait-on aux États de Tours en 1483, les juges ne seraient ni si vertueux, ni si hardis de garder et de défendre les droits... comme ils sont tenus de le faire. »

Et n'est-il pas vrai que ceux-là même qui attaquent le principe et le veulent détruire, lui rendent aussitôt et inconsciemment hommage, quand suspendant l'inamovibilité par manière de réforme, en donnant à l'arbitraire administratif un pouvoir énorme, ils s'empressent de le rétablir, mais boiteux, en but à tous les retours, à tous les contre-coups de la politique. Que l'expérience se fasse, et l'expérience dira vite si le niveau des caractères et du talent, et si celui des garanties dues aux justiciables se sera maintenu [1]. On

[1] *Voir le rapport, fait (mai 1883) au nom de la commission chargée d'examiner le projet*[a] *de désorganisation judiciaire, par*

[a] Cette commission, dont il importe de ne pas oublier les noms, était composée de M. Lelièvre, président, Bastid, secrétaire, René Goblet Casson, (Albert) Grévy (Corentin) Guyho, Saint-Romme, Laroze, F. Dreyfus, Labussière, Jules Roche, rapporteur.

aura des hommes, toujours, pour prendre les places, on n'aura pas de vrais et sûrs magistrats pour les remplir.

Je dépose en vos mains, monsieur le premier président, ces quelques considérations. Il me paraît digne de vous et de nous, de recommander à votre prudente attention et à votre amour vrai de la justice, une pensée que je crois celle de la majorité de nos collègues, et celle aussi de tous ces savants hommes qui entourent nos prêtoires, et nous assistent dans l'accomplissement de la mission, à laquelle ils ont, avec nous, dévoué leur vie.

Veuillez, monsieur le premier président, nous prêter le secours de votre autorité, et de votre droit de conseil,en haut lieu. Assurément vous y pourrez dire, vous appuyant sur votre expérience de tous les jours, que nous jugeons avec la loi, rien qu'avec la loi ; que, comme il est de notre office de l'appliquer et non de la faire — *jura dare, non condere* — nous la proclamons quand elle existe : nous nions qu'elle soit, quand elle n'existe pas. Nous sollicitons respectueusement de vous ce véridique témoignage.

Nous continuons cependant à nous adonner à la seule justice, et nous appelons de nos vœux les sages, les utiles réformes, la réduction des frais, la simplification des procédures, et toutes celles qui tendent à

M. Jules Roche, député du Var, dont le nom se retrouve aussi dans l'expulsion des Ordres Religieux, qui se croyaient garantis par le Concordat. — Les généraux se croyaient aussi protégés, par leurs glorieuses campagnes, ils avaient compté, sans les nécessités opportunistes et leurs convoitises.

accélérer la rapidité des décisions, au grand profit des intérêts publics et privés. Ces réformes, elles seraient vraiment à l'honneur du gouvernement de la République. Et quand à nous, quant à ceux surtout que l'âge ou toute autre éventualité menace, nous vous saluons, monsieur le premier président, jusqu'au bout fidèles à nos devoirs, jusqu'au bout exempts de crainte, et ne demandant au ciel autre chose que la stabilité de nos institutions et avec elles la prospérité de notre pays.

M. le président Alexandre, au nom de la cour, a ordonné la lecture du décret, qui a été faite par le greffier en chef.

Après cette lecture, le Greffier en chef, sur l'ordre de M. le président, a lu la formule du serment ainsi conçue : « Je jure et promets de bien et fidèlement » remplir mes fonctions, de garder religieusement le » secret des délibérations et de me conduire en tout » comme un digne et loyal magistrat. » MM. Périvier et Loew, debout, et la main droite levée, ont chacun dit : Je le jure !

M. le président a donné acte à M. l'avocat général de la lecture du décret, et aux magistrats ci-dessus nommés du serment par eux prêté ; il a ordonné la transcription du décret sur le registre des délibérations de la Cour d'appel, ainsi que la mention du serment ; puis, sur son invitation, M. le premier président et M. le procureur général ont occupé leurs places en tête de la Cour et du Parquet, et ils ont été déclarés installés dans leurs fonctions.

M. le premier président Périvier s'exprime alors en ces termes : Messieurs, le décret qui m'appelle à votre tête a devancé le terme, *que j'avais assigné moi-même à la réalisation de mes secrets désirs*[1] ? Ma reconnaissance, envers le président de la République et M. le Garde des sceaux en est d'autant plus vive, aussi est-ce avec une émotion profonde que je leur en renouvelle ici la respectueuse expression. Quelques mois seulement se sont écoulés, depuis le jour où je suis venu, dans une cérémonie pareille, prendre possession du Parquet de la Cour. Je vous ai fait alors, nouveau venu parmi vous, les déclarations exigées par les traditions et les convenances. J'ai l'espoir que vous en avez conservé quelque souvenir et je ne veux point, en les renouvelant, tomber dans des redites inutiles et fastidieuses pour tous. Votre premier président d'aujourd'hui se croit autorisé à se présenter à vous sous les auspices de votre procureur général d'hier. Je ne saurais toutefois renoncer à la parole sans manquer à plus d'un devoir. Je tiens d'abord à vous remercier, monsieur le président, et vous, monsieur

[1] Etat des services expliquant les rapides promotions de M. le premier président Périvier et les huit nominations, dont il a été honoré, d'octobre 1870 au 12 avril 1883 : avocat à Poitiers ; 30 octobre 1870, premier avocat général près la Cour de Poitiers ; 16 janvier 1877, procureur général à Besançon ; 25 mai 1877, conseiller à la Cour de Caen ; le 11 juin 1877, non acceptant ; 22 janvier 1879 procureur général à Lyon ; 26 avril 1879 premier président à Besançon ; 13 décembre 1881, conseiller à la Cour de cassation ; 8 octobre 1882, procureur général à Paris ; 12 avril 1883, premier président à Paris. A rapprocher des services, des réquisitoires, des commentaires de Troplong, Delangle, Devienne, Larombière.

l'avocat général, des paroles de bienvenue, toutes pleines de courtoisie, que vous avez bien voulu m'adresser. Je les accepte, moins parce que je m'en crois digne, que parce qu'elles me serviront de stimulant pour les mériter. Mais si, dès à présent, je trouve dans vos loyales assurances l'heureux présage de bons rapports qui ne manqueront pas de s'établir entre nous, elles n'ont point la vertu de dissiper dans mon esprit les appréhensions qui l'assiègent. Les grandes compagnies judiciaires aiment à voir refléter dans la personne de leurs chefs quelque chose de l'éclat qui leur est propre. C'est ainsi que vous conservez pieusement dans vos souvenirs les noms de mes illustres devanciers, dignes gardiens de votre glorieux patrimoine et qui, *tous*, l'ont transmis à leurs successeurs, enrichi de leurs propres richesses. Je ne monte qu'en tremblant à leur place. Je me propose bien de les prendre tous pour exemples et pour modèles, mais, je vous le dis sans fausse modestie, je n'ai point la prétention d'en égaler aucun. Pour ne parler que de mon éminent prédécesseur, je ne puis avoir l'espoir de le remplacer dans la direction de nos travaux communs. Son départ, motivé par le respectable désir de se soustraire [1] « aux coups aveugles d'un inexorable décret, » a laissé dans vos rangs un trop grand vide pour que je puisse espérer de le combler jamais. Ce que vous en avez dit, monsieur le président et vous, monsieur l'avocat général, bien placés l'un et l'autre pour apprécier justement les rares qualités du juris-

[1] Discours d'installation de M. le premier président Larombière.

consulte et du magistrat, n'est que la fidèle expression de notre pensée commune. Je ne puis que m'y associer sans réserve, et il serait téméraire à moi qui l'ai si peu connu, d'ajouter un mot à l'éloge que vous venez d'en faire, dans les meilleurs termes et avec autant de compétence que d'autorité. Je ne veux pourtant pas laisser passer l'occasion qui m'est offerte, sans rendre hommage à l'incomparable talent dont M. le premier président Larombière a constamment fait preuve dans la rédaction de ses arrêts.

Dans toutes les décisions dues à sa plume, le *fait* est rappelé avec une sobre et saisissante précision ; la *règle de droit* est formulée avec autant de justesse que de concision et de clarté ; les *deductions*, développées avec une inépuisable fécondité, conduisent l'esprit, sans contrainte et sans efforts, à la *démonstration*, commandée pai des prémisses toujours sûres. Et puis, un pur reflet littéraire vient discrètement éclairer le fond toujours un peu sombre que donne fatalement à ce genre de composition la sévérité de la langue juridique. La pensée y circule à l'aise, comme l'air dans un paysage, dû au pinceau d'un grand maître. On sent à la lecture de ces arrêts qu'ils sont l'œuvre d'un jurisconsulte, d'un dialecticien et d'un lettré. Ils mériteraient d'être mis à part dans nos recueils, pour être conservés comme des modèles.

En perdant M. le premier président Larombière vous êtes appauvris, Messieurs ; la Cour de cassation est heureuse de rentrer dans son bien.

MONSIEUR LE PROCUREUR GÉNÉRAL,

Il n'est pas dans les traditions de la Cour que le chef du Parquet, venant ici recevoir l'investiture que la loi lui impose, soit harangué par le magistrat qui préside l'audience. L'installation du premier président coïncidant avec la vôtre, M. le doyen des présidents n'a pas voulu, je ne veux pas moi-même, renoncer à la parole sans vous adresser quelques mots de bienvenue.

Pendant six mois vous avez été, comme chef du grand Parquet de la Seine, mon premier collaborateur. Chaque jour, dans l'examen des graves questions que nous avons eues à traiter ensemble, j'ai pu apprécier toutes les ressources de votre haute intelligence, votre profonde érudition, votre puissance de travail, et par-dessus tout, ce qui en est comme le couronnement, votre juste sentiment du devoir, inspiré toujours par le respect absolu de la légalité. A tous ces titres, vous étiez tout désigné au choix du gouvernement qui, au surplus, connaît et apprécie votre attachement à nos institutions, pour diriger l'action publique dans le vaste ressort de la première Cour de France.

Vous trouverez à vos côtés, vous le savez déjà, des collaborateurs zélés, dont le haut mérite n'a d'égal que leur dévouement absolu à tous leurs devoirs et à leur chef. Je regrette de les quitter sitôt, et j'éprouve, en me séparant d'eux, la pénible émotion que ressent toujours le chef d'une famille unie, quand il est obligé de s'éloigner des siens. Mais l'amertume de notre séparation est adoucie par la pensée que, pour être moins fréquentes et moins intimes, nos relations pourront encore être continuées. Je me fais grand plaisir à leur donner l'assurance que je saurai saisir toutes les occasions qui me seront offertes de donner à chacun d'eux des preuves nouvelles et non équivoques de mon estime et de mon amitié.

MESSIEURS,

Jusqu'à cette heure de notre audience nous ne nous sommes occupés que de nous-mêmes. Personne assurément n'y trouvera rien à redire, car il est naturel et juste que dans une fête de famille comme celle qui nous rassemble aujourd'hui, il soit donné libre cours aux effusions du cœur. Mais souffrez qu'au moment où je prends possession de mes nouvelles fonctions, je vous entretienne, quelques instants, des travaux judiciaires confiés à notre vigilance commune et dont la direction rentre plus particulièrement dans les attributions de votre premier président.

Nous entendons répéter tous les jours autour de nous, qu'à Paris, plus que partout ailleurs, l'administration de la justice fonctionne avec une désespérante lenteur ; que les retards apportés spécialement dans l'expédition des affaires civiles équivalent souvent à de véritables dénis de justice... Ces critiques ne reposent que sur de trompeuses apparences. Il est certain que les plaideurs attendent trop longtemps la solution de leurs procès. Mais si on recherche les causes de ces trop longs retards, il est facile de reconnaître qu'ils ne peuvent être imputés ni à l'inactivité des magistrats, ni à l'inexactitude des membres du Barreau, car à vrai dire, dans la plupart des Cours d'appel, il se juge définitivement, pendant le cours de chaque année judiciaire, moins d'affaires contradictoires, que dans chacune de vos chambres civiles. Il n'en est pas moins vrai que les affaires portées au rôle général de la Cour, suivant depuis plusieurs années une progression constante, il en restait à juger au 31 décembre de l'année dernière, 3,528. Et pourtant, le nombre des arrêts contradictoires rendus par vos chambres civiles présente une certaine augmentation puisqu'en 1870 il a été de 1,577 ; en 1881, de 1,588 et en 1882, de 1,691. Cette augmentation constante des affaires nouvelles et la progression toujours croissante de notre arriéré annuel, expliquent comment les procès civils ne peuvent recevoir une solution définitive, avant un délai moyen de deux à trois années. Pendant ce temps-là, combien d'insolvabilités réelles ou simulées ne viennent-elles pas léser profondément les droits les plus légitimes et les moins contestables !... Cet état de choses ne saurait durer longtemps. J'ai le ferme espoir qu'il suffira de le signaler au gouvernement et aux grands pouvoirs publics, également soucieux des intérêts des justiciables, pour que, dans le plus bref délai, tout soit tenté pour remédier à un si grand mal. Déjà le gouvernement avait cru trouver le remède dans la création d'une chambre temporaire. Malgré le zèle constant des magistrats qui la composent, malgré la ferme et intelligente direction de M. le président Violas, au rare mérite duquel je suis heureux de rendre, en passant, un solennel et public hommage, l'arriéré n'a cessé de progresser toujours. La raison en est simple. Chaque chambre civile ayant été obligée de fournir un ou deux de ses membres, pour composer la chambre temporaire, a été réduite, ou à peu près, au nombre réglementairement exigé pour la validité des arrêts. De sorte que, survenant les maladies, les deuils de famille, les exigences du service criminel, il est arrivé bien des fois, presque chaque semaine, que l'une ou l'autre de vos chambres n'a pu se constituer pour la continuation des débats déjà commencés, ou même pour entamer la discussion de nouvelles affaires. Combien de fois MM. les présidents n'ont-ils pas été dans la nécessité de faire appel au concours de l'un de MM. les avocats présents à la barre ?... Ce concours ne leur a jamais fait défaut, et je tiens, au nom de la Cour, à en remercier le Barreau tout entier. Mais le profit que vous en avez retiré pour l'expédition des affaires a été plus apparent que réel, car dans toutes celles qui ne pouvaient être jugées dans une seule audience, rarement l'avocat qui s'était joint à la Cour pouvait être libre au jour fixé pour la continuation des débats. De là des difficultés et des complications de tout genre se traduisant toujours par des remises se répétant sans cesse et des pertes de temps considérables. Aussi, quand le moment est venu d'examiner la question de savoir s'il y avait lieu de solliciter de M. le Garde des sceaux la prorogation de votre chambre temporaire, MM. les présidents ont-ils été unanimes à penser qu'il n'y avait pas lieu de la réclamer. Leur avis a été adopté par M. le Ministre de la Justice qui m'a chargé de vous informer officiellement que votre chambre temporaire cessera d'exister à partir du 3 mai prochain, terme fixé pour sa durée, par le décret de son institution. Les magistrats qui la composent vont être reversés dans les autres chambres, entre lesquelles seront réparties par mes soins les affaires qui lui avaient été attribuées et qui n'ont pas encore reçu leur solution définitive. Dans quelques jours, chaque chambre aura recouvré sa composition normale, mais nous nous trouverons toujours en présence de l'énorme arriéré que je vous signalais tout à l'heure. Dans l'état actuel de notre organisation, nous ne pouvons espérer de le faire disparaître, mais notre devoir, sur le siège comme à la barre, est de réunir tous nos efforts, pour le diminuer, en imprimant à l'expédition des affaires une impulsion plus vive. En ce qui me concerne, je me propose de me concerter avec MM. les Présidents des chambres pour rechercher les améliorations qui peuvent être introduites dans nos services respectifs. Nous aurons à examiner si le mode adopté jusqu'à présent pour la fixation des plaidoiries ne peut pas être modifié ; s'il ne serait pas préférable, par exemple, de continuer sans interruption les discussions des affaires une fois qu'elles sont commencées ; s'il ne serait pas possible enfin, suivant en cela la pratique d'un grand nombre de Cours de province, d'arrêter huit ou quinze jours à l'avance le rôle de chaque semaine d'audience. Dans l'examen de toutes ces questions, nous ne nous inspirerons que de l'intérêt des justiciables auquel nous sacrifierons sans regret nos préférences personnelles.

Dans les solutions que nous pourrions adopter, nous tiendrons le plus grand compte des convenances et des exigences professionnelles de MM. les Avocats, sans le concours desquels tous nos efforts seraient condamnés à l'impuissance. Nous provoquerons, nous recevrons avec empressement les communications des plus autorisés d'entre eux. Ils répondront, j'en suis sûr, à notre appel, car ils savent quel prix les magistrats attachent au maintien de leurs bons rapports avec eux tous. En ce qui me concerne personnellement, je n'ai pas besoin de leur renouveler aujourd'hui les assurances que je leur ai récemment données. Jamais ils ne pourront se méprendre sur mes sentiments à leur égard, et ils peuvent être convaincus que tout ce qui leur sera demandé par mes collègues et par moi-même comme tout ce que les nécessités du service ne nous permettront pas de leur accorder, ne nous sera jamais inspiré que par le désir et la volonté de rendre bonne et prompte justice.

La parole est ensuite donnée à M. le Procureur Général Loew, qui prononce le discours suivant :

Monsieur le premier président, Messieurs,

La solennité à laquelle nous assistons a tout à la fois son charme et ses périls; son charme, en ce qu'elle fair entrer dès l'abord le magistrat qui vous arrive en communion d'idées avec vous, qu'introduit par la parole bienveillante de l'un des vôtres, il cesse, au début même de ses fonctions, de vous être un inconnu, et qu'il peut ainsi, sans longue attente, inaugurer les relations de la vie commune ; — ses périls, parce que l'affectueuse cordialité des collègues qui le reçoivent tend à grandir son mérite, et qu'il doit craindre que l'exagération de l'éloge ne retourne en déceptions contre lui les illusions créées autour de lui.

J'éprouve aujourd'hui cette double impression, et les flatteuses allocutions de bienvenue qui m'ont été adressées ne peuvent me faire oublier, par leurs séductions, les dangers que je courrai à l'épreuve.

Souffrez que, pour réagir, je me montre tel que je suis, avec la franchise du cœur qui est le premier hommage qu'un magistrat nouveau venu doive aux magistrats qui l'accueillent.

De tous les sentiments que me prêtent, avec une courtoise libéralité, les discours que vous venez d'entendre, il en est un cependant que je revendique sans restriction, c'est la fidélité aux souvenirs.

Les paroles de sympathie qui l'ont rappelée n'ont fait d'ailleurs que devancer ma propre pensée qui ne pouvait pas, au moment où je prenais possession de ce siège, ne pas se reporter tout d'abord vers le passé et les circonstances douloureuses auxquelles je dois de me trouver au milieu de vous.

— Douze ans déjà se sont écoulés depuis que la conquête m'a ravi mes foyers ; mais les regrets des pénates perdus sont aussi vifs que le jour où j'ai dû les quitter, le cœur brisé.

Président de l'un des Tribunaux les plus importants

de l'Alsace, je jouissais de ce bonheur, si apprécié du magistrat, d'être préposé aux fonctions qui répondaient le mieux à mes goûts et de les exercer au milieu des miens, dans cette grande et industrieuse cité Mulhousienne, toujours ouverte aux nobles pensées et à la généreuse préoccupation du bien public.

Je me croyais sûr de l'avenir ; le réveil fut terrible ; aucun des souvenirs de l'année néfaste ne s'est effacé de ma mémoire. Depuis les premières angoisses de la défaite jusqu'à cette lutte dernière, avec soi-même, alors que, partagé entre le devoir envers la petite patrie Alsacienne et le dévouement à la grande patrie Française, le cœur hésitait avant de se résoudre au déchirement final, tous ils se dressent encore aujourd'hui, vivants, devant moi et viennent jeter un voile de tristesse sur l'honneur qui m'est fait.

Je vous en devais l'expression, Messieurs, car vous avez le droit de savoir quels événements amènent à vos côtés un magistrat, que la distance et les bornes qu'il avait lui-même posées à son ambition, ne prédestinaient pas à une telle situation.

Je le devais également à ma chère Alsace, dans cette circonstance solennelle où, par une pieuse tradition, la parole est avant tout aux sentiments personnels et intimes du magistrat.

Il est bon d'ailleurs de relever sans cesse les souvenirs, dans lesquels se concentre l'idée de patrie, de montrer comment cette idée se fortifie par les souffrances et les sacrifices qu'elle impose, et, dans les temps troublés où nous vivons, de l'affirmer comme le point de ralliement de toutes les opinions, de tous les efforts, dans une concorde féconde pour la France.

Grâce à la bienveillante sollicitude de M. Dufaure, à qui les magistrats d'Alsace ne sauraient garder trop de reconnaissance, je retrouvai une famille judiciaire d'abord au Havre, puis à Paris.

Depuis huit ans, ma vie appartient à ce palais. Le dévouement à mes fonctions, l'amour de la justice, un extrême souci d'impartialité, la pratique attentive et soutenue du devoir, voilà mon passé : il répond des efforts de l'avenir.

Des fonctions dont le moindre acte engage une grave responsabilité veulent qu'on se donne à elles, tout entier ; je l'ai fait et je le ferai encore. Ce n'est que dans cet abandon de soi-même que l'on peut puiser la force nécessaire, pour toujours bien faire, et marcher haut et ferme, dans la voie que trace la conscience.

Cette absorption du magistrat par le devoir n'est-elle pas d'ailleurs son meilleur refuge contre les bruits, les agressions, les intimidations du dehors, à cette époque de publicité à outrance, où la pénétration de la presse, dans l'œuvre du juge, semble devenir une des charges de son exercice professionnel ?

Grâce à l'intérêt qui s'attache à toutes les questions dont la magistrature est saisie, les événements judiciaires ont pris une place considérable dans le journalisme.

C'est une tendance qu'il faut savoir accepter, et, si elle a ses abus, si elle peut aboutir parfois à la malveillance ou à la calomnie, sachons reconnaître toutefois que cette curiosité jetée dans les actes du magistrat, peut avoir ses avantages, qu'elle le raffermit et le fortifie dans la ligne du devoir, qu'elle l'éclaire ou le rassure sur le chemin déjà suivi, et que, le plus souvent, elle tourne à son honneur, en le montrant partout et toujours préoccupé de l'œuvre de science et de conscience à laquelle il a voué sa vie.

A ces légères amertumes d'ailleurs, le magistrat ne trouve-t-il pas des compensations, et comme la seule réponse digne de lui, dans la confiance chaque jour grandissante des justiciables ? Et le ministère public ne participe-t-il pas plus que tout autre à cette disposition des esprits ? Il n'apparaît plus aux populations uniquement avec le redoutable appareil de la poursuite et de la répression, il est devenu le conseil et l'arbitre de tous ceux qui ont une plainte à formuler, le recours de tous les droits méconnus ou qui croient l'être.

A côté de sa fonction officielle s'est formée une fonction officieuse, qui, à Paris seulement, porte sur près de quarante mille affaires, par an, fonction toute de bienfaisance, créée par l'entraînement du sentiment public, à qui la protection, sous toutes les formes, des pauvres et des déshérités, apparaît de plus en plus, comme la loi du progrès social et comme la meilleure garantie, contre d'audacieuses et criminelles revendications.

Je sens bien ce que cette tâche surabondante a d'écrasant, s'ajoutant à la tâche déjà si considérable des Parquets, mais je sais aussi que le courage et la bonne volonté d'aucun de mes collaborateurs n'y feront défaut. N'arrive-t-il pas souvent, en présence d'un devoir imprévu, qu'alors même que les instants sont remplis et que les forces paraissent épuisées, il est possible encore, en serrant les minutes et en ravivant les efforts, de satisfaire à la tâche nouvelle ? Celui qui se borne au devoir ne fait pas son devoir, dit le moraliste, maxime profonde qui fait entrer dans l'idée du devoir la notion du sacrifice de soi-même, et qui semble tracer sa véritable ligne de conduite au magistrat, sans cesse entraîné par sa mission, par cela seul qu'elle est indéfinie, au delà des limites apparentes de son activité.

En dehors de cette affirmation de mon dévouement aux intérêts que je dois servir, je n'ai point de programme à formuler. Ce serait inutile, d'ailleurs, alors que je ne vois autour de moi que des exemples à imiter.

Cependant, je ne puis point ne pas m'arrêter un instant sur une question toujours brûlante, aggravée de temps à autre par des fautes isolées, mais qui rejaillissent sur le corps tout entier, et qui est dans nos pensées à tous : c'est celle de l'attitude politique du magistrat, — non que je veuille reprendre la thèse qui a été développée devant vous, en si excellents termes, il y a peu de mois, par M. le Procureur général Périvier, mais pour préciser ce que l'on attend du magistrat, en cette matière.

Dans les débats ouverts devant la Chambre pour répondre à une préoccupation, exagérée sans doute, mais qui existe assez vive pour qu'il ait paru difficile de n'en demander le remède qu'au temps, une haute autorité a placé la formule de la correction politique du magistrat, dans la soumission aux lois constitutionnelles et le respect des pouvoirs établis[1].

Je ne crois pas qu'un gouvernement soucieux de sa dignité puisse demander moins aux magistrats, à qui il confie la mission de rendre la justice en son nom. Bien des gouvernements passés leur ont demandé davantage.

Le magistrat, d'ailleurs, ne saurait oublier que la loi constitutionnelle, créatrice des institutions républicaines, est l'expression d'un patriotique élan de conciliation, et qu'après de solennels débats elle a été votée par les opinions les plus opposées, comme le remède suprême aux divisions qui menaçaient la France.

Respecter son œuvre dans le développement que lui a imprimé la volonté nationale, la servir, lui donner la première place dans les déférences publiques, c'est encore faire acte de patriotisme et continuer la grande pensée qui, il y a huit ans, a inspiré à tant d'hommes considérables et convaincus le sacrifice de leurs préférences.

Je n'ai rien à ajouter, Messieurs. Parler devant vous de la nécessité de dégager la justice de toute préoccupation politique, ce serait vous faire injure.

Je sais, et par les exemples que j'ai eus sous les yeux, et par les échos de ce grand Palais de Justice où tous les bruits se concentrent, mais d'où finit tou-

[1] Discours prononcé à la Chambre, le 30 mai 1882, par M. Martin-Feuillée. « Ce que le pays veut, c'est une magistrature qui » soit en dehors des luttes politiques, une magistrature qui ne re- » présente aucun parti, qui, soumise aux lois constitutionnelles et » respectueuse des pouvoirs légalement établis, administre impar- » tialement la justice. »

jours par se dégager la vérité, combien votre justice ne s'est jamais inspirée que du plus scrupuleux respect de la loi et du droit.

Jus et Lex, n'est-ce pas d'ailleurs la devise du Palais ?

On la retrouve partout sur ses murs, rappelant sans cesse au magistrat ce qui est son pôle et sa boussole, en même temps que la condition de sa dignité et de sa considération.

Dans un instant, Messieurs, je vais prendre en mains la direction de ce grand Parquet, et, si rassurantes que soient les paroles de bienvenue qui m'ont accueilli, je ne puis dominer mon émotion. Je n'apporte au milieu de vous qu'un grand désir de bien faire : je n'ai, pour justifier l'honneur qui m'advient, qu'un passé de consciencieux travail, et je sens vivement l'insuffisance de ses titres, dans un poste où vous avez été habitués à rencontrer tour à tour l'éclat des services, la profondeur de la science ou le prestigé de l'éloquence.

Aussi n'est-ce qu'avec un sentiment mélangé de crainte et de reconnaissance que je viens remercier M. le Président de la République et M. le Garde des sceaux du témoignage de haute confiance qu'ils ont bien voulu m'accorder. J'en connais tout le prix et, bien que j'aie été plutôt disposé à le fuir qu'à le solliciter, je l'accepte, car non plus qu'au soldat il n'est permis au magistrat de se soustraire au devoir.

Dans l'accomplissement de ma tâche, je serai guidé, d'ailleurs, par le souvenir de mes éminents prédécesseurs et par les monuments de travail et de direction qu'ils ont laissés.

Je continuerai à exercer l'action publique, avec une impartiale équité, mais aussi avec la fermeté nécessaire pour défendre l'ordre public et les grands principes sur lequels repose la société, contre toute atteinte criminelle, de quelque part qu'elle se produise ou de quelque nom qu'elle se colore.

La liberté traverse en ce moment une grande épreuve; après les longues compressions des lois et des régimes politiques, il semble qu'elle doute encore de son existence et que pour y croire ou y faire croire, elle a besoin de se montrer violente. C'est la période du bruit, du mouvement, des agitations juvéniles et stériles. Elle est cruelle et décevante, cette période, pour ceux qui voient dans la liberté l'agent le plus actif et le plus sûr de toute réforme, et qui, au lieu de ces élans vifs et féconds qui assurent le progrès, rencontrent trop souvent les excès, la haine et la provocation.

Nous assistons attristés à ces entraînements, qui tendent à compromettre le vieux renom de libéralisme, de générosité, de bon sens et de pratique raison de la France, veillant toutefois, la main sur la garde de la loi, sur tout acte de violence ou de désordre.

Gardons-nous cependant de désespérer ; le sentiment public suffira peut-être pour faire la réaction, et de l'expérience que fait le pays nous ne retiendrons alors que cet enseignement : c'est que l'apprentissage de la liberté est toujours difficile, et que, pour la fonder, si l'on veut éviter la licence, il vaut mieux que les mœurs devancent la loi que d'être devancées et stimulées par elle.

Je n'ai pas besoin d'ajouter, pour ceux qui me connaissent, combien il me sera toujours doux de tempérer les sévérités de ma charge par la modération, la bienveillance et la mesure qu'elle pourra comporter; il n'y a pas de vraie justice sans elles.

Je remercie M. L'Avocat général de m'avoir promis le concours de collaborateurs dont je connais la valeur et les sérieuses qualités. Je ne le remercie pas moins des paroles trop flatteuses qu'il m'a adressées.

Venant d'un magistrat, tenu en si haute estime par la Cour, elles ont une signification dont je suis fier, et si, dans un sentiment de courtoisie, il a cru devoir forcer l'expression de sa pensée, il m'a tout au moins tracé un idéal, dont les regrets de n'avoir pu le réaliser jusqu'à ce jour, m'encouragent à tenter l'effort.

Permettez-moi aussi, Messieurs, de réclamer votre bienveillant appui à tous; je sais combien l'autorité du Procureur général se fortifie de votre confiance; j'espère pouvoir me la concilier et mériter vos sympathies. Je ne suis point d'ailleurs un inconnu pour vous. Je retrouve d'anciens magistrats du Tribunal, qui voudront bien se souvenir des cordiales relations d'autrefois — des amis qui m'ont suivi dans ma carrière, dès mes premiers débuts, et qui vous diront quel souci du droit et de la justice m'a toujours animé — et au premier rang, l'éminent doyen de vos Présidents, qui m'a ouvert, il y a trente-deux ans, les portes de la magistrature, et qui aujourd'hui, par un rare concours de circonstances, est appelé à recevoir, dans ce poste d'honneur, son ancien et modeste attaché de Strasbourg.

Qu'il me permette de lui adresser l'expression émue de ma profonde reconnaissance, aussi bien pour les bontés passées que pour les termes affectueux par lesquels, sortant de vos traditions, il vient de saluer mon retour au milieu de vous.

Arrivant sous ces auspices, est-il présomptueux de ma part de compter sur la confiance de la Cour? Et si je cède à une illusion, laissez-la-moi du moins assez de temps pour que, à l'épreuve de mes actes, elle devienne une réalité.

J'ai, Messieurs, un dernier devoir de cœur à remplir; c'est un mot d'adieu à adresser à ce Tribunal de la Seine à qui j'ai appartenu, pendant huit années, et auquel me rattacheront toujours les meillleurs souvenirs de ma carrière, à son éminent Président et à mes auxiliaires du Parquet.

MONSIEUR LE PREMIER PRÉSIDENT,

Si quelque chose peut me rassurer au moment de saisir les rênes d'une lourde administration, c'est la pensée qu'en vous succédant je ne vous perds pas et que je retrouverai à mes côtés, comme collègue, les conseils d'une expérience, dont vous avez si souvent aidé le subordonné.

Lorsque, il y a quelques, mois, vous quittiez les régions sereines et contemplatives de la Cour de cassation pour rentrer dans la vie active et non sans orages du Parquet, j'ai été le premier à applaudir respectueusement au choix de M. le Garde des sceaux. Les relations entre le Parquet de la Cour de Paris et celui de la Seine sont trop continues et trop étroites, pour que je n'aie pas été touché du changement qui se préparaît.

M. le Procureur général Dauphin m'avait rendu la tâche facile par la franchise de sa nature, l'amabilité de son accueil et la continuité d'une confiance qui, après m'avoir élevé au premier poste des Parquets d'instance, ne s'est jamais démentie. J'avais été ému de la nouvelle de son départ, et mes regrets, tout en demeurant profonds, n'ont perdu de leur acuité qu'en apprenant le nom de son successeur.

Je vous connaissais déjà par les affectueuses confidences d'un ami commun, et j'ai promptement été charmé par la bienveillance que vous avez imprimée à nos rapports.

Le siège sur lequel vous montez, monsieur le premier président, a été successivement occupé par les plus hautes illustrations de la magistrature ; les noms les plus considérables y ont retenti.

Parmi les plus récents, ceux de MM. Gilardin et Larombière sont sur toutes les lèvres. Je viens de lire le procès-verbal de l'installation de M. Larombière en 1875, et je suis encore sous le charme de ces deux portraits qu'une main de maitre a tracés : « ... l'un » avec son grand air, sa belle diction, sa noble et légitime assurance... érudit en toutes choses, plein » de lettres et de sciences..., dialecticien nerveux, » orateur émouvant et ému...

» L'autre, travailleur infatigable et modeste, devant » la notoriété de son mérite à la seule importance de » ses travaux, sans ambition, ne songeant qu'au de- » voir... esprit pénétrant et ferme, digne d'occuper » par une œuvre commencée comme une étude et qui » a fini comme un livre, une place considérable à côté » des meilleurs jurisconsultes. »

Quels prédécesseurs et quel héritage !

Vous êtes digne, monsieur le premier président, de leur succéder et, sous votre direction, la grande réputation de la Cour de Paris ne déchoira pas. Le rang distingué que vous avez occupé au barreau de Poitiers, au milieu d'avocats considérables par la science et le talent, les souvenirs que vous avez laissé dans la magistrature, les hautes fonctions que vous y avez tenues, votre passage à la Cour suprême où il a suffi d'une occasion pour révéler votre haute raison, votre vaste expérience, votre connaissance du droit, tout votre passé, en un mot, est un sûr garant que la Cour retrouve un chef capable de la maintenir dans ces grandes traditions de science, qui impriment à ses arrêts une autorité partout reconnue.

Mais je m'arrête ; il y a peu de mois, M. l'Avocat général Manuel vous présentait à la Cour en termes trop vrais et trop éloquents, pour que je puisse y ajouter. Il est des tableaux qui sont des chefs-d'œuvre, et auxquels on ne saurait toucher, sans les ternir.

En faisant appel à votre concours dans toutes les choses d'œuvre commune, laissez-moi vous dire que le mien vous est acquis à l'avance, avec le plus entier dévouement. Nous travaillerons ensemble à assurer à tous les bienfaits d'une justice impartiale et éclairée, et à maintenir le respect des lois, seule garantie de l'ordre, de la sécurité et de la liberté. Dans l'accomplissement de nos devoirs d'administration intérieure, nous apporterons une scrupuleuse attention à l'examen des services de tous ceux dont les intérêts et l'avenir sont confiés à notre garde.

Mais quel que soit le domaine de notre collaboration, nous n'oublierons jamais que, parmi les moyens de servir la patrie, l'un des meilleurs est encore de faire aimer la justice.

MESSIEURS LES AVOCATS,

Les grandes idées de patrie, de justice et de liberté ont toujours eu le don de vous émouvoir. On les retrouve au fond de toutes vos paroles ; ce sont elles qui font les grandes cause et votre éloquence leur doit ses plus belles inspirations. Que de fois, dans le calme d'une audience, au milieu d'un débat qui paraît sans hauteur, votre pensée tout à coup s'échappe, et dans un magnifique mouvement, escaladant les sommets, vient nous parler de ces éternelles vérités ! C'est alors que magistrats et public, suspendus à vos lèvres, nous écoutons ravis cette parole, qui fait vibrer nos plus intimes et nos meilleurs sentiments et que nous écoutons encore, quand déjà vous vous êtes tus, tellement l'écho s'en prolonge en nous.

Ce sont là nos grandes, nos belles journées et, au milieu de l'étude consciencieuse mais quelque peu froide et aride de la loi, nous vous sommes reconnaissants de l'émotion que vous nous donnez.

Vos paroles ne restent pas d'ailleurs concentrées dans les murs du Palais, elles se propagent au dehors et viennent rappeler à tous qu'il est, au-dessus des préoccupations journalières de la vie, des préoccupations plus élevées auxquelles il n'est jamais permis de refuser le dévouement et le sacrifice.

C'est par là que vous entrez dans la vie intime du pays, et c'est là ce qui explique l'élan du pays vers vous, soit que le suffrage de tous vous confie ses destinées, soit que le vote non moins glorieux du premier Corps de l'État appelle vos maîtres dans son sein.

En présence de cette grande situation que vous avez toujours occupée, et qui fait des noms des avocats illustres comme le symbole de tous les sentiments élevés, la Magistrature est fière de la solidarité qui l'unit au Barreau et que votre éminent Bâtonnier a si éloquemment affirmée dans un récent discours.

Et si la confiance de la Cour est une marque d'honneur pour vous, soyez convaincus que la Cour, de son côté, n'est pas indifférente au lustre qui rejaillit sur elle de ces traditions d'éloquence, d'intégrité, de science, de patriotisme, dont vous gardez le dépôt.

Messieurs les avoués,

J'ai passé à la Cour assez de temps pour avoir pu apprécier l'utilité de votre concours à l'œuvre de la justice, vos savantes conclusions, votre activité et votre sollicitude pour les affaires qui vous sont confiées.

Je suis heureux de pouvoir vous en rendre témoignage. Croyez bien que ce souvenir guidera l'appréciation que j'aurai à faire de vos travaux, et que toujours vous me trouverez également soucieux de votre dignité, de votre considération et de l'intérêt des justiciables.

Après ce discours, l'audience est levée, et le cours de la justice a été repris, avec des magistrats nouveaux, appelés à juger les vieux procès. On les voit, chaque jour, à l'œuvre et l'on peut parfaitement les apprécier, par leurs réquisitoires et par leurs arrêts.

XII

LISTE DES PREMIERS PRÉSIDENTS ET PROCUREURS GÉNÉRAUX DE LA COUR D'APPEL DE PARIS[1]

MM. Treilhard, *P. de la Cour d'appel, 11 Nivose an X.*

— Séguier, *P. de la Cour d'appel, 17 Frimaire an X, 1er P. 12 Floréal an XII.*

— Gilbert des Voisins, *1er P. de la Cour impériale, 25 mars 1815.*

— Séguier, *1er P. de la Cour Royale, 10 octobre 1815.*

— Troplong, *1er P. de la Cour d'appel, 22 décembre 1848.*

— Delangle, *1er P. de la Cour impériale, 31 décembre 1852.*

— Devienne, *1er P. de la Cour impériale, 23 juin 1858.*

— Gilardin, *1er P. de la Cour impériale, 8 mars 1869.*

— Larombière, *1er P. de Cour d'appel, 1er juin 1875.*

— Périvier, *1er P. de la Cour d'appel, 12 avril 1883.*

[1] Parlement de Paris, 1er Président, page 191. (*Marchal, Editeur*).

PROCUREURS GÉNÉRAUX PRÈS LA COUR DE PARIS

— Mourre, *commissaire du Gouvernement près la Cour d'appel 6 Floréal an VIII.*

— Legoux, *procureur général près la Cour impériale, 2 janvier 1811.*

— Bellart, *procureur général près la Cour royale, 12 juillet 1815.*

— Jacquinot-Pampelune, *procureur général près la Cour royale, 17 juillet 1829.*

— Bernard de Rennes, *procureur général près la Cour royale, 5 août 1830.*

— Persil, *procureur général près la Cour royale, 1er octobre 1830.*

— Martin (du Nord,) *procureur général près la Cour royale, 4 avril 1834.*

— Frank-Carré, *procureur général près la Cour royale, 28 septembre 1836.*

— Hébert, *procureur général près la Cour royale, 21 octobre 1841.*

— Delangle, *procureur général près la Cour royale. 26 mars 1847.*

— Portalis, *procureur général près la Cour d'appel, 25 février 1848.*

— Corne, *procureur général près la Cour d'appel, 21 juin 1848.*

— Baroche, *procureur général près la Cour d'appel, 23 décembre 1848.*

— De Royer, *procureur général près la Cour d'appel, 19 mars 1850.*

— Rouland, *procureur général près la Cour impériale, 10 février 1853.*

— Vaïsse, *procureur général près la Cour impériale, 16 août 1859.*

— Chaix-d'Est-Ange, *procureur général près la Cour impériale, 23 novembre 1857.*

— Cordoën, *procureur général près la Cour impériale, 13 août 1862.*

— De Marnas, *procureur général près la Cour impériale, 14 mars 1864.*

— Grandperret, *procureur général près la Cour impériale, 17 novembre 1867.*

— Charrins, *procureur général près la Cour impériale, 15 août 1870.*

— Leblond, *procureur général près la Cour impériale, 5 septembre 1870.*

— Imgarde de Leffemberg, *procureur général près la Cour d'appel, 22 septembre 1871.*

— Dauphin, *procureur général près la Cour d'appel, 11 février 1879.*

— Périvier, *procureur général près la Cour d'appel, 8 octobre 1882.*

— Loew, *procureur général près la cour d'appel, 12 avril 1883.*

XIII

TABLEAU DES MAGISTRATS DE LA COUR DE PARIS EN 1881 ET 1884

Tableau de la Cour d'appel de Paris au 1er janvier 1881.

1er Président

M.

1875 Larombière (c. ✵).

Présidents

MM.

1869 Brière-Valigny (o. ✵.)
1870 Alexandre (o. ✵.)
1877 Sénart (✵.)
1878 Ducreux (o. ✵.)
1880 Try (✵.)
1880 Manau (✵.)

Conseillers par ordre de réception.

1863 Hello, doyen.
— Dufour.

1864	Nacquart.
1865	Bondurand.
—	Desmiaze.
1866	Burin des Roziers.
1867	Jousselin.
1869	Laplagne Barris.
—	Rousselle.
1870	Mahler.
—	David.
—	Gilbert Boucher.
1871	Perrot.
1872	Bazire.
—	Guillemain.
—	Kuenemann.
—	Bachelier.
—	Villedieu.
1873	Feugère des Forts.
—	Thomas.
—	Chevillotte.
1874	Violas.
—	Hardoin.
—	De Loverdo.
1875	Vaney.
—	Bataille.
—	Destresse de Lanzac de Laborie.
—	Colette de Bandicour.
—	Glandoz.
1876	Dubard.
—	Ramé.
—	Rossard de Mianville.
—	Isambert.

—	Millet.
—	De Thévenard.
—	Gérin.
1877	Barbaroux.
—	Hua.
—	Fauconneau-Dufresne.
—	Bérard des Glageux.
1873-1877	Brunet.
1878	Buchère.
—	De Bertheville.
—	Blain des Cormiers.
—	Chassin.
1879	Piquet.
—	Legcard de la Diriays.
—	Rouzé.
—	Onfroy de Breville.
—	Génie.
1880	Poussardin.
—	Boucher-Cadart.
1880	Merlin.
—	Thiriot.
—	Lefèvre de Viefville.
—	Paillet.
—	Deroste.
—	Bresselle.
—	Jacquemain.

Conseillers Honoraires.

MM.

—	Courborien.

— Molin (✱.)
— De Malleville (✱.)
— Bonniot de Salignac.
— Valentin-Smith.
— Gallois (o. ✱.)
— Le Gorrec (✱.)
— Page de Maisonfort (✱.)
— Gislain de Bontin (✱.)
— De Ponton d'Amécourt (✱.)
— Legonidec (✱.)
— Peyrot (✱.)
— Banneville de Marsangy (o. ✱.)
— De Faget Bame (✱.)
— Mahou (✱.)
— Vivien (✱.)
— Loriot de Rouvray (✱.)
— Delaborde (✱.)
— Raux (✱.)
— Labour (✱)
— Huguier (✱.)
— Nicolas (✱.)
— De Gonet (✱.)
— Guérin de Vaux (✱.)
— Guyard (✱.)
— De Baillehache (✱.)
— Bonnefoy des Aulnais (✱.)
— Vignon (✱.)
— Petit (✱.)

PARQUET

M.

1879 Dauphin, procureur général (o. ✻.)

Avocats Généraux.

MM.

1875 Manuel (✻.)
1878 Loubers. (✻.)
1879 Cutelle (o. ✻)
1880 Bouchez.
— Villetard de Laguerie.
— Pradines.
— Bertrand.

Substituts du Procureur Général

MM.

1875 Robert.
1876 Harel.
1880 Calary.
— Bloch.
— Mariage.
— Coffinhul-Laprade.
1880 Godard.
— Maillard.
— Lefranc (✻.)
— Bernard.
— Cammartin.

SECRÉTAIRE DU PARQUET.

— Bedorez.
— Gazier (Aff. civ.).
— Villadier (Aff. crim.).

Tableau de la Cour d'appel de Paris au 1er Janvier 1884.

Premier Président.

M.

1883 Périvier (o. ✻.)

Présidents.

MM.

1877 Senart (✻.)
1878 Ducreux (o. ✻.)
1880 Try (✻.)
1882 Cotelle (o. ✻.)
— Poupardin (✻.)
— Lefebvre de Viefville (✻.)
1883 Faure Biguet (✻.)
— Villetard de Laguérie (✻.)

Présidents Honoraires.

MM.

1883 Dufour (o. ✻.)
— Brière-Valigny (o. ✻.)
— Violas. (✻.)
— Burin des Roziers (✻.)

Conseillers par ordre de réception.

MM.

1864 Nacquart, Doyen.
1867 Portalis.
1869 Rousselle.
1870 Mahler.
— Gilbert Boucher.
1872 Guillemain.
— Kuenemann.
— Villedieu.
1874 de Loverdo.
1875 Destresse de Lanzac de Laborie.
— Collette de Baudicour.
1876 Dubard.
— Ramé.
— Rossard de Rianville.
— Isambert.
— Millet.
— De Thévenard.
1877 Barbaroux.
— Hua.
— Fauconneau Dufresne.
— Bérard des Glageux.
1878 Buchère.
— De Bertheville.
— Choppin.
1879 Piquet.
— Legeard de la Diriays.

—	Rouzé.
—	Onfroy de Bréville.
—	Génie.
1880	Boucher Cadart.
—	Merlin.
—	Thiriot.
—	Paillet.
—	Deroste.
—	Bresselle.
—	Jacquemain.
1881	Dupuy.
—	Carpentier.
—	Limperani.
—	Genest.
—	Guès.
1882	Roullion.
—	Bagneris.
—	Cartier.
—	Griffe.
—	Dupont.
—	Mariage.
—	Aubert.
1883	Laurent Desessards.
—	Barbette.
—	Cammartin.
—	Muteau.
—	Clerc.
—	Boullay.
—	Faynot.
—	Ricard.
—	Gaultier.

— Viollaud.
— Morand.
— Godin.
— Caze.
— Mulle.

Conseillers Honoraires.

— MM.

1883 Courborieu.
— Molin (✻.)
— De Malleville (✻.)
— Bonniot de Salignac (✻.)
— Valentin-Smith (o. ✻).
— Gallois (o. ✻).
— Le Gorrec (✻.)
— Page de Maisonfort (✻.)
— De Ponton d'Amécourt (✻.)
— Legonidec (✻.)
— Peyrot (✻.)
— Bonneville de Marsangy (o. ✻)
— De Faget-Baure. (✻.)
— Loriot de Rouvray (✻.)
— Delaborde (✻.)
— Raux (✻.)
— Labour (✻.)
— Huguier (✻.)
— Nicolas (✻.)
— De Gonet (✻.)
— Guérin de Vaux (✻.)

— Guyard (✻.)
— Bonnefoy des Aulnais (✻.)
— Vignon (✻.)
— Petit (✻.)
— Bazin (✻.)
— Perrot (✻.)
— Poyet (✻.)

PARQUET

Procureur General.

M.

1883 Lœw (o✻.).

Avocats Généraux.

MM.

1875 Manuel (✻.)
1878 Loubers (✻.)
1880 Pradines.
— Bertrand (✻.)
1882 Calary (✻)
1883 Quesnay de Beaurepaire (✻.)
— Bloch.

Substituts du Procureur General.

MM..

1875 Robert.
1876 Harel.

1880 Godard (Henry).
— Maillard.
— Lefranc (✱.)
— Bernard.
1883 Portanier de la Rochette.
— Banaston.
— Symonet.
— Potier.
— Sarrut.

SECRÉTARIAT DU PARQUET

MM.

1883 Tronquoy.
— Gazier (Aff. civ.).
— Villadier (Aff. crim.).
— Guerin.
— Vialle (Aff. cor.).

GREFFE

M.

1883 Lot, greffier en chef.

XIV

Noms des gardes des Sceaux de France, Membres de la Justice, depuis le Décret du 16 août 1790, supprimant tous les Parlements jusqu'à 1889.

— Depuis l'année 1802, époque où le Parlement de Paris fut rendu sédentaire, jusqu'à la première Révolution, il y eut 64 chanceliers. — Depuis 1790 jusqu'en 1881, on compte 63 Ministres de la justice, *autant en un siècle que pendant les cinq siècles précédents* ; le nombre n'a rien fait à l'affaire.

Voici leurs noms :

MM.

1790 — Dupont du Tertre.
1792 — Duranton.
1792 — De Joly.
1792 — Danton.
1792 — Garat.
1793 — Gohier.
1794 — Herman.
1794 — Aumont.
1795 — Merlin.

1796 — Genissienn.
1796 — Merlin.
1796 — Genissienn.
1796 — Merlin.
1797 — Lambreth.
1799 — Cambacérès.
1799 — Abriel.
1802 — Regnier, duc de Mossa.
1813 — Molé.
1814 — Henrion de Pansey.
1814 — Dambray.
1815 — Cambacérès.
1817 — Pasquier.
1818 — De Serre.
1821 — De Peyronnet.
1828 — Portalis.
1829 — Bourdeau.
1829 — Courvoisier.
1830 — Chantelauze.
1830 — Dupont de (l'Eu: e).
1830 — Mérilhou.
1831 — Barthe.
1834 — Persil.
1836 — Sauzet.
1836 — Persil.
1837 — Barthe.
1830 — Girod (de l'Ain).
1830 — Teste.
1840 — Vivien.
1840 — Martin (du Nord.
1847 — Hébert.

1848 — Crémieux.
1848 — Marie.
1848 — Odilon Barrot.
21 octobre 1849 — Rouher.
25 janvier 1851 — De Royer.
26 octobre 1851 — Corbin.
1er novembre 1851 — Daviel.
3 décembre 1851 — Rouher.
22 janvier 1852 — Abbatucci.
18 novembre 1857 — De Royer.
5 mai 1859 — Delangle.
23 juin 1863 — Baroche.
17 juillet 1869 — Duvergier.
2 janvier 1870 — Ollivier.
10 août 1870 — Grandperret.
5 septembre 1870 — Crémieux.
février 1871 — Dufaure.
25 mai 1873 — Ernoul.
26 novembre 1873 — Depeyre.
22 mai 1874 — Tailhand.
10 mars 1875 — Dufaure.
12 décembre 1876 — Mortet.
12 mai 1877 — De Broglie.
24 novembre 1877 — Lepelletier.
13 décembre 1877 — Dufaure.
4 février 1879 — Le Royer.
28 décembre 1879 — Jules Cazot.
14 novembre 1881 — Humbert.
30 janvier 1882 — Humbert.
7 avril 1882 — P. Devès.

21 février 1883 — Martin-Feuillé.
6 avril 1885 — H. Brisson.
7 janvier 1886 — Demole.
11 décembre 1886 — Sarrien.
12 décembre 1887 — Fallières.
30 mars 1888 — Mazeau.
30 avril 1888 — Ferrouillat.
5 février 1889 — Guyot-Dessaigne.
22 février 1889 — Thévenet.

— On compte donc, *dans ces dernières vingt années, vingt-six Ministres de la[1] Justice*, dont nous avons recueilli les noms, et quels noms !

La République est comme Saturne, elle dévore ses enfants, ses Gardes des Sceaux.

[1] *Parlement de Paris*, p. 179. (*Marchal, Editeur*).

XV

BATONNIERS DE L'ORDRE DES AVOCATS

— Parmi les anciens de l'ordre des avocats, à Paris, on cite encore, avec une légitime fierté : Doujat, 1617; Fr. de Montholon, 1661; P. Chardon, 1666; J. Flachier, 1686, F. Reversé, 1690; P. Berault, 1695; Daudel Chardon, 1700; N. Favier, 1704; Michel du Perray, 1715; Guy Nouet, 1732; L. Nivelle, 1739; Et. de Mahis, 1755; Pothouin, 1776; Loget-Bardelin, 1780; Sanson, 1786; Tronchet, 1789.

Parmi les anciens; 1812-1815, Delacroix Francville; 1816, Fournel; 1817, Bonnet; 1819, Archambault; 1820, Delahaye; 1821, Belluoq; 1823-1824, Coiral; 1826, Pantin; 1827-1828, Thévenin; 1829, Lami; 1830, Dupin (André-Marie-Jacques); 1830-1832, Mauguin; 1832-1834, Pasquin; 1834-1836, Dupin (Philippe-Simon); 1836-1837, Delangle; 1838-1839, Teste; 1839-1840, Puillet; 1840-1841, Marie; 1842-1844, Chaix d'Est-Ange; 1844-1846, Duvergier; 1846-1848, Baroche; 1848-1849, Boinvilliers; 1850-1852, Gaudry; 1852-1854, Berryer; 1854-1856, Bethmont; 1856-1858,

Liouville; 1858-1860, Plocque; 1860-1861, Jules Favre; 1862-1864, Dufaure; 1864-1865, Lacant; 1865-1866, Desmarest; 1866-1868, Allou; 1868, Jules Grévy; 1871, Rouste-Bétoland; 1872, Barboux, Falateuf, Martini, Duriez; 1889.

Les ex-bâtonniers deviennent à notre époque, comme on le voit par les quelques noms cités, quelquefois présidents de la République — comme M. Grévy (Jules) — Présidents de Cour ou de simples Tribunaux, — il y a des degrés — dans tout — comme répondit M. Le Tendre de Tourville à Alexandre Dumas père s'excusant de se dire auteur dramatique, dans la Patrie de Corneille.

D'autres cumulent et sont, en même temps, sénateurs et députés, ambassadeurs, ou en mission...

XVI

LA MESSE DU SAINT-ESPRIT OU MESSE ROUGE

Cette messe est une des plus anciennes solennités léguée par les Parlements. D'abord, les procureurs firent célébrer, avant l'ouverture des audiences, une messe dans la Chapelle, située à l'intérieur du palais, vers la Rue de la Barillerie. — En 1406, Arnaud de Corbie devenu, comme c'est l'usage encore, d'avocat *chancelier*, établit une cotisation de deux écus sur la réception de chaque licencié et d'un écu, sur celle de chaque procureur. La cérémonie devint plus solennelle et les procureurs y invitèrent les magistrats et les avocats. — Louis XII logeant au Palais de Justice (1512) voulut assister à la Messe du *Saint-Esprit* et les Avocats furent avertis par le Parlement de s'y trouver tous en grand costume, avec le chaperon fourré. — Le peuple donna à cette messe le nom de *Rouge* à cause de la couleur, qui y dominait sur les robes des juges. La rentrée des Parlements avait lieu le jour de la Saint-Martin (*11 novembre*) elle est fixée maintenant au 3 novembre. — Autrefois, le premier président et l'un des avocats généraux faisaient chacun un discours, sur un sujet pratique, aux avocats et procureurs réunis. Ensuite un repas offert par le chancelier ou le premier président réunissait l'élite de la Magistrature. On fait remonter l'institution de ce festin au festin des Ides de Mars, que le Sénat donnait solennellement à Rome aux Proconsuls et aux Préteurs, avant leur départ pour les provinces. — De même, les procureurs, avocats, notaires, commissaires célébraient leur rentrée, le jour de la Saint-Nicolas (*6 décembre*), les frais de ce dîner étaient payés par le domaine, libéral à cette époque comme de nos jours, et ,après le festin, les clercs représentaient des mystères, des pastorales, des soties. — Cette spirituelle et belliqueuse basoche avait un roi, une cour, elle fournit 6000 volontaires à Henri II et déposa ses drapeaux à Notre-Dame (26 juin 1790) près la statue de Philippe le Bel. — A l'audience de rentrée, les avocats présents à la barre renouvelaient leur serment, qui était reçu par la Cour, ayant sur le haut-siège son premier président et tous les présidents. — Ce renouvellement du serment fut prescrit à tous les tribunaux par l'Ordonnance de Philippe le Hardi, fils du roi Saint-Louis (23 octobre 1274 et par Philippe le Bel (1291) En mars 1344, l'Ordonnance de Philippe de Valois vient préciser et formuler le serment, que les avocats et procureurs doivent prêter. — Ils jurent de ne pas accepter sciemment la défense des causes injustes, de renvoyer de suite celles dont ils n'avaient pas d'abord reconnu l'injustice, de ne pas toucher une part, dans le gain du procès et de prévenir la Cour des causes, dans lesquelles les intérêts du roi se trouveraient engagés. — Pour remettre en la mémoire de l'assistance le texte des Lois et Ordonnances, le greffier en chef les lisait toutes autrefois, dans leur contenu intégral, mais leur quantité s'étant bientôt accrue, on se borna à l'intitulé des textes, relatifs à la tenu des grandes audiences — aujourd'hui la lecture du Bulletin des lois prendrait toute l'année judiciaire, on a préféré la supprimer, pour aller droit à l'application des textes, pour chaque procès et le tribunal de 1re instance en a 20,000 environ !

— Le jour de la rentrée, au sortir de la Messe Rouge, le Parlement se rendait dans la salle des plaidoyers. Tous les assistants à genoux, et découverts, le premier président, dans la même attitude, prenait les *Juratoires*; on appelait ainsi un tableau représentant Jésus-Christ, en croix, le livre des Evangiles ou le missel ouvert au *Te igitur*. Il passait au Doyen des présidents à mortier entre la main duquel il jurait de garder, de faire garder les ordonnances.

Il se relevait, se couvrait, reprenait les *Juratoires* des mains du président, qui prêtait serment à son tour et ensuite les autres présidents — après eux les conseillers, les gens du roi, greffiers, huissiers au Parlement juraient tous de garder les ordonnances.

Et lorsque les membres du Parlement, restés tous à genoux, se relevaient, le premier président ôtait son bonnet.

XVII

FÊTE DES COMPAGNIES JUDICIAIRES

— D'après le Calendrier de toutes les confréries de Paris, tant de celles de dévotion, où toutes personnes sont receues, que de celles des Nobles Communautés, marchands, bourgeois, gens de métiers et mécaniques (Paris, chez Martin Collet, au Palais, en la gallerie des Libraires, 1621.)

La Saint-Charlemagne, 28 janvier, était fêtée au Parlement, c'était aussi la fête des Messagers de l'Université et des Colporteurs d'Edits A. L'Invention de la Ste Croix (3 mai) c'était fête à la Ste Chapelle. La fête de Ste Yves, Patron des Avocats du Chatelet était célébrée le 19 mai. Le 2 juin, grande solennité, à la Ste Chapelle, pour la translation du Chef de St Louis, en cette Eglise. — Le 23 avril, St Georges, dans la chapelle St Michel, on célébrait en la chapelle St. Michel, dans l'enclos du Palais, la confrérie des sergents du Guet. Le 6 mai, jour de St Jean Porte Latine on célébrait aux Augustins la fête de la Confrérie des peintres et celle des maîtres Bahutiers, en la basse Eglise de la Ste Chapelle, celles des écrivains, à Ste Croix de la Bretonnerie celle des parcheminiers à St-André-des-Arts, celle des papetiers libraires, relieurs de livres, Imagiers, fondeurs de lettres, enlumineurs, aux Mathurins. Celle des Imprimeurs, à St Jean de Latran. Celle des Notaires du Roi en son Chatelet de Paris, en la Chapelle dudit Chatelet. — La communauté des avocats, procureurs, clercs et basochiens de Paris faisait célébrer une messe à l'autel de la Grand-Salle, le (9 mai. — Le 19 mai.) La Confrérie de dévotion à Saint Yves se réunissait à Ste Yves, paroisse St Benoit, le 5 juillet, à Ste Croix de la Bretonnerie, et le 11 novembre, à la St Martin d'hiver, réunion de la confrérie des sergents à cheval. Le 27 septembre, à la St Cosme, fête de la confrérie [1] des médecins, maitres Mires et chirurgiens, celle des sages-femmes. Le 6 décembre, fête de la communauté des Avocats, procureurs, greffiers, clercs, solliciteurs du Palais et Parlement, se réunissait, pour la messe, à l'autel de la salle du Palais, celle des notaires du Chatelet, à l'autel de la chapelle haute dudit lieu.

— Dès 1270, la chapelle et confrérie des notaires fut fondée au Châtelet, en l'honneur de Dieu et de Notre-Dame Sainte-Marie. Le bâton de la compagnie était surmonté de l'image de la Ste Vierge, portant l'enfant Jésus. Les armoiries, enregistrées en 1607, étaient de sable à trois besans d'or, deux et un chargé

[1] *Les métiers de Paris (Leroux éditeur).*

en cour d'une main dextre, tenant une plume. (*Le Chatelet de Paris* — (*Didier éditeur*) *Le parlement de Paris* — (*Cosse, éditeur.*)

On célébrait des messes, dont la fondation était due à la piété des notaires et de leurs familles, comme le prouvent les épitaphes, relevées dans les églises du diocèse de Paris.

XVIII

LA BUVETTE DU PALAIS DE JUSTICE

Au XVIe siècle, les grandes *besognes* du Parlement [1] remplissaient déjà les matinées. — Chaque jour, les membres de la cour et les *notaires* (greffiers) devaient d'après l'ordonnance de décembre 1316 venir au palais « à soleil levant, ou avant. » Ce qui fut fixé avec plus de précision par l'ordonnance du mois de décembre 1320. — Dès cette époque, les audiences des Matinées, appelées les grandes audiences parce qu'on y jugeait les affaires les plus graves, — ne suffisaient plus ; — il fallut recourir à des audiences supplémentaires, d'après diner [2]. Le jeûne forcé qu'imposaient les longues audiences du matin, incommodait parfois les magistrats, et l'on installa une

[1] *Nous empruntons ces lignes au Parlement de Paris, ouvrage écrit sur les documents originaux par E. Fayard, conseiller à la Cour de Lyon et avocat. V. Nangis, chronal, 342. Anguetil, Hist. de France, 2,470. — Rittiez, Hist. du Palais de justice de Paris, 142.*

[2] *Grün, notice sur les arch. du Parlement, CLXXII.*

buvette [1] pour l'usage d'abord de la chambre criminelle, appelée la *Tournelle* et ensuite de toutes les Chambres du Parlement.

La buvette, plus tard, est devenue inséparable de toutes les assemblées publiques.

Seulement, au Palais de Justice de Paris où elle était si nécessaire à cause de l'éloignement des jurés, hors de leur domicile, dès le matin, on a cru devoir la supprimer pour la cour d'Assises, où elle avait, par suite d'une trop facile introduction de rapports entre les jurés, les défenseurs, les témoins, également altérés aux mêmes heures, donné lieu à des abus, qu'il était possible cependant d'effacer complètement.

[1] *Chéruel, dict. des Inst. anc. V. Buvette. — Le Parlement de Paris (Marchal éditeur).*

PIÈCES JUSTIFICATIVES

LETTRES DE MM. SÉGUIER — POULLAIN DE LA DREUE — DEVIENNE

La famille des Séguier.

Comme l'a dit un orateur, cette famille fut grande par ses ancêtres et par ses descendants. Un Séguier fut Avocat-Général au Parlement de Paris.

(Antoine Louis) — de l'Académie Française.)

Séguier (Dominique) — Evêque de Meaux. Sa devise était : Monstrant Astra Viam, — populos queducit ad agnum (1621-1637.)

Séguier (Pierre) 1504-1580, chancelier de la reine et de la duchesse de Ferrare légua à ses enfants un traité. De cognitione Dei et sui — Enterré à St-André-des-Arts, au bas de son portrait, on lisait ces vers :

Le vice languit, abattu,
Aux pieds de ce grand personnage
Et c'est moins ici le visage
De Séguier que de la vertu.

Il se nommait Jean Pierre, né en 1588, mort en 1673 [1].)

[1] Le fils de M. le premier président Séguier, Armand Séguier, fut conseiller à Paris, jusqu'en 1848, c'était un magistrat attentif, bienveillant, il s'occupait de mécanique et était membres estimé de l'Académie des Sciences. Son fils fut, sous le second Empire, chef de parquets importants qu'il dirigea, non sans distinction il fut aussi préfet du Nord et laissa partout la réputation d'un administrateur ferme, éclairé et bienfaisant ; sa femme, une de Boyon, s'associait à ses bonnes œuvres.

1er janvier 1835.

Nous croyons utile de reproduire ici quelques harangues et lettres de M. le président Séguier.

Sire,

La Cour royale présente à votre majesté l'offrande annuelle de ses souhaits. Les expressions ne peuvent que se ressembler alors que les sentiments ne changent pas, qu'ils s'entretiennent de souvenirs et d'espérances.

Ce ne seront pas les appréciateurs des actions humaines, qui oublieront que le dévouement à la patrie s'est rencontré dans l'acceptation d'une couronne : que le trône nouveau a pris pour base une civilisation large et croissante et pour auxiliaires l'instruction et l'industrie.

Plusieurs de nos anciens rois avaient, à travers les préjugés de leur âge, servi la nation. Désormais, avec l'adoucissement des mœurs, avec l'intelligence publique, il vous appartient, Sire, de propager le bien-être populaire et de parfaire ainsi l'œuvre de la royauté. Déjà vous avez pu défendre l'amélioration sociale des atteintes du dedans; vous la préserverez aussi efficacement des influences du dehors.

Tout ce que votre Majesté employera d'efforts généreux lui sera rendu en assistance active, en obéissance éclairée, et nous ne laisserons pas à d'autres l'exemple de la reconnaissance.

Entouré que vous êtes d'une famille aimante et révérée, de nobles rejetons, princes de la jeunesse, permettez que nous déposions, Sire, à la suite des tendresses augustes, des hommages de respect.

Il est heureux et notable le jour où les magistrats, bénissant l'élu de la France, s'approchent de la source de la Justice.

Ce lundi, 21 avril, 1834.

Je vous prie, Monsieur, de préparer une ordonnance, qui place messieurs Terray et de Boissieu à la chambres des mises en accusation, pour aider temporairement à l'expédition des affaires ; et ce, sur la réclamation de M. le Président de cette chambre. Je vous prie aussi de me faire signer cette ordonnance avant midi, devant être, pour cette heure, à la Cour de Paris.

Agréez, Monsieur, l'assurance d'autant d'attachement que de considération.

Signé : Le p. p. Séguier.

[1] *Les Greffiers des compagnies judiciaires sont des personnages importants, ils peuvent dire aussi : lex est quodcumque notamus plumâ ! A Paris, les anciens du Palais peuvent se rappeler : Mes Chevé, Fournier, Marcelin, Lot, Smith, Commerson, Foujouls jeune, Duchesne, Frérot, Fauché, Marmagne, Wilmer, et, à la 1re Chambre de la Cour, le pâle Pioge, sedet æternum qui se debit infelix.*

A monsieur le Greffier en chef de la Cour royale à Paris.

Ce 6 novembre, 1834.

Plusieurs membres de la Cour, Monsieur, ont demandé une assemblée des chambres, à l'effet de s'occuper d'un numéro du *National*.

Je vous prie de les convoquer, pour mercredi prochain, 12 du courant, à 2 heures de l'après-midi.

Veuillez recevoir l'assurance d'autant d'attachement que de considération.

Signé : Le p. p. Séguier.

A Monsieur, le greffier en chef de la Cour royale, au Palais de Justice.

Ce mardi, 28 juillet 1835, 10 heures du soir.

Je vous prie, Monsieur, de convoquer la Cour pour demain mercredi, 11 heures du matin, à l'effet d'être aux Tuileries à midi, et d'y complimenter le Roi, *sur le malheureux événement de ce matin.*

J'écris au Palais, afin que Callais[1] se procure des voitures.

Agréez mon attachement sincère et toute ma considération.

Signé : Le p: p. Séguier.

[1] *Les magistrats connurent, au-dessous d'eux, cette dynastie de concierges et de garçons d'audience, de buvette et de salle : Callais (Jean Charles) nommé concierge de la Cour en 1810, et décédé, en 1836. Callais (Jean-Baptiste) frère du précédent entré au service de la Cour, comme garçon de service à la Cour d'assises, en 1815 et décédé en 1832. Callais (Jean-Baptiste) fils du précédent, entré en 1819 comme agent de la chambre des avoués de la Cour et y est décédé en 1866. Callais, (Charles Stanislas), neveu du premier concierge, est entré au service de la Cour, le 15 mai 1823, et y étant toujours, ainsi que sa femme, qui a été élevée par leur oncle commun et entrée aussi en 1810, au Palais, en est, aujourd'hui, la doyenne. Callais (Ernest Hippolyte) fils des précédents, entrés au ervice de la Cour, Chambre des appels, en novembre 1868.*

29 février 1836.

Monsieur le garde des sceaux [1],

La Cour royale de Paris, vous offrant le tribut de ses devoirs, profite d'une position honorable, celle de représenter, aujourd'hui, près de vous toutes les Cours royales. Elle est l'interprète des sentiments communs, quand elle vous dit que le beau talent de la parole, un caractère généreux, des vues élévées, vous ont désigné, pour conseil de la Couronne, pour organe de la Justice. Nous-mêmes sommes dignes d'entourer le ministre du Roy, lorsque nous montrons pour garants les actes anciens et journaliers, qui règlent de nombreux et souvent de grands intérêts. Si vous voulez bien, monsieur le garde des sceaux, reconnaitre nos services et vos titres, nous espérons que vous ajouterez autant de prix à être à notre tête que nous en mettons à vous y voir.

[1] *Mo Persil.*

Paris, ce 17 juin 1839.

Monsieur le procureur général,

La lettre ci-jointe du juge d'instruction de Tonnerre a été par méprise de la poste adressée à monsieur le premier président de la Cour de Cassation, qui me la fait parvenir. Elle a besoin de votre assentiment, pour obtenir satisfaction.

Veuillez me la renvoyer, si vous approuvez la demande afin que je fasse droit. Veuillez aussi agréer l'expression de mon dévouement respectueux.

Signé : Le p. p. Séguier.

18 mai 1819.

Monsieur le garde des sceaux.

En vous plaçant à la tête de l'ordre judiciaire [1], sa Majesté vous a donné un témoignage de confiance mérité, non seulement par votre profond savoir, et l'art de le faire ressortir, mais aussi par votre haute prudence politique et votre expérience des hommes et des choses ; les belles qualités, monsieur le ministre, qui vous ont distingué éminemment dans la chambre législative et au barreau de la Capitale, vous les avez apportées d'une partie du royaume qui s'enorgueillit de vous, et à laquelle moi-même je m'honore d'appartenir à plus d'un titre. Cette circonstance et celle d'avoir souvent avec ma compagnie profité de vos lumières et joui de vos succès, nous font trouver un prix particulier dans le devoir qui nous amène près du chef de la justice. Trop fréquent nous l'avons accompli ce devoir et jamais nous n'avons tant désiré que ce soit la dernière fois. Nous sommes convaincus que les affaires publiques gagneront à vous conserver longtemps, et que toujours les magistrats auront à se féliciter de l'appui que vous leur accorderez et dont ils se rendront dignes.

[1] Teste *(Jean-Baptiste) nommé plus tard président de Chambre à la Cour de cassation, puis condamné par la Cour des Pairs, pour concussion (affaire Pellapra).*

Ce 1er juillet 1839.

Je prie monsieur Chevé[1] de me faire passer, par le concierge, les distributions et signatures à faire. Je lui serai obligé autant qu'attaché.

LE P. P. SÉGUIER.

[1] *Chevé, secrétaire du premier président, pendant de longues années ; son fils prématurément enlevé, était greffier à la Cour (Chambre des appels correctionnels ;) avant de remplir cette fonction, il avait étudié l'histoire naturelle.*

Paris, ce 10 aout 1839.

Monsieur le président

Le congé qui vous est nécessaire pour vous rendre aux eaux de Vichy, vous est accordé à partir de lundi, 12 du courant et jusqu'à la fin du mois. Je fais des vœux, avec tous ceux qui vous connaissent et vous sont attachés, pour que les eaux thermales profitent à votre santé, qui en a besoin.

Veuillez, monsieur le président, agréer l'hommage de mon dévouement.

Signé : Le p.p. Séguier.

A monsieur le président Simonneau.

Paris, ce samedi 6 juin 1840.

Le congé de 29 jours, mon cher fils, qui vous est nécessaire pour vous rendre aux eaux de Plombières (Vosges) à partir de samedi, 20 juin courant, vous est accordé, d'après l'avis de M. le président de la 3e chambre, que votre absence ne nuira pas au service judiciaire. — Vous aurez soin de faire enregistrer ce présent congé, au greffe de la cour. — Recevez, mon cher fils, l'assurance de mon cordial attachement.

Signé : Le p.p. Séguier.

A mon fils, Armand Séguier conseiller à la cour royale de Paris.

Au Palais, ce 31 décembre 1841.

Le congé de 29 jours, Monsieur, que vous me demandez, à l'effet de vous rendre dans le département du Gers, où vous appellent vos affaires personnelles, vous est accordé, à partir du quatre janvier prochain, d'après l'assurance par vous donnée du consentement de monsieur le président Simonneau, et la certitude exprimée que votre absence ne nuira pas au service de la troisième chambre, à laquelle vous appartenez.

Je vous prie, Monsieur, de recevoir l'expression de mon sincère attachement et de toute ma considération.

Signé : LE P.P. SÉGUIER.

A monsieur Lassis, conseiller à la Cour royale.

Paris, 30 avril 1847.

Monsieur le premier président et cher collègue,

Je regrette que ma santé, un peu altérée en ce moment, m'empêche de me rendre auprès de vous, comme je le désirais, pour vous entretenir d'une affaire qui vous est soumise et à laquelle je serais depuis longtemps étranger, sans des adversaires, dont vous saurez apprécier le caractère et les procédés. Il s'agit du chemin de fer de Paris à Strasbourg dont j'avais consenti dans l'origine et avec bien de la peine à être l'un des fondateurs, et où des hommes, dont j'ignorais l'existence et jusqu'au nom, m'avaient attiré pour s'y introduire et l'exploiter ensuite à mon issu et à l'abri des noms honorables dont j'étais entouré. Ces hommes sont MM. Faster, Franchérin et Corréard. Les deux premiers se sont acharnés à me comprendre dans leurs poursuites, dans l'espérance de me voir reculer devant leurs diffamations et employer mon influence, sur M. Ganneron st sur la compagnie adjudicataire pour la faire transiger avec eux. S'il est un point évident assurément c'est que le premier essai de compagnie et le comité que je présidais sont maintenant et à jamais hors de cause. Mais je le répète, nos adversaires et leur avocat, M. Fabre, ont compté sur le dégoût et la répugnance que l'injure et la diffamation inspirent aux honnêtes gens. Le tribunal de commerce a déjà fait justice et son jugement motivé ne nous a rien laissé à désirer. MM. Faster et Franchérin en ont appelé devant la Cour royale et je viens vous demander, monsieur le premier président, de faire arriver l'affaire le plus tôt possible et vous dire tout le prix que j'attacherais à ce que vous la reteniez devant la chambre que vous présidez. — J'ose dire que cette affaire, si claire en elle-même et si peu douteuse, intéresse cependant tous les honnêtes gens que des hommes comme ceux que je signale, essayent d'effrayer et de mettre à contribution, par la crainte de la diffamation et de l'outrage. — C'est particulièrement à ce titre que je la recommande à votre justice et à toute votre attention.

Je saisis avec empressement cette occasion, monsieur le premier président et cher collègue, de vous faire agréer toutes les assurances de ma haute considération et de mes anciens sentiments d'attachement.

Signé : Molé.

A monsieur le baron Séguier, vice-président de la chambre des Pairs, premier président de la Cour royale de Paris.

MINISTÈRE

DES

Affaires Étrangères

—

CABINET

—

Monsieur le premier président,

Permettez-moi de vous recommander, (comme on recommande à un magistrat) et à un magistrat, tel que vous, M. Combarel de Leyval, membre de la chambre des députés qui a, devant votre Cour, un procès important.

Personne ne peut vous demander que justice, et prompte justice [1]; c'est aussi tout ce que vous demandera M. de Leyval, si, comme je l'espère, vous voulez bien le recevoir.

Agréez, je vous prie, l'assurance de ma haute considération.

Signé : GUIZOT.

[1] *Je ne voudrais pas, ce me semble, solliciter une Chambre de tribunal, où l'on est persuadé que vous n'avez que trop de crédit,* écrivait Mme de Sévigné à Mme de Grignan (3 juillet 1689).

MINISTÈRE

DE LA

MARINE ET DES COLONIES

—

Cabinet
du Ministre

—

14 mai 1847.

Monsieur le premier président et cher collègue,

J'attache un grand prix à ce que la loi, sur la composition des Cours d'assises coloniales, soit votée, cette année, à la chambre des Pairs ; permettez-moi donc de m'adresser à vous pour vous prier de réunir la commission le plus tôt possible.

Malgré les nombreux travaux de la chambre et l'époque avancée de la session, je compte sur le bon esprit des membres de la commission, pour apprécier les motifs graves qui me font désirer que le rapport puisse être présenté en temps utile.

Agréez, monsieur le président et cher collègue, l'assurance bien sincère de ma haute considération.

DUC DE MONTEBELLO.

Un journal satirique peignait ainsi M. Séguier : On rencontrait — dans la rue — M. le Premier causant à haute voix avec lui-même — très probablement il ne se disait pas des choses agréables — et s'appuyant sur une grosse canne, une sorte d'assommoir. Il portait habituellement une longue redingote, un gilet et une cravate de couleur, — un pantalon grisâtre laissant à découvert ses chevilles — son chapeau semblait n'avoir jamais été neuf, ni brossé, son linge n'avoir jamais été blanc. Il était de taille moyenne et avait été brun. Ses yeux avaient toujours fait mauvais ménage. Enfin — personne, en voyant M. Séguier, n'eût deviné le magistrat du poste éminent qu'il a occupé, pendant quarante années.

M. Séguier allait souvent en omnibus ; ce n'était point comme on pourrait le supposer, pour ne pas se fatiguer ou pour faire des études philosophiques : non, il y cherchait l'occasion de satisfaire une singulière manie. — Il prenait l'omnibus juste au point de départ ; à peine installé sur le strapontin, il commençait par tirer six sous de la poche de son pantalon, il les faisait passer dans le gousset de son gilet, en prononçant le mot : un ! puis s'établissant caissier du conducteur, il faisait la recette et percevait les places de tous ses compagnons de voyage. Voyez-vous d'ici M. le premier président, baron et pair Séguier, criant d'un bout de la voiture à l'autre : « Dites donc, la petite, là-bas, votre place? vous, l'homme au paquet, reprenez votre Monaco; la nourrice, je ne veux pas accepter votre sou, il est trop belge!» Quand on était arrivé à la dernière station, il faisait le compte du conducteur, en disant : « Nous avons tant de voyageurs à six sous: ça fait tant; tenez, mon garçon, voilà votre affaire. »

Il avait de l'esprit, beaucoup trop d'esprit, mais il était capricieux et fantasque; jamais ses lèvres n'ont pu retenir une boutade: il était, pour lui, austère, — probe et délicat à l'extrême. — En 1840, un ex-fournisseur, — un ex-banquier, un émule d'Ouvrard et de Séguin, qui, accusé d'un fait plus que grave, en 1809, —avait été acquitté; laissa par testament à M. Séguier un legs en argenterie et en diamants montant à une valeur de plus de deux cent mille francs. — M. Séguier ne voulut pas l'accepter.

Il avait été capitaine de dragons, dans sa jeunesse; mais ayant épousé une nièce de Cambacérès, archichancelier de l'Empire, son bel oncle le fit nommer, en 1811, premier président de la Cour impériale. — Cela ne fut pas difficile à Cambacérès, d'abord parce qu'il était en situation de beaucoup obtenir, et que l'empereur aimait à voir entrer, dans « sa » magistrature les vieux noms parlementaires.

M. Séguier était né le 15 aout 1769. — Quand Cambacérès introduisit son protégé près de l'empereur pour prêter serment :

— Vous êtes bien jeune, lui dit Napoléon, pour être placé à la tête de la cour.

Sire, répondit M. Séguier, je suis né le même jour que le vainqueur de Marengo. [1]

M. Séguier resta bonapartiste et bonapartiste zélé, jusqu'à la première Restauration. Il prêta serment à Louis XVIII. Au retour de l'île d'Elbe, il fut remplacé par M. Gilbert des Voisins, dont le fils a épousé mademoiselle Taglioni. A la seconde rentrée des Bourbons il reprit son siège. Lorsque Charles X monta sur le trône, il dit à M. Séguier : « Je vous donne la force par ma puissance et vous me la rendez par la justice.» Ces paroles, M. Séguier les fit graver sur le socle du buste royal placé dans la première chambre,— et ce fut encore lui qui, en *1830, — fit enlever ce buste pour le remplacer par celui de Louis-Philippe.*

C'était un grand maître dans l'art des compliments officiels. — La proclamation de la République, en 1848, l'effraya, mais pas assez pour lui faire abandonner son siège. — Son fils, conseiller depuis vingt ans, donna sa démission et se consacra tout entier aux sciences.

Sous la Restauration, M. Séguier fit preuve d'une grande indépendance. Le *Journal des débats* avait publié cet article fameux, qui se terminait par : « Mal-

[1] *D'après cette légende, répercutée, sans relâche, Napoléon Ier aurait tourné brusquement le dos à M. le premier président Séguier parce que celui-ci interrogé sur son âge par le souverain, aurait répondu : Sire, je suis né la même année que Votre Majesté, or, Séguier est né, en 1768, et Napoléon Bonaparte est né à Ajaccio, le 15 août 1769 et il y a été baptisé le 21 juillet 1771, ainsi qu'il résulte des pièces inscrites encore en l'Eglise cathédrale du chef-lieu de la Corse, île qui ne fut réunie à la France que le 21 juin 1771.*

heureux Roi ! malheureuse France ! » Il fut poursuivi; dans une réception officielle M. de Peyronnet parla à M. le Premier de l'affaire :

— Je ne doute pas, ajouta-t-il, que la Cour ne fasse son devoir.

— Monsieur le garde-des-sceaux, — répondit M. Séguier, — la Cour rend des arrêts et non pas des services.

Cela sentait mauvais pour la Restauration, et, en effet, bientôt elle fut renversée par la révolution de 1830. — Sous la branche aînée, M. Séguier avait été plus sévère pour les bonapartistes ; sous la branche cadette, il fut impitoyable pour les partisans de la branche aînée. Le mot de république ou le nom d'un républicain le faisait bondir.

Cette antipathie profonde de M. le baron pour les ennemis de l'établissement de juillet se manifesta, en maintes circonstances. Le 15 avril 1833, un avoué sollicitait une remise pour Me Marie.

« M. Séguier. — Pour quel motif ?

» L'avoué. — Me Marie plaide en ce moment pour » M. Cabet, devant la Cour d'assises.

» M. Séguier. — Non. C'est pour la Cour d'assises » que l'avocat nous a quittés ; votre client vaut bien » Cabet et nous valons bien la Cour d'assises. Il est » déplorable que les avocats s'occupent d'affaires po» litiques ; ils feraient mieux de se consacrer aux cau» ses civiles. C'est là leur affaire.

» L'avoué. — Mais, monsieur le président, mon

» client a la plus grande confiance en Me Marie, per-
» mettez-moi d'insister pour la remise.

»M. Séguier. — Eh bien! c'est pour vous, Me ***, » pour vous seul, car nous savons tous votre manière » franche et loyale de penser et votre attachement à » l'ordre.... »

Me Marie réclama près du conseil de l'Ordre, qui, après en avoir délibéré, « protesta, au nom de l'ordre » des avocats, contre une profession de principes attentatoires aux droits du barreau, et contre les expressions injurieuses pour Me Marie que s'était permises M. le premier président. » Copie de la protestation fut envoyée à M. Séguier, qui ne répondit rien. L'affaire paraissait terminée; mais voilà qu'à la rentrée, le 28 novembre 1833, le bâtonnier, Me Parquin, en ouvrant la conférence, fit un discours, dans lequel, rappelant ce qui s'était passé il y avait quelques mois, il attaqua très vivement et d'une façon on ne peut plus transparente M. Séguier. Grande émotion au Palais. M. Persil, alors procureur général, traduisit immédiatement M. Parquin devant la Cour royale, toutes Chambres réunies. Le bâtonnier se rendit à l'audience, assisté de MMes Mauguin, Hennequin et Philippe Dupin, et déclina la compétence de la Cour; mais celle-ci rejeta l'exception, et, « considérant que » Me Parquin s'était écarté du respect dû à la Cour, » dont, comme chef de l'Ordre, il devait donner » l'exemple, et que, par là, il avait manqué essentiellement aux devoirs de sa proefssion... » prononça contre lui la peine disciplinaire de l'avertissement et le condamna aux dépens.

Me Parquin se pourvut en cassation, et le mémoire à l'appui du pourvoi tiré à quatre mille exemplaires, fut distribué à tous les barreaux de France. Il était signé par tous les membres du Conseil, qui étaient alors MM. Parquin, Archambaud, Cayral, Thévenin, Mauguin, Couture, Colmet d'Aage, Lamy, Caubert, Hennequin, Gaudry, Mollot, Lavaux, Ph. Dupin, D. B. Leroy, Delangle, Marie, Chaix d'Est-Ange, Duvergier, Crousse et Paillet.

Malgré les conclusions de M. le procureur général Dupin, la Cour suprême rejeta le pourvoi, à la date du 22 juillet 1834.

Il y eut une espèce d'armistice, les hostilités, ne furent jamais suspendues sérieusement. Il y avait cependant des jours où M. le Premier était fort aimable pour les avocats, mais ces jours-là avaient de terribles lendemains; le greffier de la première pressentait les audiences orageuses, rien qu'à la façon dont M. Séguier s'installait sur son siège. — Il paraît que le noble pair souffrait d'une maladie chronique qui l'obligeait à aller prendre tous les ans les eaux, ou, pour parler plus juste, les boues de Saint-Amand. — Lorsque cette infirmité tourmentait l'homme, le magistrat tourmentait les avocats. Cette explication était nécessaire pour l'intelligence de ce mot du greffier : M. le président se gratte le ventre... gare aux avocats !...

Pour tout dire, il faut ajouter que les boutades de M. Séguier étaient dirigées souvent aussi contre ses collègues. — Il avait fait construire et avait acquis ainsi, — à ses dépens, — une certaine facilité dans l'art de lire les plans dressés par les architectes, pour l'intelligence de certaines affaires; — les conseillers souvent plus forts en droit que M. le Premier, — étaient beaucoup moins entendus que lui en matière de « coupes » ou de « côtes ; il en abusait pour rire à leurs dépens. « Savez-vous, disait-il souvent, un moyen immanquable de reconnaître si un magistrat appartient à la Cour ?... Vous n'avez qu'à lui présenter un plan, s'il le prend à l'envers... c'est un conseiller.

Un jour, en arrivant dans la chambre du conseil, M. Séguier aborde M. D...

— Eh bien ! lui dit-il, tu nages dans la joie, tu éclates de bonheur !

— Mais, et pourquoi ?...

— Z. est nommé conseiller.

— Qu'est-ce que cela peut me faire ?... Je le connais à peine.

— Comment ce que cela peut te faire !... Tu ne seras plus dorénavant le plus bête de la Cour !

Il faudrait s'arrêter ici, car tout cela est déjà bien long; mais comment ne pas raconter tout ce qu'on sait d'un homme aussi *excentriquement* original, d'un esprit pétillant, comme les fusées d'un feu d'artifice, au milieu d'une nuit sombre.

Un avocat plaidait à propos d'un mur mitoyen, et s'étendait très longuement sur « les origines de la propriété. »

— Maître V....., dit M. Séguier, arrive lentement au mur, mais il l'abandonne bientôt.

— Maître V., restons donc sur le mur.

L'avocat suit l'injonction... Mais baste..... le voilà bien loin.

Maître V., s'écrie enfin M. Séguier exaspéré, je vous le répète, il s'agit d'un mur mitoyen, et depuis une heure, malgré mes observations réitérées, vous vous obstinez à *vagabonder*, par toute la propriété !

Un procès s'élève entre un propriétaire et un principal locataire au sujet d'une fosse d'aisance ; il vient en référé, puis devant une chambre du tribunal, puis devant la Cour..... — on le plaide.

L'avocat de l'appelant développe ses moyens.

— Ah ça ! s'écrie tout à coup M. Séguier, il y a des frais énormes à l'heure qu'il est, d'après ce que vous nous racontez : des expertises, des contre-expertises, des référés.

— Oui, Monsieur le président.

— Mais c'est ignoble ! Est-ce que votre client est là ?

— Oui, monsieur.

— Qu'on le fasse venir. — Vous êtes le propriétaire !

— Oui, Monsieur !

— Ah ça ! mais vous voulez donc manger la fosse... en procès !

Un avoué sollicitait un défaut.

— Mais ce n'est pas pour vous, M. A..., dit M. Séguier, vous n'êtes pas dans cette affaire.

— Cela est vrai; Monsieur le président; mais mon

confrère est retenu ailleurs, et il m'a chargé de le représenter près de la cour.

— Accordé ! mais une autre fois, ne vous chargez pas des défauts des autres, vous avez bien assez des vôtres.

On appelle une affaire, l'avoué est absent... Enfin, arrive Me J..., tout essoufflé.

— Pourquoi n'êtes-vous pas là, quand on appelle votre affaire ? demande M. Séguier.

— Je vous demande pardon, mais j'étais en cassation pour un arrêt de la Cour.

Vous n'avez pas besoin d'y aller, les arrêts de la Cour se défendent tous seuls.)

— Ils se défendent assez mal, Monsieur le président, car on vient d'en casser sept l'un après l'autre.

Un avocat énonçait un fait, M. Séguier se penche vers un conseiller et dit, de façon à être entendu :

— Je parie qu'il ment.

— Je tiens la gageure, dit l'avocat. Combien ?

M. B... plaidait. M. Séguier s'impatientait.

— Concluez ! concluez ! disait-il.

L'avocat continuait de développer ses moyens.

— Concluez ! concluez ! avocat, répète M. Séguier.

— Messieurs, dit froidement Me B..., je conclus, et je conclus à ce que la Cour m'entende.

M. Séguier en voulut longtemps à cet avocat, de la leçon. Aussi avait-il l'habitude de dire :

— Ce diable de B..., c'est l'avocat le plus cher que je connaisse : il ne donnerait pas un bon avis à un client pour cent mille francs !

Arrivons enfin à ce que de mauvais plaisants ont appelé la *grève des avocats*.

Le 6 juin 1844, une affaire Dalibon venait devant la première de la Cour ; aucun avocat ne se présentait, le dossier de l'appelant avait été refusé ; l'avoué de l'appelant sollicite une remise et insiste pour l'obtenir.

— « Plaidez ! « lui dit M. Séguier, le prenant pour » un avocat, » votre affaire est mauvaise... les avocats » se chargent de toutes les causes ; ils acceptent les » plus mauvaises et savent bien ce qu'ils font, car ils » ne manquent pas de talent !... Nous ne nommons » plus d'avocats d'office... ils plaident tout, il man» quent à leurs conscience... je les rappelle à leur » serment !... »

Il faut avouer que ce jour-là M. Séguier joua vraiment de malheur. Aller reprocher aux avocats d'accepter toutes les affaires, à propos d'un procès dont personne n'avait voulu se charger, c'était avoir la main par trop malheureuse. L'effet de cette sortie si malencontreuse fut immense ; le conseil de l'ordre immédiatement saisi n'avait pas encore pris de résolution que M. Séguier fit encore des siennes ; la suite d'une résiliation de bail un propriétaire réclamait de son locataire dix mille francs de dommages-intérêts ; Me Baroche, avocat du locataire, repoussait ce chiffre comme beaucoup trop élevé ? un jeune homme, Me Bellet, plaidait pour le propriétaire, après avoir rappelé les faits il allait discuter, quand il est interrompu par M. Séguier :

— « Votre préjudice est-il de dix mille francs ?... » cela est bien simple; il n'y a qu'un mot à dire. »

« — Je ne puis pas plaider ma cause en un mot, » répond Me Bellet excessivement troublé.

« — Prenez-en deux et que cela finisse... »

Me Bellet se rassied, sans prononcer une parole, en exprimant par un geste qu'il renonce à plaider.

M. Séguier (après une pause). — « Huissier, prenez les pièces et à huitaine pour prononcer l'arrêt !... »

Cet incident, quoique beaucoup moins grave que le précédent, n'était pas de nature à apaiser les justes susceptibilités de l'ordre et le conseil, pendant toute cette affaire, montra beaucoup d'énergie et de dignité dans la défense de l'honneur de l'ordre, *Chaix d'Es-Ange* (*dont le fils Gustave occupa un rang* distingué et apprécié de tous au Barreau de Paris) était *alors Bâtonnier*.

Bellevue, 28 octobre 1882.

Monsieur, le conseiller,

Le 31 août 1844, deux personnages, placés à des échelons très différents de la famille judiciaire, quittaient le Palais et partaient en vacances avec le souvenir attristant du conflit qui divisait alors la Cour et le Barreau. Je me souviens de ces faits, et tout autant des sentiments dont étaient animés mes confrères d'alors, que j'avais et que j'ai continué d'avoir en grande amitié. On déplorait généralement ce que la situation avait de regrettable et l'on permettait de saisir toute occasion qui se présenterait d'y mettre fin. Malgré mon obscurité je m'associais, de grand cœur, à ce désir de conciliation. Aussi ne ménageai-je pas à M. le Premier les marques de la plus grande déférence, quand il m'adressa la parole avec une intention évidemment bienveillante.

— Je puis même affirmer que je ne le laisserai pas s'éloigner sans le remercier vivement de ce qu'il m'avait dit de ses sentiments pour l'ordre des avocats. Après ce cours échange de paroles, je rentrai dans la salle des Pas-Perdus et apercevant un confrère avec qui j'étais particulièrement lié et que je tutoyais, Bertin, rédacteur en chef du *Droit*, dont la mort a laissé de vifs regrets à tous ceux qui l'ont connu, je lui contai ce qui venait de se passer et il le rapportait, le lendemain, dans son journal.

Permettez-moi, en terminant, de soumettre une question à votre esprit, dont je connais la finesse et la pénétration. — Le vieux juge de paix, que je suis, n'a-t-il pas dès 1844, sous la robe d'avocat, montré son penchant pour la conciliation devenue le but principal et constant de ses efforts ? Quoi que vous décidiez à ce sujet, je vous prie, Monsieur le Conseiller, d'agréer mes sentiments très respectueusement dévoués. Voulant garder l'anonyme, je signe *le jeune avocat de 1884 toujours avocat par le cœur, et juge de paix du 7e* Arrondissement.

Pour copie conforme : POULLAIN DE LA DREUE.

Nice, 7 avril 1877.

Monsieur le Conseiller,

Je ne saurais trop vous remercier de la pensée que vous avez eue de me défendre dans la *Gazette des tribunaux*.

— Je ne puis qu'être fort touché de cette bienveillante intention. Mais depuis mon séjour à Nice, où j'étais venu chercher le repos, j'ai tellement été harcelé par le journalisme, que j'ai une véritable soif de tranquilllité et de silence.

On m'a d'abord attribué une démission prétendue, et chaque feuille d'imaginer, à sa façon, les motifs d'une décision, que l'une d'elle avait inventée, puis, un journal avec l'étendue de publicité que vous lui connaissez, s'avise de publier que je suis le fils naturel de Napoléon Ier et, chose qui donne une idée de l'importance que s'attribuent ces Messieurs, ils trouvent très mauvais que je n'accepte pas ce baptême illégitime et me gardent rancune de ce que je les ai obligés de rétracter.

Enfin vient mon affaire d'honoraricat, occasion saisie avec empressement, de polémique et d'injures grossières.

Votre bienveillante intervention a ranimé le feu des diatribes.

Excusez-moi d'avoir désiré la fin de cette espèce de ballotage.

Je n'en ai pas moins senti le prix du sacrifice que je faisais, en vous demandant d'ajourner l'effet de votre bonne volonté, les journaux, qui cherchaient à tout renverser, s'occupent assez de la Magistrature, il faut fournir le moins de prétexte possible à leur intervention.

Veuillez, agréer, Monsieur le Conseiller, avec l'expression de ma gratitude celle de mes meilleurs sentiments de considération.

Signé : DEVIENNE.

A M. le Conseiller Desmaze à Paris.

Le journal Officiel a publié le décret qui suit :

Le gouvernement de la Défense Nationale,

Considérant que de documents d'une nature probante et devenus publics il résulte que M. Devienne, premier président de la Cour de cassation, aurait gravement compromis la dignité du magistrat, dans une négociation[1] d'un caractère scandaleux.

Considérant que M. Devienne, mandé, pour donner des explications, ne s'est pas rendu à l'invitation qui lui a été adressée.

Considérant que, placé à la tête du premier corps judiciaire de la République, M. Devienne est absent de Paris, à l'heure du péril national.

Décrète,

M. le premier président Devienne est déféré disciplinairement à la Cour de Cassation, qui statuera conformement aux Lois.

Fait à Paris, le 23 septembre 1870.

Pour le garde des sceaux ministre de la justice,

Par délégation :

Le membre du gouvernement de la défense nationale.

EMMANUEL ARAGO.

[1] *Papiers secrets et Correspondance du second Empire (Page 34) Paris, Ghio, Editeur (1875) Lettre de Marguerite Bellanger.*

Bruxelles, 29 septembre 1870.

Monsieur le garde des sceaux,

J'accepte avec empressement la décision que vous avez prise, par votre arrêté du 23 de ce mois, elle me donne un moyen légitime et régulier d'expliquer toute ma conduite et de détruire les imputations dont je suis l'objet. Je suis le premier à sollicicîter une décision, quand cela sera possible. Mes explications ne seront ni longues, ni difficiles. Elles démontreront que les allégations et interprétations, que les journaux ont répandues, sont, à mon égard, absolument erronées.

Je suis certain de n'avoir pas mis, en oubli, le soin de ma dignité, dans une occasion où j'ai rempli ce que je considérais et considère encore comme un devoir.

Recevez, Monsieur le garde des sceaux, l'assurance de ma haute considération.

DEVIENNE.

A Monsieur Emmanuel Arago.

Bruxelles, 2 octobre 1870.

Monsieur,

Les journaux officiels et officieux du gouvernement ont tellement multiplié contre moi leur attaque, que j'y ai trouvé d'abord un arrêté, sous la signature de M. le garde des sceaux, puis un second rendu par vous. J'ai répondu, hier, à M. Crémieux, avec la déférence qui est due à sa situation hiérarchique, mais, avec vous, je n'ai pas la même raison, pour contenir mon indignation. Vous livrez à la publicité et aux commentaires de la plus violente de vos feuilles officieuses des documents qui, suivant vous, établiraient l'indignité du premier magistrat de votre pays. Vous les mettez un jour, sans hésitation, que dis-je, avec empressement? et le lendemain vous appuyant sur le scandale que vous avez ainsi fait vous-même, vous décrétez d'accusation un vieillard honoré jusque-là. Il ne vous est donc pas venu seulement à la pensée que vous pouviez vous tromper? Quand la situation du pays permettra une discussion loyale et régulière, je prouverai que je n'ai pu compromettre ma dignité, dans des négociations[1] d'un caractère scandaleux, auxquelles j'ai toujours été complètement étranger, que votre Palais, vos journaux et vous-même, entraînés par le plaisir de frapper un adversaire politique, vous m'avez aveuglément diffamé à l'occasion d'un fait tout autre que ceux que vous voulez m'imputer. Vous faites appel à l'exécution des Lois ; je l'invoque, à mon tour, bien plus énergiquement.

Le jour de la justice arrivera, et c'est avec impatience que je l'attends.

Recevez, Monsieur, l'assurance de ma considéradération.

DEVIENNE.

[1] *Les Courtisanes de l'Empire, Marguerite Bellanger. (Sans nom d'auteur, Bruxelles 1871.)*

XX

BIBLIOGRAPHIE

Voir pour la Biographie des premiers présidents de la cour de Paris :

Bouiller. — *Dictionnaire d'histoire et de géographie.*

Larousse. — *Dictionnaire du dix-neuvième siècle.*

— *Dictionnaire de la conversation.*

Michaud. — *Biographie universelle.*

Firmin Didot. — *Nouvelle biographie générale.*

Oscar Pinard. — *Le Palais de Justice* (*L'histoire à l'audience*).

Gaudry. — *Histoire du barreau de Paris* (*V. Treilhard et Delangle*).

Vapereau. — *Dictionnaire des contemporains.*

Sur Treilhard :

Thiers. — *Histoire de la Revolution française.* (*Directoire.*)

Sur Séguier :

Moniteur universel (*8 août 1848.*)

Gazette des tribunaux (des 18, 20, 22, 23 et 30 juin,

des 8, 9, 10, 14, 15, 18 juillet, 1er septembre, 4-5 novembre 1844, 3 août 1848.)
Figaro (*17 mai 1855.*)
Biographie des sénateurs. (*V° Troplong.*)
Journal Officiel (*12 mars 1869.*)
Gazette des Tribunaux (*28 décembre 1848, 12 mars 1869.*)

L'ouvrage qui a mis M. Troplong au rang des plus grands jurisconsultes de notre époque, comprend le commentaire.

Des privilèges et hypothèques (*Paris 1833, 4 vol. in-8°.*)
De la vente (*1834.*)
De la prescription (*1835.*)
De l'échange et du louage (*1840.*)
Du Contrat de société (*1843.*)
Du Prêt (*1845.*)
Du Mandat du Dépôt du Cautionnement et de la Contrainte par corps (*1845-47.*)
Du Contrat de mariage (*1850.*)
Des Donations (*1855.*)
De la Transcription hypothécaire d'après la loi du 23 mars 1855 (*1856.*)

Œuvres de Delangle :

Conférence des Avocats. *Discours d'ouverture, par M. Delangle, bâtonnier.* (*Séance du 24 novembre 1836.*)
Traité sur les sociétes commerciales.

Œuvres de M. Gilardin :

Etude philosophique sur le droit de punir (*1841 in-8°.*)
Philosophie de l'Histoire (*1857, in-8°.*)
Du surnaturel et du mysticisme. (*Discours prononcé à l'Académie des sciences de Lyon, in-8° 1861.*)

Œuvres de M. Larombière :

Traité des Obligations.
Installation du premier président Larombière. (*Audience solennelle du 17 juin 1875.*)
La Rize. — *La moustache des avocats* (*Paris 1868.*)
Les Procureurs et avoués de Paris. — (*Bibliothèque de la ville de Paris*) *Recueil 1.*
Bataillard. — *Les origines de l'histoire des Procureurs et avoués* (*Paris 1868.*) *2e édition par Nussy, avocat.*
Le Pont-Breton des Procureurs du Palais (*Paris N° 24. Réimprimé par Fournier.*)
Le procureur (*Cologne, 1757*).
Liste des procureurs au Parlement. Lettres patentes du roi, sur le tarif du procureur au Parlement.
Edit du roi sur les greffiers du Parlement, (*vérifié le 23 mars 1873.*)
Les anciennes corporations de Paris par G. D'Orut (*Nouvelle revue août 1881.*)

FIN

TABLE DES MATIÈRES

FIN DE LA TABLE

Imprimerie DESTENAY, Saint-Amand (Cher).

PUBLICATIONS DE LA LIBRAIRIE [illegible] DENTU

GUSTAVE AIMARD

[illegible]

FORTUNÉ DU BOISGOBEY

[illegible]

PONSON DU TERRAIL

[illegible]

ÉMILE RICHEBOURG

[illegible]

EUGÈNE CHAVETTE

[illegible]

PAUL FÉVAL

[illegible]

PAUL SAUNIÈRE

[illegible]

XAVIER DE MONTÉPIN

[illegible]

ÉMILE GABORIAU

[illegible]

LÉOPOLD STAPLEAUX

[illegible]

A. MATTHEY

[illegible]

[illegible] romans contemporains, 3 fr. le vol.

[illegible] 3 fr.

www.ingramcontent.com/pod-product-compliance
Lightning Source LLC
Chambersburg PA
CBHW061005220326
41599CB00023B/3836

* 9 7 8 2 0 1 2 5 6 2 1 6 5 *